우주의 원리
운명의 비밀

우주의 원리, 운명의 비밀

© 김경수, 2021

1판 1쇄 인쇄__2021년 11월 20일
1판 1쇄 발행__2021년 11월 30일

지은이__김경수
펴낸이__홍정표
펴낸곳__글로벌콘텐츠
　　　　등록__제25100-2008-000024호

공급처__(주)글로벌콘텐츠출판그룹
　　　　대표_홍정표 이사_김미미 편집_하선연 권군오 최한나 홍명지 문방희 기획·마케팅_김수경 이종훈 홍민지
　　　　주소__서울특별시 강동구 풍성로 87-6
　　　　전화__02) 488-3280 팩스__02) 488-3281
　　　　홈페이지__http://www.gcbook.co.kr
　　　　이메일__edit@gcbook.co.kr

값 15,000원
ISBN 979-11-5852-355-8 03100

주역과 음양오행으로 살펴보는 인간 운명의 비밀

우주의 원리
운명의 비밀

김경수 지음

글로벌콘텐츠

철학의 기본문제는 우주론과 인생론이다. 그래서 이 책의 제목이 『우주의 원리 운명의 비밀』이다. 인간의 운명은 우주의 원리와 별개의 것이 될 수가 없다. 인간의 삶은 우주의 별만큼이나 다양하다. 그러나 다시 생각해보면 또 인간의 삶이란 대부분 그게 그것이지 뭐 특별히 별날 것도 없다. 모든 인간에게 있어 자신의 삶이란 바로 우주 전체와 같은 것이다. 그리고 또 인간은 단 하나의 별이기도 하다.

인생이란, 누군가가 말했듯이 '굽이마다 사연이고 골마다 눈물'이다. 그런데도 사람은 그 사연과 눈물로 세상을 사는 것이 아니라 순간순간 누렸던 기쁨과 즐거움을 추억하며 행복한 느낌을 가지고 산다. 삶은 사실 '고통의 바다(苦海)'이다. 즐거운 술자리도, 연인과의 환희의 순간도 대부분 다음날이 되면 후회와 고통으로 바뀐다. 또한 지금 고통과 괴로움의 순간이 나중에 기쁨과 보람이 되기도 한다. 긴 고통의 시간 속에서 순간순간 느끼는 행복감으로 인생은 채워진다. 긴 즐거움의 시간 속에서 순간순간 고통을 느끼는 삶은 없다. 그래서 천당과 지옥은 바로 현세에 존재하는 것이다.

나의 삶은 누가 사는가? 세상의 그 누가 자신의 삶을 백 퍼센트 자신이 선택하여 산다고 말할 수 있는가? 철학의 고민이 여기에 있고 철학자의 고뇌가 여기에 있다. 자유는 고독하고, 구속은 고통이기 때문이다.

그런데 세상살이 내 마음대로 되는 일이란 거의 없다. 이럴 때 사람들은 말한다. 모든 것이 다 '운명' 때문이라고! 운명이란 무엇인가? 이 물음에 대해 여러 가지 답이 있겠지만 여기서는 사주팔자를 운명이라고 보고서 이야기를 전개해보고자 한다. 이것이 이 책의 주제이다. 운명을 알기 위해서 먼저 우주의 원리를 알아야 하는 것이다. 아니면 운명을 알면 우주를 알 수 있게 되는 것인지도 모르겠지만!

젠장할 사주팔자라니…… 사주팔자가 운명이라면 그것은 나의 탓인가, 부모의 탓인가, 아니면 운명 탓인가?

내가 잘 아는 어떤 사람의 사주가 다음과 같다.

시	일	월	년
갑	무	병	임
인	술	오	인

이 사람의 사주를 보면, 기본적으로 8양통에 천간은 충으로 중첩되고, 지지는 화국을 이루어 불덩어리이고, 일주는 무술 괴강이다. 형제는 6남 1녀인데 여섯째로 태어났고 외동딸이 그의 동생이다. 동갑내기 아내는 을미 백호 일주를 타고났다. 어느 정도 사주를 보는 사람이라면 이 사람의 인생이 어떨지 대략 짐작할 수 있을 것이다. 예전에 나름대로 유명한 한의사 백승헌이라는 인물이 이 사람의 사주를 보고서 도대체 무엇을 하고 사는 사람인지 30분이 넘게 전화로 묻고서 '상당히 특이한 사주를 타고난 사람'이라고 하더니, 자기가 아는 바로는 이와 유사한 사주를 가진 사람이 조용헌이라는 논객과 본인 등 세 사람이라고 하면서, 기회를 만들어 셋이 한 번 회동을 했으면 좋겠다는 이야기를 한 적이 있다. 그러나 아

직 만난 적은 없다고 한다.

　이미 짐작하고 있겠지만, 이 사주의 주인공은 바로 필자이다. 지금부터는 나의 인생 이야기를 조금 회고해보고자 한다. 사주에서 말하고 있는 것처럼, 나는 태어나서 돌날이 되면서부터 술을 마시기 시작하여 초중고등학교 시절까지 포함하여 지금까지 거의 매일 술을 마시며 살고 있다. 나는 이미 어려서부터 술을 잘 마시는 것으로 소문이 나서 동네에서는 나이와 항렬에 관계없이 술자리에는 아무 곳에서나 함께 마시는 특혜를 누렸다. 어려서는 별명이 '약통'일 정도로 몸이 허약하고 병치레가 많아서 밖에서 뛰어놀았던 기억이 거의 없다. 여섯 살에 큰 수술을 세 군데나 하여 지금도 그 흉터가 크게 남아 있고, 숨이 거의 끊어진 적이 두 번이나 있어 가족들은 내가 더 이상 살지 못할 것으로 알고서 울면서 산에 가져다 묻을 준비까지 했었다. 요행히 다시 살아나기는 했지만 수술의 여파로 신경을 잘못 건드려 왼쪽 다리가 접힌 채로 펴지지 않아서 평생 불구로 살게 될 상황이 생겼었는데, 대학병원에서도 고치지 못한다고 한 것을 신줄을 받은 어떤 여인이 그냥 손으로 만지기만해서 나았다.

　방에만 주로 있었기에 배우지 않고서도 자연스럽게 형들의 어깨너머로 글을 깨우쳐서 늘 독서로 시간을 보낸 덕분에 초등학교 3학년 무렵에 이미 중국의 사대기서라는『삼국지』『수호지』『서유기』『금병매』등은 거의 외울 정도였고, 여러 무협소설들도 엄청나게 읽었다. 초등학교에 입학해서도 거의 십리에 가까운 학교 길에서 나의 책 보따리를 내가 직접 메고 등교한 기억이 거의 없다. 그래도 공부는 남에게 뒤처지지는 않았던 것으로 기억된다.

　3학년 가을의 어느 날 학교에 다녀와 사랑방에 쓰러져서 자고 있는데, 당시 중학교 3학년이었던 넷째 형이 돌아와서는 "학교에서 오다가 논에서 미꾸라지를 잡아서 몇 마리 구워왔는데 먹어볼래?"라고 하기에 "응" 하고 대답하자, 가방에서 하나를 꺼내주어 내가 먹었다. 내가 맛있게 먹는 모습을 보더니 "많이 있는데 더 먹을래?"라고 하기에 "그래"라고 대답하니 종이에 싼 것을 수북하게 내어주었다. 나는 그것들을 하나도 남기지 않고 너무나 맛나게 먹었고, 그 길로 쓰러져서 얼마를 잤는지 다음 날 아침까지도 일어나지를 못할 정도였다. 나중에 알고 보니, 형은 그날 학교에 가지 않고 다른 친구 두 명과 함께 학교 가는 길 중간의 야산에서 놀다가 온 것이었다. 무덤가에서 놀고 있던 중 어느 순간 무덤 아래에서 하얀 뱀 즉 백사 세 마리가 한 줄로 기어가고 있는 모습이 포착되었고, 그들은 잽싸게 그것들을 잡아서 가지고 있던 성냥으로 불을 피워 구웠던 것이다. 그리고는 나의 형이 다른 친구들에게 "너희들도 잘 알다시피 내 막내 동생이 늘 아파서 고생하는데 백사가 사람에게 좋다고 하니 이것을 내 동생에게 주고 싶다,"고 하였고, 다른 친구들도 이에 동의하였다. 그래서 다른 가족들이 들에서 돌아오기 전에 좀 일찍 집으로 와서 나에게 미꾸라지라고 속여서 백사 3마리를 먹였던 것이다. 이 일이 있은 후부터 나는 거짓말처럼 거의 잔병치레를 하지 않고 지금까지 살고 있다. 이 뒤의 내 인생에 대해서는 이 책의 후기에서 다시 회고하겠다.

나의 어머니는 4남1녀의 형제 중 가운데로 태어나 일제강점기에 가족과 함께 일본으로 건너가 살고 있다가 일제의 강제징집을 피하기 위해 역시나 일본에서 살고 있었던 나의 아버지와 열여섯 살에 결혼을 하였다. 해방과 더불어 귀국하여 지독하게 가난하였던 시댁에서 살면서 자녀들을 키우기 위해 엄청나게 애를 쓰셨다, 당시 여성으로서는 드물게 한글은 물론 한자까지도 상당히 읽을 수 있는 능력이 있었던 어머니는 부녀회장을 오래 하였는데 나중에는 군 단위의 부녀회장까지 한 것으로 기억된다.

그 어머니에게는 중년에 두 번이나 신줄이 내렸는데, 두 번째로 내린 신줄은 매우 강하여 상당 기간 고생을 하다가 결국은 신줄을 받지 않기로 하고 내림굿이 아니라 신을 좇는 굿을 하였다. 나의 막내외삼촌은 평생 역술가로 사셨는데 창원지역에서 상당한 명성을 얻었고, 국내 굴지의 기업에서 인사 자문을 오래 맡았던 분이다. 나의 고모부 한 분도 젊어서 신줄을 받아 평생 그 신을 모시며 살고 있다.

나는 고등학교를 마치고 놀면서 여기저기 도서관을 전전하던 기간에 우연히 명리학과 관상학 수상학 등에 관심을 갖게 되었는데, 그 당시에 공부하던 책들이 아직도 집에 있다. 대학을 다닐 당시 나는 종종 막내외삼촌 댁을 방문하였는데, 외숙모께서 술 담는 것을 좋아하여 특히 포도주를 많이 담가두었기에 작은 단지 하나씩을 비우는 즐거움을 누렸다. 외삼촌은 술을 마시지 못하는 체질이었지만 잠자리에 들기 전에 포도주 한두 잔을 가끔씩 마시면 수면에 도움이 된다고 하였기 때문에 외숙모가 포도주를 많이 담가두었다. 나는 외삼촌에게 명리학으로 사람들에게 사기 치지 마시라고 건방진 말을 자주 하였고, 때로는 나랑 실제로 누가 더 실력이 좋은지 시합을 해보자고 치기를 부리기도 했다. 외삼촌은 그저 싱긋이 웃으시며 "네깟 놈이 무엇을 안다고 헛소리를 하느냐?"고 나무라시면서, 댁에서는 절대로 그 방면에 대한 이야기를 하지 않는다는 원칙을 깨고서 나와는 가끔씩 이런저런 명리학 이야기를 나누기도 하다가 "그래도 네 놈이 공부를 하기는 좀 했구나."라는 말씀도 하셨던 기억이 있다. 돌이켜 생각해보면, 외삼촌은 일찍이 나의 사주를 보았기 때문에 나의 그런 치기를 이해하여 주셨던 것으로 생각된다.

나의 고모부는 한 평생을 정말 휘황찬란하게 사신 분이다. 월남전에 참전하여 한국군 최초로 베트콩의 지하벙커를 찾아서 폭파한 공으로 태극무공훈장을 받았으며, 한국이 싫다고 미국으로 이민 가서 십년 이상을 살다가 다시 귀국하여 재미난 노년을 보내고 있었는데 근래에 월남전의 여파인지 고치기 어려운 병마가 찾아왔다고 한다. 그 고모부가 예전에 나에게 "너는 명리학 분야에 재능이 있으니 나에게서 그것으로 사기 치는(?) 재주를 좀 배워서 그 방면으로 나가면 크게 성공할 것이니 어떠냐?"는 말을 하신 적이 있다. 물론 나는 일언지하에 "나는 그렇게는 살고 싶지 않다."고 거절했지만!

대학 시절 틈틈이 그 분야의 공부를 하다가 4학년 때 축제 기간에 도서관 한쪽에 철학관(?)을 차렸다. 사흘 동안 하루에 3시간씩 해서 약 500명의 손님을 받았다. 수상 관상 궁합은 500원, 사주는 2,000원을 받았다. 줄을 길게 서 있었기에 한 사람당 무조건 질문은 3가지로 한정했던 기억이 난다. 그 돈으로 사흘 동안 술을 신나게 마시고 사고 싶었던 책을 3권 샀는데, 그 책은 지금도 가지고 있다.

군대에 가서 논산훈련소를 마치고 카투사로 차출되어 다시 27연대로 2차 훈련을 받으러 가니 내무반장이 대학동기의 셋째동생과 절친한 사이라 고된 훈련에서 배제시켜 가짜 환자가 되어 의무대에서 놀고 있을 때 어느 날 갑자기 본부중대장이 의무실로 찾아오더니 나의 이름을 부르는 일이 있었다. 알고 보니, 내무반장을 통해서 듣게 되었다고 하면서 엊그제 아들을 낳았는데 좋은 이름을 지어달라는 부탁을 하러 온 것이었다. 하루를 고민하여 아마도 내 기억이 틀리지 않다면 '상준'이라는 이름을 지어주었던 듯하다. 그로부터 이틀 뒤에 갑자기 연대장 당번병이 찾아오더니 연대장실로 같이 가자고 하였다. 따라가니 연대장실에 연대장과 본부중대장이 같이 있었는데, 연대장이 자기의 고민을 좀 해결해달라는 것이었다. 내용인즉 자신은 대령에서 장군으로 승진이 불가능할 것으로 판단되는데 계급정년이 될 때까지 군에 몸을 담고 있어야 좋은지 아니면 예편을 하고 사회로 나가는 게 좋을지를 묻는 것이었다. 사주를 헤아려보고 서 "예편할 마음이 굳어있으면서 왜 묻느냐?"고 하니 웃으면서 "그게 보 이느냐?"고 하더니, 다시 "나가서 어떤 일을 하면 좋겠느냐?"고 물었다. 그래서 "금융계로 갈 것이 아닌가?"라고 대답하니 사실 이미 어느 은행 으로 갈 것으로 마음이 거의 정해졌다고 하였다. 그래서 내가 다시 "투기 로 돈을 많이 벌 사주이니 여유가 있으면 주식에 투자하는 것이 좋겠다. 다만 십년 정도 투자해서 돈을 벌고 나면 주식에서는 손을 떼는 것이 좋 겠다."고 하였고, 그날 이후로 연대장이 시간이 날 때마다 본부중대장과 종종 같이 어울려서 대담을 나누곤 했었다. 아마도 그 연대장이 나가서 주식투자를 했다면 큰돈을 벌었을 것이다. 당시 우리나라의 주식은 하루 가 다르게 폭등하고 있었기 때문이다. 그리고 십여 년 후에는 IMF사태가 터졌으니 나의 예측이 어느 정도 맞았다고 할 수 있겠다.

카투사 적응훈련을 받기 위해서 평택의 미군부대로 가서 침대를 배정 받고 짐을 풀고 있는데 갑자기 일등병 하나가 들어오더니 나의 이름을 불 렀다. 대답을 하니, 자기를 좀 따라오라고 하였다. 따라가니 스낵바로 들 어가 안쪽의 방으로 들어가 보라는 것이었다. 들어가니 병장이 하나 술상 을 차려놓고 나를 기다리고 있더니 와서 앉으라고 하였다. 술을 한잔 권하 더니 대뜸 "논산 27연대에서 연대장 사주를 봐준 것이 사실이냐?"고 하는 것이 아닌가! "그걸 어떻게 아느냐?"고 하니, "다 아는 수가 있다."면서, 자기는 고려대학 법대에 다니다가 카투사 시험을 쳐서 입대하여 이제 1주 일 뒤에 전역을 하는데 나중에 사법고시에 합격할 것인지 사주를 봐 달라 고 부탁하였다. 술 얻어먹은 기념으로 사주를 보고서, "27살에 합격할 것 으로 보이니 열심히 준비해보라."고 하고서 검사가 되면 좋을 사주라고 하였던 기억도 있다. 기분이 좋아진 그는 늦은 시간까지 나에게 술을 사주 었는데, 나중에 사법고시에 합격하여 검사가 되었는지는 모르겠다.

전역을 하고서는 대학의 시간강사를 몇 년 하다가 어느 연구기관에서 7~8년 일을 하고, 다시 박사과정을 마치고는 이 대학 저 대학으로 직업적인 보따리장사(?) 생활을 업으로 삼고 살았다. 그런 중에 가끔씩 부득이한 경우 아기들 이름을 지어주기도 하고, 궁합을 보아주기도 하고, 사주를 봐 주기도 하였다. 그러다가 10여 년 전 어느 날 집으로 온 전단지들을 보니 각 대학마다 평생교육원에 '사주명리학' 강좌가 너무 많이 개설되어 있어서 나도 심심풀이 삼아 '주역과 음양오행'이라는 과정을 개설하였는데, 수강자들에게 짝퉁 명리학강사들을 몰아내기 위해서 강좌를 개설했다고 허풍을 떨었다.

　　4년간 그 강좌를 진행했는데 우습게도 실제로 어느 순간 평생교육원의 명리학강좌들이 모두 문을 닫았다. 수강생 중에는 5~6명이 팀을 이루어 매 학기 새로운 강사가 개설하는 명리학강의에 강사의 실력을 테스트하기 위해 수강을 하는 사람들도 있었다. 어느 하루 그들이 나의 실력을 테스트하기 위해 풍차돌리기식으로 질문을 한 적이 있는데, 나는 처음에 '주역과 음양오행'의 원리를 강의하러 온 것이고 사주에는 문외한이라고 했다가 그들의 집요한 질문에 강의 도중 실제 사주감정의 실력을 보자며 즉석에서 사주를 본 경우도 있다. 그들 중에는 직업으로 철학관을 운영하고 있던 사람도 있었는데 한바탕 소동이 있은 후에 그들은 자기들이 그동안 만나본 강사들 중에서는 나의 실력이 가장 뛰어나다는 이야기를 하고서 그 뒤로 학기가 마칠 때까지 즐거운 강의를 했던 기억도 있다. 종강하는 날 그들이 회식자리를 만들어 횟집에서 맛있게 먹고 그들 중의 연장자가 감사의 선물이라며 포장된 것을 하나 주었다. 집에 와서 보니 명품가죽장갑이었다. 며칠 뒤에 나는 중국의 사천대학에서 열리는 세계도교학술대회에 참가하기 위해 갔다가 아미산을 올라갈 기회가 있었는데, 그때 가지고 간 그 장갑의 덕을 많이 보았던 기억이 새롭다.

그러던 중에 몇 학기 계속해서 강의를 듣던 몇 명이 '학교에서 이렇게만 강의하지 마시고 밖에서 따로 반을 만들어 본격적인 명리학강의를 해주면 좋겠다'는 제안을 해 와서 부득이 후배가 운영하고 있던 인문학강의실에서 1주일에 한 번씩 '원방실圓方室'이라는 이름을 걸고 또 4년간 명리학강의를 진행했다. 그 후에 내가 전업으로 직업인이 되면서 시간이 없어 그 강의는 계속하지 못하게 되었고, 대신에 내가 언젠가는 명리학에 관한 책을 집필하여 출판할 테니까 그 책으로 각자 공부를 계속하라고 했었다.

이 책은 그래서 만들어지게 되었다. 2016년도에 집필을 시작하였으나 너무 바빠져서 원고를 얼마 진행하지 못하고 묵혀두었다가 작년부터 들이친 코로나19 사태로 인하여 이제야 원고를 탈고하여 출판하게 되었으니 이 또한 삶의 아이러니한 하나의 이야기꺼리라고 할 수 있겠다.

우스운 이야기를 하나 더 해보자면, 2012년 봄 나는 당시 몇 년째 '경상남도인재개발원'에 출강하고 있었는데, 하루는 강의를 한창 진행 중에 한 사람이 손을 들고서 "금년 연말에 있을 대선에서 누가 대통령이 되겠습니까?"라는 질문을 느닷없이 하였다. 공무원을 대상으로 강의할 때 최대의 금기 사항이 정치에 관한 이야기를 하는 것이어서 평소에는 그런 말을 하지 않는데, 그날은 대뜸 "금년의 해운이 주역으로 보면 천풍구괘天風姤卦에 해당하여 여자가 대통령이 되기에 가장 좋은 해이므로 당연히 박○○가 대통령이 되는 것은 기정사실이지요. 그러나 내가 본 사주로 말하면, 그 사람은 대통령이 되어 4년이 지나는 시점부터는 살아있어도 산 사람으로 대접받지 못할 것입니다."라는 말을 해버리고 말았다. 그 덕분에 나는 그 다음 강의부터 1년 정도 인재개발원에 출강하지 못하게 되었다가 다시 출강하는 사태가 벌어졌었고, 2015년에는 경상남도인재개발원 베스트강사로 선정되어 당시 경상남도지사였던 홍준표로부터 표창장을 받는 코미디 같은 일도 있었다. 그 강의가 있던 날 또 다른 어떤 공무원이 자기는 농업분야에 종사하는 공무원인데 "금년에 태풍이 얼마나 오겠습니까?"라는 질문도 하였다. 내가 "금년에는 처음 중형태풍이 오고 그 뒤에 큰 태풍 두 개가 연속하여 올 것이고, 마지막 하나는 세력이 거의 꺾여서 오거나 살짝 비켜갈 수도 있다. 그러므로 금년에는 네 개의 태풍이 올 것입니다."라고 답을 한 기억이 있는데 2012년도의 태풍 기록을 찾아보면 알 일이다.

사실 나는 명리학을 미칠 듯이 공부한 전문가가 아니다. 그러나 가끔은 갓 태어난 아기들의 사주를 보면 그 애의 모습이 눈에 선하게 보이는 경우도 있고, 누군가가 인생 상담을 요청하여 술을 마시면서 이야기를 나누다가 취기가 어느 정도 오르면 그 사람의 삶의 모습이 실루엣처럼 보이기도 하고, 내가 전혀 의도하지 않았던 이야기를 나도 모르게 하고 있는 경우도 가끔 있다. 나의 삶은 순탄하지 않았다. 그렇다고 죽을 만큼의 고난도 겪지 않았다. 그저 언제나 술과 친구와 더불어, 어찌 보면 다소 허랑방탕하게 살았다고 해야 할지 모르겠다. 그런 와중에 20권 정도의 책을 출판하였고 50편 가까운 논문도 썼다.

이제 세상에 또 한 권의 좀 엉뚱한 책을 내보낸다.

신축년 생일에
지리산자락 덕산의 한국선비문화연구원 원방실에서

차 례

부록

1부
우주의 원리

노자老子는 일찍이 '있음은 없음으로부터 생기고, 없음은 있음으로부터 생긴다(有生於無 無生於有)'고 하여 '있음'과 '없음'이 서로를 낳는다(有無相生)는 우주론을 제시하였다.

우주의 시작

　대략 2,500여 년 전에 노자老子는 '있음은 없음으로부터 생기고, 없음은 있음으로부터 생긴다(有生於無 無生於有)'고 하여 '있음'과 '없음'이 서로를 낳는다(有無相生)는 관점을 설파하였다. 『노자』에서 언급하고 있는 도에 대한 논의는 현대물리학의 발달에 크게 기여한 것으로 알려져 있다. 노자의 이야기를 오늘날의 물리학자들이 증명해주고 있다고나 할까! 그리고 2,400년쯤 지나 지금으로부터 100년쯤 전에 독일의 물리학자 베르너 하이젠베르그(Werner Heisenberg, 1901~1976)가 불확정성의 원리(Uncertainty Principle)라는 다음 공식을 발표하였다.

$$\varDelta x \cdot \varDelta p \geq \frac{\hbar}{2}$$

　$\varDelta$x는 위치 오차, $\varDelta$p는 운동량 오차, $\hbar$는 플랑크 상수를 2π로 나눈 값이라고 한다. 이 불확정성 원리는 위치와 운동량을 동시에 정확하게 측정하는 것이 불가능함을 나타낸다고 한다. 그리고 이 원리는 시간과 에너지 사이에도 존재한다고 한다. 아무튼 이 공식은 위치와 운동량 그리고 에너지(질량)와 시간 사이에 불확정성 원리가 적용된다는 것을 밝히고

있다는 것이다.

나는 이 두 사람의 말을 한 가지 뜻으로 이해한다.

존재와 현상 사이에는 근본적인 차이가 없으면서도 동시에 이해하기 힘든 관계가 있다.

이런 뜻을 석가모니는 '본체가 곧 현상이요, 현상이 곧 본체(空卽是色 色卽是空)'라고 말하고서, 진리는 그 중도中道에 있다고 본체(空) - 현상(假) - 현존(中)의 이론을 제시하였다.

그리고 공자는 죽음에 대해서 묻는 제자의 물음에 '삶도 알지 못하는데 죽음을 어찌 알겠느냐?(不知生 焉知死)'고 핀잔을 주었다. 2,000년쯤 지나서 독일의 철학자 임마누엘 칸트(Immanuel Kant, 1724-1804)는 몇 가지 의미 없는 철학적 물음을 정리하면서 그 중 하나에 '우주의 시작과 끝은 있는가?'라는 질문을 포함시켰다. 한 마디로 쓸데없는 것에 대한 관심은 끄고 현실에 충실하라는 말로 들린다. 그러나 그들은 결코 현실을 무의미한 것으로 이해하지는 않았다. 공자는 발분망식發憤忘食하여 안 될 줄 알면서도 잘못된 세상을 바로 잡으려 한 평생 노력하였고, 칸트는 '저 하늘에는 찬란한 별, 내 가슴에는 양심'이라고 하면서 도덕적으로 완전한 삶에 대한 원리를 정립하고자 노력하였다.

모든 생명체의 근원적 특성은 본능에 있다. 인간도 다양한 본능을 가지고 있고 그 중 하나가 '앎에 대한 본능'이다. 우주는 언제 시작되었는가? 어떻게 변화할 것인가? 참된 존재는 무엇인가? 왜 모든 것들은 변화하는가? 등등 우리는 무수한 의문 속에서 끊임없는 질문을 던지며 살면서 동시에 그 물음에 답하려고 한다.

중국 당나라 말부터 북송 초까지 118년을 살면서 중국철학사에서 획기적인 업적을 남긴 희이도사希夷道士 진단陳摶은 내단도교에서 말하는 불로장생의 수련법을「무극도無極圖」라는 이름으로 도식화 하였다. 이 그림은 인간이 수련을 통하여 궁극의 상태인 무극에로 회귀하는 과정을 그림으로 표시한 것이다. 그런데 이 그림을 북송의 염계濂溪 주돈이周敦頤가 성리학의 우주론으로 변형시켜「태극도太極圖」라는 이름으로 세상에 드러내었다. 오만 가지 사물을 양성과 음성의 남녀로 단순화 하고서 이를 다시 오행의 조합으로 환원한 연후에 순수한 음과 양의 상태로 되돌리고, 이것을 태극이면서 무극의 경지로 복귀시킴으로써 근원적 존재와 합일한다는 것이「무극도」의 논리이다. 이를「태극도」에서는 무극이면서 동시에 태극인 상태로부터 음양의 '양의兩儀'가 나오고, 여기서 다시 오행으로 분화하여 남자와 여자를 낳고 이로부터 만물이 있게 된다고 말하고 있는 것이다.

〈그림 1〉 빅뱅 개념도 및「무극도」와「태극도」

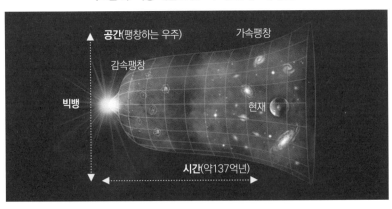

* 빅뱅은 입체적 360° 방향으로 일어났지만 이를 이해하기 쉽도록 한 단면만 표시하였으므로 개념도라 하였다.

太極圖　　　　　　　無極圖

無極而太極　　　　　　　　　　　復歸無極　　　煉神還虛

陽動　　　　陰精　　　　　　　　　　　取坎塡離

順則成人成物　　五行合一性　　火　水　土　木　金　　五氣朝元　　逆則成仙成佛

乾道成男　　坤道成女　　　　　煉氣化神　　煉精化氣

萬物化生　　　　　　　玄化之門

현대의 천체물리학자들은 우주의 시작을 빅뱅Big Bang 이론으로 설명한다. 137억 2천만 년 전에 10^{-44} 크기의 점이 10^{-33} 크기의 시간에 폭발하여 지금의 우주로 팽창되었다는 논리이다. 이런 크기의 점과 이런 폭발이 상상이나 되는가? 서양에서는 이 점을 싱귤레리티singularity라고 부르고, 우리는 특이점特異點이라고 부른다. 가만히 생각해보면, 영어 이름은 뭔가 이해가 되는듯한데 한글 이름은 상당히 생소하다. 특이점이라는 말은 '잘 모르는 점'이란 뜻이다. 특별하면서도 이상한 점이라는 것이니 그 정체를 어찌 알 수 있겠는가! 특은 군계일학群鷄一鶴의 의미이고, 이는 돌연변이突然變異와 같은 의미이다. 이런 번역은 좀 문제가 있어 보인다.

아무튼 태초에 어떤 점들이 양자요동의 현상으로 있다가 어느 한 점이 대폭발을 일으켰다는 식이다. 이때 양자요동의 현상으로 생성소멸 하던 점의 '중력에너지의 합이 제로'인 상태가 바로 '무無'인 것이며, 그 '무'의 균형이 깨어져 +의 상태로 폭발한 것이 '유有'라는 현상의 세계라고 한다. 그 폭발이 얼마나 어마어마했으면 빅뱅이라고 했을까. 그렇게 오랜 시간이 지났는데 아직도 우리가 방송 송출을 중단한 TV의 채널에서나 주파수가 맞지 않는 라디오에서 들리는 소리가 그 폭발음의 여파라고 한다. 불교에서는 진공묘유眞空妙有 즉 진짜 빈 것은 현묘한 있음이라고 한다. '없음'과 '빔'과 '있음'의 차이점을 이해할 필요가 있다.

우주는 탄생 초기 허수의 시간에 엄청난 인플레이션 현상이 발생하여 가히 상상조차 할 수 없는 크기로 팽창하고서 대폭발을 일으켜 열에너지의 거대한 불덩어리가 되었다가 어느 순간부터 소립자가 형성되었다고 한다. 탄생 이후 38만 년이 지난 후부터 전자가 원자핵에 붙잡혀서 원자가 만들어지고 비로소 빛이 직진하게 되고, 감속팽창이 일어나게 되면서 물질이 만들어져 초기 우주가 탄생하였다. 이때가 10억 년의 시간이 흐른 뒤였다. 그로부터 우주는 무수한 별들의 천체를 형성하면서 팽창하여 오늘날에 이르고 있는데 지금은 또 가속팽창을 하고 있다고 한다. 태양계가 속해 있는 우리우주도 대략 이 무렵에 생성되었다고 한다.

이 이론은 과연 정답인가? 이런 물음도 의미 없는 것인지 모르겠다. 우주는 영어로 유니버스Universe라고도 하고, 코스모스Cosmos라고도 한다. 유니버스란 '하나밖에 없는 것'이란 뜻을 담고 있으며, 코스모스는 카오스Chaos와 대비되는 의미로서 '질서의 상태'라는 의미이다. 한자어의 우주는 시간과 공간이라는 뜻이다. 결국 우주란 '시간과 공간이라는 개념의 결합으로 인간이 이해할 수 있는 하나의 거대한 질서 체계'라는 말로 정리된다. 그러나 이 또한 사실인가?

몇 년 전 별나라로 떠난 스티븐 호킹(Stephen William Hawking, 1942-2018)의 당시 미발표 공동 집필 마지막 논문에 평행우주론을 증명하는 공식을 담고 있다는 보도가 있었다. 평행우주란 다른 말로 다중우주의 뜻을 담고 있다고 한다. 우주는 유니버스가 아니라 멀티버스Multiverse라는 것이다. 그렇다면 최근까지의 우주에 대한 주장은 도대체 어떤 것이 정답이라고 할 수 있는가?

불교에서는 일찍이 우주를 연화세계蓮花世界라고 했다. 우주는 중심이 있고, 그 중심을 싸고 있는 것이 바로 연꽃의 꽃잎 하나하나와 같은 소우주들의 집합체라고 보았던 것이다. 오늘날 말하는 은하의 개념과 유사한 느낌이다. 천문학에서는 우주에 약 1,000억 개 이상의 은하가 있고, 그 중에서 태양계가 속해 있는 우리은하에만 2,000억 개 이상의 별(항성)이 있다고 한다. 물론 이 설명이 오늘날 물리학자들이 말하는 다중우주와 일치하는 개념은 아니다. 그러나 우주가 일차원적인 구조가 아니라 다차원 구조로서의 다중우주라는 사실은 공통적으로 인정하는 듯하다.

이러한 이야기들을 종합하면, 오늘날 물리학에서 설명하는 우주의 시작은 노자의 설명과 다르지 않은 듯하고, 우주의 구조는 불교의 설명방식과 크게 다른 것 같지 않다. 이와 같은 물리학의 우주론은 과연 사실인가? 우주에 반드시 시작이 있어야 하는 것인가? 시작이 있으면 끝도 있을 것인데, 우주의 종말은 어떤 것일까? 어떤 사람은 우주는 처음도 끝도 없는 것이라고 주장한다. 다만 그 안에서 일어나고 있는 온갖 생성소멸의 변화만이 현상으로서의 시작과 끝이 있다고 하는 것이다.

우주는 에너지의 놀이터

　물리학에서는 우주의 구성이 4%의 물질과 21%의 암흑물질 그리고 75%의 암흑에너지로 되어 있다고 설명한다. 말하자면 지금까지 인간이 밝혀낸 물질이란 것이 이른바 원소기호로 표시되는 119개의 원자 또는 원소인데, 이것이 겨우 전 우주의 4%를 차지하고 있다는 것이다. 빅뱅이론에 따라 우주의 구성을 물리적으로 계산하면 21% 정도가 또 다른 물질이어야 한다는 것이다. 그런데 아직 그 물질이 무엇인지 규명하지 못하고 있으므로 '모르는(암흑) 물질dark matter'이라고 한다. 나머지 75%는 에너지의 형태로 존재해야 한다는 계산에 의해서 가정된 개념으로 '모르는(암흑) 에너지dark energy'라고 부르는 것이다. 전체물리학자들은 빅뱅이론의 구조로 우주를 설명하면서도 사실은 겨우 4% 정도만 밝힌 내용을 가지고 나머지는 유추하여 그렇게 말하고 있음이다. 그러한 설명이 전적으로 틀렸다고 말하는 것은 아니지만 동시에 아직은 완벽한 설명도 아니라는 말이다.

　이러한 설명방식의 결정적인 단초를 제공한 사람이 바로 알베르트 아인슈타인(Albert Einstein, 1879~1955)이다. 그는 1905년에 특수상대성이론을 발표하여 물질과 에너지의 경계를 허물었다.

E=mc² 에너지=질량×빛의 속도²

우주를 설명하는 궁극적인 기준이 이제 바로 에너지가 된 것이다. 우주의 모든 것은 에너지로 귀결되며, 그 에너지는 질량에 운동량(빛의 속도)의 제곱을 곱한 값으로 환원된다는 말이다. 고전적으로 질량은 물질적 특성이고 운동량은 정신적 특징으로 구별된다. 그런데 이제 질량과 운동량이 하나의 개념 아래 통합되었다. 그것들은 둘이 아니라는 것이다. 하이젠베르그(Werner K. Heisenberg, 1901~1976)의 불확정성 원리는 여기서 한 걸음 더 나아가 그 관계에 대한 원리로 이해할 수 있다.

그러면 에너지란 무엇인가? 에너지란 '물리적인 일을 할 수 있는 능력'으로 정의된다. 에너지의 종류에는 기본적으로 열에너지 운동에너지 빛에너지 등이 있고 세분하면 소리에너지 위치에너지 전기에너지 탄성에너지 등도 있다. 에너지는 서로 다른 에너지로 전환된다. 그러나 그 양은 불변한다. 에너지 불변의 법칙이다.

아인슈타인의 이 공식이 전 우주에 보편적으로 적용될 수 있는지는 모르지만, 아무튼 우주만물을 에너지라는 개념으로 통합하여 이해해야 한다는 도식은 확립한 것으로 보인다. 그런데 유일한 기준인 에너지는 빅뱅 이후 다양한 형태로 그 모습을 나타내게 된다. 그러나 그 다양성은 하나로부터 시작하였으니, 원소기호 1번인 수소가 바로 그것이다. 최초의 물질인 수소는 원자이자 원소로서 기호는 H로 표시한다. 도대체 수소는 어떤 존재인가? 무극에서 태극에로의 변화가 바로 수소의 탄생이다. 음과 양의 근원적인 특성을 동시에 지니고 있기 때문이다.

수소水素는 물의 형질이면서 불의 성질을 가지고 있다.

수소는 그 자체로 물과 불의 성질을 동시에 가지고 있는 존재이다. 곧 하나이면서 둘이라는 말이다. 태극이 음과 양의 양의로 갈라지는 지점이다. 가장 강한 수축성과 팽창성을 함께 지니고 있는 것이 수소이다. 동양과 서양의 우주론은 순환론과 진행론으로 나눌 수도 있다. 어떤 일본계 물리학자가 우주의 팽창은 빅뱅 이후 약 200억 년을 기점으로 하여 수축으로 전환할 것이라는 이론을 제기한 글을 본 적이 있다. 앞으로 62억 8천만년 정도 남았다는 말이다. 그 수축에는 시간이 얼마나 걸릴지 언급하지는 않은 것 같다. 반면에 서양식의 이론은 우주가 영원히 팽창하여 몇백 억년이 지나면 별들 사이의 거리가 너무 멀어져 하늘에서 별을 볼 수 없을 때가 도래하게 될 것이라고도 한다. 물론 지구라는 별도 아닌 하나의 작은 행성은 아무리 길어도 앞으로 50억년 이내에 우주에서 사라질 것이라고 하므로 인류가 밤하늘의 별을 보지 못하게 될 걱정은 전혀 할 필요가 없다. 뭐 그리고 이 글을 읽을 사람들은 대략 앞으로 100년 이내에 세상을 떠날 것으로 예상되므로 그런 것은 단지 기우에 불과할 뿐이다.

빅뱅이론을 따르는 학자들의 견해에 따르면 우주는 다음과 같은 공식으로 만들어진 것이다.

온도가 낮아지면서 원자와 원소가 생성되고,
더 낮아지면서 다양한 원소가 결합한 물질이 만들어지고,
더 낮아지면서 생명현상을 가지는 식물과 동물이 탄생하게 되었다.

우주의 팽창에 의해서 에너지의 소모가 이루어지면서 중심으로부터 멀어질수록 점차 온도가 낮아지고, 그 낮아지는 온도에 따라서 순차적으로 초기 원자가 탄생하고 그로부터 순차적으로 더 무거운 원자들과 원소

들이 생겨나고 결국 그들이 서로 뭉쳐서 보다 복잡한 구조를 갖게 되는 물질이 만들어지게 되었다는 논리이다. 결국 온도의 차이라는 말이다.

그러나 온도의 차이라는 말만으로 모든 설명이 가능할까? 같은 온도의 지점에서는 모두 똑같은 물질이 만들어지는 것인가? 원자나 원소의 쏠림현상은 없는 것인가? 원자나 원소로 변한 에너지는 어떻게 서로 작용하는가? 우주의 에너지는 다양한 형태로 소용돌이 치고 있다고 보아야 한다. 그래서 우주의 여러 곳에서는 우리가 상상하기 어려운 온갖 변화가 거의 무한대로 일어나고 있는 것이다. 다양한 에너지의 소용돌이 중에서 우리은하의 태양계에서 일어났고 지금도 일어나고 있는 에너지의 작용방식은 어떤 것인가? 더 나아가 지구의 탄생과 지구에서 살고 있는 온갖 생명들에게서 일어나는 에너지의 변화양상은 어떤 것인가?

이에 대한 설명은 동양의 우주론 즉 음양오행론에서 보다 자세한 설명이 가능하다. 음양오행론에서는 온도의 차이에 의해서 물질의 생성을 말하고 있지는 않지만, 열과 온도라는 개념은 여기서도 대단히 중요한 것임을 뒤에서 설명할 것이다. 일정한 범위의 온도는 바로 모든 존재의 존재가능성 내지는 존재지속성의 근원이기 때문이다.

동양의 우주론은 두 방향으로 발전하였다. 하나는 일찍이 역易으로 나타났고, 그보다 뒤에 음양론이 나오고 또 그 후에 오행론이 나타났다. 역은 태극 – 양의兩儀(음양) – 사상四象(태양 소음 소양 태음) – 팔괘八卦 – 육십사괘六十四卦로 발전했다.

음양오행론은 처음에는 음양론과 오행론으로 서로 다른 체계였지만 후대로 오면서 결합하여 하나의 시스템으로 조립되었다. 음양은 은나라 시대에 이미 나타나는데 반해 오행의 철학적 이해는 전국시대 말기에 발전하였다. 이것은 다시 한나라에 와서야 합쳐진 개념으로 이해되고 도교에서 점차로 중요한 우주론으로 자리잡아가게 된다. 이 이론은 무극태극－양의(음양) － 오행五行(水火木金土) － 십간십이지十干十二支 － 육십갑자六十甲子로 전개되었다.

〈그림 2〉 역과 음양오행론의 우주론

선천팔괘 차서도(先天八卦 次序圖)

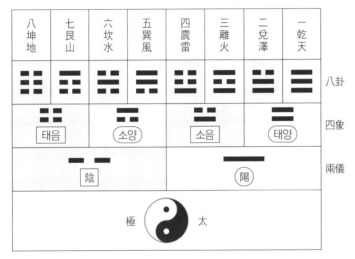

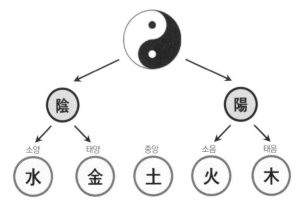

『주역』은 상수역象數易과 의리역義理易으로 나뉘어 발전하였다. 역은 처음 점을 치는 방법으로 출발하였지만 후대에는 인간의 도덕적 삶에 대한 방향을 제시하는 원리로 자리 잡았던 것이다. 물론 한편으로는 점치는 방법으로서의 역이 지속적인 발전을 하였고, 『주역』의 외연적 적용 범위는 세상의 모든 현상에 미치지 않은 곳이 없다고 할 정도이다. 그러나 역의 원래 출발점은 물상과 숫자로 점을 치는 것이 목적이었다. 이에 대한 이야기는 여기서 구체적으로 할 주제가 아니므로 부록에서 주역점에 대한 기본 이론을 설명하겠다.

〈표 1〉 육갑과 64괘 및 음양오행의 수

갑자 甲子	을축 乙丑	병인 丙寅	정묘 丁卯	무진 戊辰	기사 己巳	경오 庚午	신미 辛未	임신 壬申	계유 癸酉
갑술 甲戌	을해 乙亥	병자 丙子	정축 丁丑	무인 戊寅	기묘 己卯	경진 庚辰	신사 辛巳	임오 壬午	계미 癸未
갑신 甲申	을유 乙酉	병술 丙戌	정해 丁亥	무자 戊子	기축 己丑	경인 庚寅	신묘 辛卯	임진 壬辰	계사 癸巳
갑오 甲午	을미 乙未	병신 丙申	정유 丁酉	무술 戊戌	기해 己亥	경자 庚子	신축 辛丑	임인 壬寅	계묘 癸卯
갑진 甲辰	을사 乙巳	병오 丙午	정미 丁未	무신 戊申	기유 己酉	경술 庚戌	신해 辛亥	임자 壬子	계축 癸丑
갑인 甲寅	을묘 乙卯	병진 丙辰	정사 丁巳	무오 戊午	기미 己未	경신 庚申	신유 辛酉	임술 壬戌	계해 癸亥

64괘 일람표

하괘 \ 상괘	건	태	리	진	손	감	간	곤
건	중천건	택천쾌	화천대유	뇌천대장	풍천소축	수천수	산천대축	지천태
태	천택리	중택태	화택규	뇌택귀매	풍택중부	수택절	산택손	지택림
리	천화동인	택화혁	중화리	뇌화풍	풍화가인	수화기제	산화비	지화명이
진	천뢰무망	택뢰수	화뢰서합	중뢰진	풍뢰익	수뢰둔	산뢰이	지뢰복
손	천풍구	택풍대과	화풍정	뇌풍항	중풍손	수풍정	산풍고	지풍승
감	천수송	택수곤	화수미제	뇌수해	풍수환	중수감	산수몽	지수사
간	천산돈	택산함	화산려	뇌산소과	풍산점	수산건	중산간	지산겸
곤	천지비	택지취	화지진	뇌지예	풍지관	수지비	산지박	중지곤

역의 수 : 0 - 1 - 2 - 4 - 8 - 64

　* 2진법

　　건괘 곤괘 기제괘 미제괘(1, 2, 63, 64)를 제외한 60괘가 변화설명

음양오행의 수 : 0 - 1 - 2 - 5 - 10 - 12 - 60

　* 2진법 5진법 10진법과 12진법 그리고 60진법의 연산

오늘날 『주역』의 2진법은 눈부신 발전을 하여 우주의 모든 현상을 TV 나 컴퓨터의 모니터에 재생한다. 2진법만의 조합으로 3D 기법까지 만들어 우리가 눈으로 볼 수 있는 자연계의 현상들은 모두 영상으로 구현한다. 사실 어느 것이 진짜인지 알 수 없는 지경이라고 해도 과언이 아니다. 그러나 2진법은 아직까지 입체의 내부 변화까지는 완벽하게 읽어내어 구현하지는 못하는 것으로 보인다. 반면에 음양오행론은 2진법 5진법 10진법 12진법뿐만 아니라 60진법까지 동원하고 있다. 따라서 그 속에 담긴 원리를 전부 해석하여 완전한 구조를 읽어내기까지는 아직 많은 시간이 필요한듯하다.

음양

　이제 동양의 음양오행론에 집중하여 그 근원과 현상에 대해서 구체적으로 분석해보자. 원래 음과 양이란 철학적 개념이 아니라 자연의 현상에 주목한 개념이었다. 즉 양陽이란, 한자가 뜻하는 바와 같이 '햇살이 비추고 있는 산언덕(陽 = 阜 + 日 + 勿)'이며, 음은 그늘이라는 뜻으로 '햇살이 비치는 반대쪽'을 의미한다.

　지구 북반구의 위치에서 보는 양의 개념은 산의 남쪽을 비추는 햇살이었으므로 사람살기 좋은 자리란 뜻으로 발전하여, 양은 '산의 남쪽 물의 북쪽(山之南 水之北)'을 지칭하여 명당明堂의 개념이 되었다. 그래서 한양 낙양 진양 등과 같이 지명에 양 자가 들어가는 곳은 배산임수背山臨水 곧 산을 북쪽으로 등지고 물을 남쪽에 끼고 있는 도시라는 뜻이다. 반면에 산음 안음 등의 지명은 물이 도시의 뒤쪽인 북쪽에 흐르고 있음을 뜻한다. 우리나라 중국 지명의 대부분은 그 마을의 명칭을 유심히 음미해보면 그 취락의 형태를 대부분 알 수 있다.

　이것이 철학적 개념으로 진화하여 존재의 근원을 상징하게 되었던 것이다.

한 번 음陰했다가 한 번 양陽하는 것을 도道라 한다.(一陰一陽謂之道)

음과 양을 헤아릴 수 없음을 신神이라 한다.(陰陽不測謂之神)

음이란 수축의 의미이고 양이란 확산의 의미이다. 한 번 수축했다가 한 번 확산하는 것을 일정한 법칙 즉 도라고 말하는 것이다. 그것은 태극의 문양이 나타내고 있는 바와 같이 음이 자라나면 양이 줄어들고, 양이 자라나면 음이 줄어드는 현상을 가리킨다. 수축이 끝나는 지점에서 팽창이 시작되며, 팽창이 끝나는 지점에서 수축이 시작된다. 이러한 현상의 반복적 연속이 음양의 법칙이다. 그 현상을 조화 또는 변화라고 한다. 그러면서도 현상세계에서 음과 양이 언제 어디서 어떻게 드러날지 예측하기 어려우므로 그러한 변화의 원인을 신이라고 한다는 말이다. 그래서 '신은 존재하는 장소가 없으며, 역은 구체적 모습을 갖지 않는다(神無方而易無體)'라고도 하고, '신을 궁구하여 변화를 알면 그 지혜는 신에 가까움이라(窮神知化 知幾其神乎)'고도 하였다. 신이란 '변화의 신비함을 인간의 직관으로 포착하는 상태'를 말하기도 하여(神而明之 存乎其人), 그러한 인간을 '신령神靈'하다고 한다. 변화의 기본은 음이 양을 낳고, 양이 음을 낳는 과정으로 바로 끊임없이 낳고 낳음이다.

낳고 낳음이 역이다.(生生之謂易)

선천先天, 하도河圖 : 하늘의 조화造化

변화란 나아가고 생겨나고 변해가는 모습이다.(變化者 造化之象也)

후천後天, 낙서洛書 : 땅의 변화變化

선천과 후천 그리고 하도와 낙서에 대해서는 뒤에서 자세히 설명할 것이므로 여기서는 잠시 접어두자. 하늘의 음양과 땅의 음양이 있다. 하늘에서는 조화가 일어나고 땅에서는 변화가 일어난다. 하늘의 조화는 천시天時로 나타나고, 땅의 변화는 지리地理로 나타난다. 뒤에서 설명할 것이지만 여기서 조금만 언급하고 지나가자면 인간의 변화 즉 운명은 인사人事로 나타나는 것이다. 천시는 봄 여름 가을 겨울春夏秋冬이요, 지리는 낳고 자라고 거두고 갈무리生長收藏 함이며, 인사란 태어나고 늙고 병들고 죽음生老病死이다.

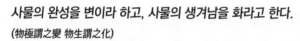

사물의 완성을 변이라 하고, 사물의 생겨남을 화라고 한다.
(物極謂之變 物生謂之化)

* 변 : 음에서 양으로   화 : 양에서 음으로

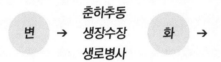

변화는 사물의 본질이 바뀌는 것이 아니다. 존재의 양상(모습)이 달라지는 것이다. 변화하는 것은 단지 에너지일 뿐이다. 이 에너지를 동양에서는 일찍이 기氣라고 이름 하였다. 이 기의 특징을 후대에 정의하기를 '살아 있어서 움직이고 일정한 주기를 가지다가 다른 무엇으로 바뀌어 가는 것(活動運化)'이라고 했다. 기의 갑골문은 바람 따라 흐르는 에너지의 형상으로 ≈로 나타나고, 이것이 단순화 되어 ☰으로 표기되기도 했다. 나중에 기는 선천기와 후천기로 나누어 炁와 氣로 표기하기도 한다. 여기서 잠시 한의학에서 분류하는 기의 종류를 살펴보고 지나가도록 하자.

원기元氣 **: 선천기, 진인기**眞人氣, **炁**

종기宗氣 **: 호흡기, 심맥기**心脈氣

영기營氣 **: 영양기**營養氣**(위 기능으로)**

위기衛氣 **: 표면기**表面氣**(폐 기능으로)**

이것은 인간의 운명을 논할 때 중요하다. 인간의 선천적 건강상태와 후천적 건강관리를 사주 속에서 읽을 수 있기 때문이다. 그러나 여기서는 이 정도만 뇌리에 담아두고 넘어가자.

다시, 음양이란 하늘과 땅 그리고 인간에게서 일어나는 변화의 원동력 이란 사실은 분명하다. 그러면 그 변화의 양상은 과연 어떤 것인가? 이미 앞에서 최초의 원소는 수소이고, 수소는 기본적으로 물의 형질을 지니고 있는 것인 동시에 불의 성질을 가지고 있다고 하였다. 그렇지 아니한가? 물의 성질이 불이라는 말이다. 이것이 바로 '하늘이 처음 물을 낳고 두 번째로 불을 낳았다'는 원리를 가능케 하는 바탕이다. 물은 폭발력으로 수증기로 팽창하고 수축력으로 얼음으로 응집하며, 팽창과 수축을 가능케 하는 힘의 원리가 그 속에 내재하여 작용한다. 이것을 형상으로 나타낸 말이 수화목금토의 오행이다. 그 순서는 비록 수화목금토이지만 사실 토 는 별도의 존재 양상이 아니라 수화목금에 작용하는 내재의 힘일 뿐이다.

응집된 물(얼음, 수)이 폭발력으로 발산하고 있는 형상이 나무(아지랭 이, 목)이며, 이 물이 모두 수증기로 가열된 상태가 불(증기, 화)이며, 이 수증기가 다시 수축하여 서리로 화하여 내려앉는 모습이 쇠(서리, 금)이 고, 이 서리가 응결하여 다시 하나의 물로 결빙한 상태가 수(얼음, 수)인 데, 이 과정에서 발산과 확산 그리고 수축과 응집 즉 ⊕와 ⊕⊕ 그리고 ⊖와 ⊖⊖의 크기로 각 과정에서 작용하는 힘이 흙(팽창수축력, 토)이다.

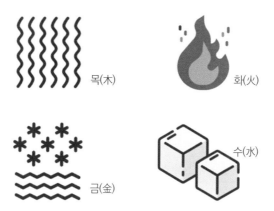

목(木)

화(火)

금(金)

수(水)

물(얼음) ⊕ 아지랑이 ⊕⊕ 불(수증기) ⊖ 서리 ⊖⊖ 물(얼음)

여기까지가 태극이 양의(음양)로 나뉘고 다시 음양이 오행으로 나뉘어가는 구조이다. 그런데 이러한 형상으로서의 설명은 일반적으로 이해하기가 다소 힘들다. 그리하여 이것을 자연현상 중의 물상으로 바꾸어 적용하여 쉽게 대비해서 이해한다.

물상으로 이해하는 음양의 개념은 그 근본구조의 바탕 위에서 파악하여야 한다. 음양에 대한 정확한 이해는 우주와 운명에 대한 이해와 해석의 근간이 되기 때문이다. 이제 이미 언급했지만, 음양이 오행으로 분화되는 단계에 도달하였다.

〈표 2〉 음양의 물상 대조표

양(陽)	음(陰)
홀수(奇數)	짝수(偶數)
하늘(天)	땅(地)
위(上)	아래(下)
해(日)	달(月)
남자(男)	여자(女)
높음(高)	깊음(深)
밖(外)	안(內)
육부(六腑)	오장(五臟)
왼쪽(左)	오른쪽(右)
움직임(動)	고요함(靜)
특(特) 특별	이(異) 이상
특수성(特殊性)	정체성(正體性)
혜(慧) 혜안	지(智) 예지
신(神)	정(精)
봄 여름(春夏)	가을 겨울(秋冬)
낮(晝)	밤(夜)

오행

　오행이란 수화목금토의 다섯 가지를 지칭하는 말이다. 그러나 앞에서 설명한 바와 같이 이것은 수 하나의 변화 과정과 그 변화 과정에 작용하는 힘을 세분하여 말한 것일 뿐이다. 물(얼음)이 아지랑이로 피어오르는 모습을 목이라고 하고, 그것이 모두 수증기로 바뀐 모습을 화라고 하며, 다시 서리로 내려앉는 모습을 금이라 하고, 다시 물(얼음)로 응축되는 과정을 수라고 하며, 그러한 변화를 유발하는 힘과 그 힘의 크기를 토라고 하는 것이다.

　그래서 그 변화의 모습을 형상화 하여 수화목금토라는 이름을 붙인 것이다. 그리고 여기에는 태양계 속의 행성 위치의 비밀이 숨어 있기도 한데, 이것은 뒤에서 다시 설명하겠다. 오행의 변화가 일어나는 순서를 동서남북에 배당하고, 그 가운데 작용하는 힘을 사거리에 배당하여 오행의 의미를 원래 '사거리(卌)'로 이해하기도 한다. 그리고 오행의 '五'는 '二(음양) + 乂(사귈 예)'로, '行'은 '彳(조금 걸을 척)왼발걸음 + 亍(자축거릴 축)오른발걸음'으로 이해하여 '음양이 서로 사귀는 모습'이면서 '왼발과 오른발(음양)이 앞으로 나아가는 모습'으로 보기도 하였다. 그러한 변화를 계절에 배당한 것이 천시의 변화에 해당하는 봄 여름 가을 겨울이다.

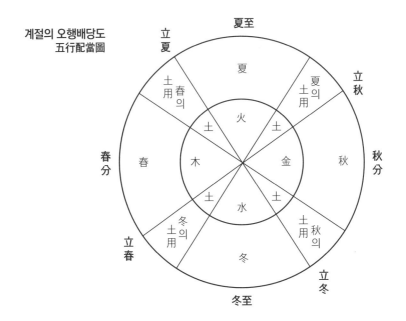

〈그림 4〉 오행의 계절배당도

오행이란 수가 토의 팽창력과 수축력에 의해 목화금수의 형태로 바뀌는 양상이다.

오행의 이러한 성질을 『상서』 「홍범」에서는 따로 나누어 수는 '첫 번째로서 윤하潤下 즉 아래로 젖어듦'을 그 본성으로 하고, 화는 '두 번째로서 염상炎上 즉 위로 타오름'을 그 본성으로 하며, 목은 '세 번째로서 곡직曲直 즉 굽거나 곧음'을 그 본성으로 하며, 금은 '네 번째로서 종혁從革 즉 변화에 순응함'을 그 본성으로 하며, 토는 '다섯 번째로 가색稼穡 즉 씨 뿌리고 거둠'을 그 본성으로 한다고 하였다. 수와 화는 물과 불의 성질이므로, 물은 얼음으로 뭉치거나 낮은 곳으로 스며들고 불은 열기로 흩어지거나 위로 치솟는다. 목과 금은 팽창과 수축을 그 성질로 하므로, 목은 그 팽창력에 따라서 굽거나 곧게 나아가고 금은 그 수축력에 따라서 강철과 연철로 나누어진다. 특히 금의 본성이 종혁從革이라는 말은, 쇠란 강한 것이기는 하지만 대장장이가 다루기에 따라서 그 어떤 모양으로도 변하게 된다는 것으로 '강한 힘에 의한 변화에 순응한다.'는 뜻이다. 건달들이 더 강한 건달에게 복종하고, 돈 많은 사람이 재벌에게 복종하는 것과 같은 논리이다. 토의 본성이 가색稼穡이라는 것은 그 에너지의 작용이 +와 −로 작용하는 것처럼, 봄에는 씨 뿌리고 여름에는 길러서 가을에 거두어들이고 겨울에는 갈무리한다는 의미를 담았다.

수는 첫 번째로서 그 본성은 아래로 젖어듦(潤下)이고,
화는 두 번째로서 그 본성은 위로 타오름이고(炎上),
목은 세 번째로서 그 본성은 굽거나 곧음이고(曲直),
금은 네 번째로서 그 본성은 변화에 순응함이며(從革),
토는 다섯 번째로 그 본성은 씨 뿌리고 거둠 즉 팽창과 수축력이다(稼穡).

오행은 우주의 에너지가 스스로 운동하는 모습이다. 그런데 아인슈타인의 특수상대성원리에 따르면, 우주의 원리인 에너지는 질량과 불가분의 관계를 갖는다. 그러면 질량이란 무엇인가? 모든 존재하는 것은 질량을 갖는다. 그리고 존재하는 것들 사이에는 서로 힘이 작용한다. 그 힘이 바로 중력이고 관성력이다. 이 문제를 설명하고자 하는 것이 일반상대성원리이다. 그 원리는 중력과 관성력이 본질적으로 같은 힘이며, 모든 물체가 관성을 가지는 이유와 중력을 가지는 이유 그리고 물체들 사이에 기하학적 구조가 매개되어 있는 이유는 하나의 통일된 현상이라는 것이다. 그리고 공간의 각 부분들마다 시간은 다르게 흐른다는 사실을 간파한 것이다.

에너지는 질량과 불가분의 관계이고, 질량을 가진 물체는 중력과 관성력을 가지며 나아가 그들의 유기적 관계는 하나의 통일된 현상이며 각 위치에 따라 시간의 흐름은 다르다.

오행에서 수화목금은 에너지의 형태를 말하는 것이고, 토는 스스로 운동하는 힘이다. 그런데 상대성원리는 물리학으로 물질과 시간 그리고 공간의 개념을 설명하고자 하는 것이다. 여기서는 아인슈타인이 관심을 가졌던 전체 우주의 문제는 접어두기로 한다. 이제 우리는 문제를 태양계로 옮겨올 필요가 있다. 더 나아가 우리 인간이 살고 있는 이 지구를 중심으로 고찰할 필요가 있다. 태양계의 다른 행성에는 없는 생명 존재 그 중에서도 우리 인간이 지구에서 살고 있기 때문이다.

우리가 이야기 하고자 하는 사주팔자에 의한 운명의 변화에 대한 것은 태양계 밖의 에너지 흐름과는 다른 양상을 가지고 있다. 태양계 밖의 오행의 움직임은 아직 우리가 구체적인 내용을 알 수 없다. 그러나 태양계에서의 오행의 움직임은 행성들에서 나타나 있으며, 지구에서는 자연만물에 온전히 구현되어 있다.

오행의 구체적 운동 양상은 태양계의 행성에 나타나 있고, 지구의 만물에 온전히 구현되어 있다.

원래 음양과 오행은 서로 별개의 것으로 언급되어 왔다. 중국의 경우 은나라시기에 음양과 오행의 개념이 정립되었다고 하지만 구체적인 증거는 없다. 오행의 개념은 사실 전국시대 말기에 이르러서야 철학적 사유의 형태를 갖추게 된다. 여기서 전통적인 의미의 오행에 대한 철학적 개념들을 살펴보자. 오행 개념의 기본에 대한 철저한 이해는 하늘과 땅 그리고 인간에 대한 명리학적 설명에 있어 가장 중요한 부분이다.

〈표 3〉 오행의 기본 개념

오행	의미 내용
목(木)	굽거나 곧음 접촉함 : 땅에 닿아서 생겨나다. 무릅씀 : 땅을 뚫고 나오다. 글자 모양 : 屮(싹틀 철) 아래에 뿌리가 난 모양 계절은 봄 소양(少陽)으로 동쪽에 자리함. 동쪽은 움직임이고 기를 진동하는 것은 동쪽이다. 따뜻하고 부드러움을 근본으로 하고, 굽거나 곧음을 본성으로 함
화(火)	위로 타오름 불은 변화 : 양기가 일을 주관하니 만물이 변화한다. 글자 모양 : 불꽃이 위로 타오르는 모양 계절은 여름 태양(太陽)으로 남쪽에 자리함. 사물이 바야흐로 임신하고 생장시킨다. 밝고 뜨거움을 근본으로 하고, 위로 타오름을 본성으로 함
토(土)	심고 거둠 토함 : 기와 정을 머금거나 토함, 토는 토하여 생성한다. 글자 모양 : 二+丨(뚫을 곤). 二는 땅의 위와 중간 상징, 丨은 만물이 처음 땅을 뚫고 나오는 모양 계절은 늦여름 : 만물은 여기서 성취한다. 가운데에 자리함, 안은 통함이다. 머금거나 흩으며 열매를 지니는 것을 근본으로 하고, 심고 거둠을 본성으로 함

금(金)	변화를 따름 금지함 : 확산을 막고, 음기가 비로소 시작한다. 글자 모양 : 금은 토에서 생겨난다. 토속의 금이 좌우의 점으로 있음을 상징 계절은 가을 소음(少陰)으로 서쪽에 자리함. 근심함이요, 숙살함이며, 의를 지킴이다. 천지의 물건이 본래 모습으로 돌아옴이 가을이요, 여물어지고 적어진다. 강하고 차가움을 근본으로 하고, 변화에 순응함을 본성으로 함
수(水)	아래로 스며듬 평균 : 물은 평평하니 만물의 평준이고, 윤택함이며 스며든다. 글자 모양 : 음과 양이 사귀니 하나가 일어남, 시냇물이 두 갈래로 흐르고 가운 데에 양기가 있는 모양(『주역』의 감괘(坎卦) : ☵) 계절은 겨울 : 오행의 시작이요, 원기의 진액이다. 태음(太陰)으로 북쪽에 자리함. 겨울은 마침으로 만물은 겨울에 모두 엎드리 니 귀함과 천함이 하나가 된다. 차갑고 허함을 근본으로 하고, 아래로 스며듬을 본성으로 함

오행의 기본 개념에 대한 온전한 이해가 명리학의 바탕이다.

이 표에서는 뒤에서 설명할 내용까지 포함하여 오행의 기본 개념에 대한 의미를 담았다. 오행의 개념은 후대로 가면서 세상의 온갖 사물들을 모두 포섭하는 개념으로 확대되었다. 그리고 그 의미들은 인간의 삶에서 다양한 형태로 응용되었다. 한나라 때의 동중서董仲舒에 이르면 실로 세상의 모든 사물이 오행으로 배당되지 않는 것이 없을 정도가 되었던 것이다. 그 중에서 대표적인 것 몇 가지만 간추려보자.

구분	목	화	토	금	수	출전
오미	신맛	쓴맛	단맛	매운맛	짠맛	여씨춘추
오색	푸른색(靑)	붉은색(赤)	노란색(黃)	흰색(白)	검은색(黑)	예기
오음	각	치	궁	상	우	예기
오생	닭	양	소	개	돼지	예기
오장	간	심장	비장	폐	신장	황제내경
오방	동	남	중앙	서	북	예기
오수	3, 8	2, 7	5, 10	4, 9	1, 6	예기
천간	갑을	병정	무기	경신	임계	예기
지지	인묘	사오	진술축미	신유	해자	회남자
오제	대호	염제	황제	소호	전욱	예기
오상	인(仁)	예(禮)	신(信)	의(義)	지(智)	하락정온
인성	공경	명석	슬기	순종	총명	태현

　　표에서 보다시피 오행을 응용한 경우는 시기별로 또는 각 저서의 특징별로 온갖 사물로 확대하고 있음을 알 수 있다. 그런데 중요한 것은 이러한 확대 응용이 어떤 경로를 통해서 이루어진 것인지는 정확히 알 수 없지만 실제로 명리학에서는 중요하게 적용되고 있다는 사실이다. 그것은 인간의 인지능력으로 오랜 관찰을 통해 얻은 통찰의 결과로 보아야 할 것이다.

　　이러한 인간의 인지능력은 또 한 단계 발전을 이루게 된다. 바로 오행에는 수가 목으로, 목이 화로, 화가 토로, 토가 금으로, 금이 다시 수로 변해가는 원리만 있는 것이 아니라 하나가 다른 하나를 제어하는 원리도 작용한다는 사실을 찾은 것이다.

하나에서 다른 하나로 변해가는 원리를 '서로 낳아준다(相生)'고 하고,
하나가 다른 하나를 제어하는 원리를 '서로 이긴다(相克)'고 한다.

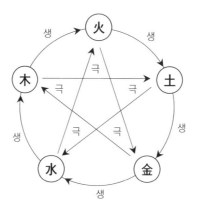

〈그림 5〉 오행의 상생상극도

상생 원리 : 수생목 목생화 화생토 토생금 금생수
상극 원리 : 수극화 화극금 금극목 목극토 토극수

상극 원리란 물이 불을 이겨서 꺼버리며, 불은 금을 이겨서 녹이며, 금은 목을 이겨서 생명력을 끊으며, 목은 토를 이겨서 뿌리를 박고 자라며, 토는 물을 이겨서 흡수해버린다는 의미이다. 그래서 오행은 하나를 중심으로 하는 표현이 아니라 다섯을 모두 표현하므로 '상생'과 '상극'이라고 한다. 서로가 서로를 낳고, 서로가 서로를 이긴다는 말이다. 하나의 오행에는 다른 오행의 요소가 '이미 섞여 있다'는 의미이다. 이것을 '오행체잡'이라고 한다. 즉 목이 화를 낳는다는 것은 '목의 성질은 온난하므로 화가 그 속에 엎드려 있다가 불꽃을 피워 나오게 되므로 목이 화를 낳는다'

라는 것이고, 화가 토를 낳는다는 것은 '화는 뜨거워서 목을 태울 수 있고 목이 불타면 재가 되는데 재는 바로 흙인 까닭에 화가 토를 생한다'고 하는 것과 같은 식이다. 다른 것들도 유추하면 원리를 이해할 수 있다.

오행은 더불어 일어나지만 각각 이름이 다르고 서로 일을 주관하여 돌아가면서 왕성하기도 하고 휴면하기도 하므로 '상생'한다고 하는 것이다. 이 원리를 오행의 휴왕休旺이라고 하는데, 오행은 계절에 따라 왕상휴수사旺相休囚死의 순환운동을 하게 된다. 즉 봄에는 목이 왕성하고 화가 버금가며 수는 휴식하고 금은 갇혀 있게 되고 토는 죽음을 맞는 계절이라는 것이다. 이러한 원리 하나하나는 결국 인간의 사주를 분석하는데 있어 매우 중요한 요소가 된다.

〈표 5〉 오행의 휴왕표

구분	왕	상	휴	수	사
봄	목	화	수	금	토
여름	화	토	목	수	금
늦여름	토	금	화	목	수
가을	금	수	토	화	금
겨울	수	목	금	토	화

젖은 기운이 수를 낳고, 따뜻한 기운이 화를 낳으며,
강건한 기운이 목을 낳으며,
굳센 기운이 금을 낳고, 조화로운 기운이 토를 낳는다.
그러므로 오행은 동시에 일어나고 서로에게 의탁하여 낳는다.

다만 이 오행은 처음 생겨날 때는 순서가 있을 수밖에 없고, 인간의 인지능력은 이것을 천체운동의 변화와 조화시켰다.

> 하늘이 처음 생겨나니(1을 낳으니) 북쪽의 수에서 시작하였고,
> 땅이 두 번째로 생겨나니(2를 낳으니) 남쪽의 화에서 시작하였으며,
> 사람이 세 번째로 생겨나니(3을 낳으니) 동쪽의 목에서 시작하였으며,
> 계절이 네 번째로 생겨나니(4를 낳으니) 서쪽의 금에서 시작하였으며,
> 오행이 다섯 번째로 생겨나니(5를 낳으니) 중앙의 토에서 시작하였다.

뒤에서 자세히 설명하겠지만, 이것은 소강절이 『황극경세서』에서 설명하는 우주의 생성과 변화의 원리와 서로 통하는 것이다. 그런데, 오행의 상생과 상극은 음양의 이론과 결합하여 보다 복잡한 관계를 형성하게 된다. 바로 오행의 각각은 다시 음과 양으로 나누어진다는 논리가 작용하는 것이다.

> 원래 음양과 오행은 서로 별개의 이론으로 발달하였다. 후대에 와서 이 두 가지가 서로 결합하여 하나의 사상적 체계로 통합되었고, 우주의 원리와 인간의 운명을 해석하는 기본 개념으로 자리 잡게 되었다.

오행이 음양과 결합하면서 오행의 상생과 상극 원리를 해석하는 기준에도 새로운 이론이 더해지게 되었다. 그리고 이런 방법은 사주의 분석에서 매우 중요한 요소로 작용하고 있는 부분이기도 하다. 이를테면, 상생과 상극이 반드시 그리고 언제 어디서나 같은 원리로 작동하지는 않는다는 논리이다.

금이라고 해도 양의 금과 음의 금이 있다는 것이다. 양의 금은 도끼나

강철과 같은 강한 성질을 가지고 있는 것을 말하고, 음의 금은 장신구나 보석과 같이 부드러운 성질을 가지고 있는 것을 가리킨다. 그래서 양의 금이 생하는 수와 음의 금이 생하는 수가 다르게 되는 것이고, 양의 금이 극하는 목과 음의 금이 극하는 목이 다르게 되는 것이다. 양의 금이 생하는 수는 장대비나 소나기와 같은 것이지만, 음의 금이 생하는 수는 가랑비나 이슬과 같은 수가 된다는 원리이다. 반면에 양의 금이 양의 목을 만나면 도끼로 장작을 패듯이 쉽게 이기게 되지만, 칡이나 등나무 넝쿨과 같은 음의 목을 만나면 오히려 제 힘을 발휘하지 못하고 부드러워지게 된다는 논리이다. 반대로 음의 금이 양의 목을 만나면 나무가구를 빛내주는 장신구의 역할을 하게 되지만, 화초와 같은 음의 목을 만나게 되면 보석도 자기의 빛을 제대로 발휘하지 못하고 묻히게 된다는 말이다. 이 원리는 뒤에서 설명하게 될 오운과 육기의 개념에 온전하게 녹아들어 있는 것이다.

<표 6> 오행의 상생상극 변화원리

구분	변화원리
수	• 왕성한 수가 토를 얻으면 연못을 이룬다. • 수가 목을 생하지만 목이 많으면 수가 졸아든다. 강한 수가 목을 얻으면 그 기세를 누설한다. • 수가 화를 극하지만 화가 많으면 수가 마른다. 약한 화가 수를 만나면 반드시 꺼지게 된다. • 수는 금에 의지하여 생기지만 금이 많으면 수가 탁해진다. 금이 수를 생하지만 수가 많으면 금이 잠긴다.
화	• 왕성한 화가 수를 만나면 서로 구제하게 된다. • 화가 토를 생하지만 토가 많으면 화가 어두워진다. 강한 화가 토를 얻으면 그 불길이 멈추게 된다. • 화가 금을 극하지만 금이 많으면 화가 꺼지게 된다. 약한 금이 화를 만나면 반

	드시 녹아버린다. • 화는 목에 의지하여 생하니 목이 많으면 화가 번성한다. 목이 화를 생하지만 화가 많으면 목이 타버린다.
목	• 왕성한 목이 금을 얻으면 기둥이나 들보가 된다. • 목이 화를 생하지만 화가 많으면 목이 타버린다. 강한 목이 화를 얻으면 완고함이 변화한다. • 목이 토를 극하지만 토가 많으면 목이 부러진다. 약한 토가 목을 만나면 반드시 무너진다. • 목은 수에 의지하여 생하지만 수가 많으면 목이 표류한다. 수가 목을 생하지만 목이 많으면 수가 졸아든다.
금	• 왕성한 금이 수를 얻으면 그릇을 이루게 된다. • 금이 수를 생하지만 수가 많으면 금이 잠긴다. 강한 금이 수를 얻으면 그 예봉이 꺾인다. • 금이 목을 극하지만 목이 많으면 금이 이지러진다. 약한 목이 금을 만나면 반드시 잘리게 된다. • 금은 토에 의지하여 생하지만 토가 많으면 금이 묻히게 된다. 토가 금을 생하지만 금이 많으면 토가 변하게 된다.
토	• 왕성한 토가 수를 얻으면 소통할 수 있게 된다. • 토가 금을 생하지만 금이 많으면 토가 변하게 된다. 강한 토가 금을 얻으면 그 막음이 억제된다. • 토가 수를 극하지만 수가 많으면 토가 휩쓸린다. 약한 수가 토를 만나면 진흙이 된다. • 토는 화에 의지하여 생하지만 화가 많으면 토는 마르게 된다. 화가 토를 생하지만 토가 많으면 화는 빛을 잃는다.

사주를 감별함에 있어 이와 같이 음양오행을 살피는 것은 기본 중의 기본이다.

손금 이야기

　나는 스무 살 때에 손금과 관상 보는 법에 대한 책을 구입하여 공부를 했었다. 그런데 신통하게도 여러 차례 다른 사람의 손금을 보고서 제법 맞히는 경우가 많았다. 대학에 입학한 후 2학년 때에 같은 과의 친구들이랑 이리저리 잘 어울려 놀았는데, 진주에는 그 유명한 촉석루와 진주성이 있다. 진주성의 동문 앞은 지금과는 그 모습이 많이 달랐지만 남강을 끼고서 여러 종류의 물건들을 파는 이동식 가게들이 즐비하였고, 중간 중간에는 흔히 말하는 돗자리를 깔고서 사주부터 궁합 관상 수상 등을 봐주는 나이가 제법 든 사람들이 자리를 잡고 있었다. 하루는 친구 하나와 이곳을 지나는데 그 중 한 사람이 손금이라도 보고가라고 말하였다. 호기심이 발동한 나는 "손금 보는데 얼마냐?"고 물었고, 그 사람은 "한 사람에 천원"이라고 하였다. 내가 다시 "손금을 제대로 보지 못하면 어쩔 것입니까?"라고 하니, "그러면 이천 원을 돌려주겠다."고 하였다. 당시 시내버스 요금이 아마 60원 정도였던 것으로 기억되므로 학생에게 천 원은 적은 돈이 아니었다. 손금을 공부했던 나도 나의 손금이 궁금했으므로 천원을 내고서 손을 내밀었다. 그 사람은 나의 오른손과 왼손을 번갈아 살펴보더니 아무 말 없이 이천 원을 내어주면서 "손금을 볼 수 없어 미안하다. 참으로 특이한 손금을 가졌다."라고 하였다. 내가 지금 보아도 나의 손금은 특이하다.

　재학 중에 가끔씩 다른 사람의 손금을 봐준 적이 있지만 무슨 말을 했는지는 전혀 기억이 없다. 10년쯤 전에 그 당시 나를 잘 따랐던 여자 후배 두 명으로부터 연락이 와서 점심식사를 함께 했었다. 이런저런 이야기 중에 한 후배가 "그 시절에 선배님이 사주 관상 손금 등을 종종 봐 주면서 저의 손금도 봐준 적이 있는데 요즘 보니 그 말이 잘 맞았다고 생각됩니다."라고 하였다. 내가 "그게 무슨 말이냐?"라고 하니, "그때 저의 손금을 보시고서 '너의 나이 30살에 몸에 칼을 대는 일이 일어날 것이지만 그 일은 도리어 너에게 득이 되어 억이 넘는 값어치가 될 것이다'라고 하셨는데, 실제로 30살에 제왕절개수술로 출산을 하였고 그 아들이 지금 의대에서 공부하고 있어 곧 의사가 될 것입니다."라고 하였다. 같이 있던 다른 후배도 덩달아서 "저의 손금을 보시고서는 '너는 결혼해서 딸을 2명 두게 될 것이고 몇 년 뒤에 늦둥이로 아들을 얻게 될 것인데 그 아들이 자라면서 제법 애를 먹일 것이지만 나중에는 자기 일을 알아서 잘 하게 될 것이니 아무 걱정하지 말라'고 하셨는데 실제로 그렇게 되었고 지금 아들은 대학진학 때문에 진로를 심각하게 고민하고 있는 중입니다. 어떤 전공을 선택하면 좋겠습니까?"라고 하였다. 나는 "내가 당시에 그렇게 말했다면 저절로 그렇게 될 것이니 그냥 자식에게 맡겨두라."고만 대답하였다.

4학년 때 축제기간 사흘 동안, 흔히 말하는 철학관을 오후 3시쯤부터 6시까지 하루에 3시간씩 운영했었다. 사흘째 되는 날, 철학관 근처에 있던 수의학과에서 운영하던 카페에서 낮술을 즐기면서 개점시간을 기다리고 있는데 그곳으로 30대 중후반으로 보이는 미모의 여성이 들어왔다. 그러더니 "저쪽에 철학관을 운영하는 학생이 있다던데 몇 시부터 문을 여나요?"라고 질문을 하였다. 옆에 있던 후배들이 "바로 여기 있는 이 선배님이 운영하는데 3시쯤 되어야 문을 엽니다."라고 하니, "명도라고 소문이 났던데 마침 잘 만났으니 지금 나의 손금을 좀 봐 주세요."라고 하였다. 내가 "3시가 되어야 문을 열 것이니 그때까지 기다리세요. 단, 빨리 왔으니 1번으로 보아드리지요."라고 하였으나 너무나 집요하게 빨리 보아주기를 간청하였다. 그래서 부득이 손금을 보고서 "궁금한 것 세 가지만 질문하세요."라고 하니, "내가 어떻게 하면 돈을 좀 벌 수 있을까요?"라고 하였다. 내가 웃으면서 "이미 돈을 잘 벌고 있으면서 또 무슨 돈을 벌겠다고 하느냐?"고 하니, "그게 무슨 말이에요? 나는 가정주부이고 직업을 가지고 있지 않은데 어떻게 돈을 번다고 하세요?"라고 하였다. 내가 옆에 있던 친구에게 이미 받은 복채 500원을 돌려주라고 하면서 "그러면 내가 본 손금이 틀렸으니 미안합니다. 그냥 돌아가세요."라고 하였다. 그러니 "그건 그렇고, 나의 남편은 앞으로 일이 잘 풀리겠는지 이야기 좀 해주세요."라고 하였다. 내가 발끈 화를 내면서 "아주머니의 첫 질문에 내가 틀린 대답을 했는데 무슨 말이냐? 더 이상 질문하지 말고 돌아가시라."고 소리를 쳤다. 그리고는 "내가 본 아주머니의 손금에는 지금 이미 예능분야의 일에 종사하면서 상당한 정도의 돈을 벌고 있는 것으로 나타나는데, 그 일이 음악인지 미술인지 순간적으로 판단하기 어려웠지만 나의 판단으로는 십중팔구 음악으로 학원을 운영해서 제법 잘 운영되고 있을 것이 틀림없는데 사람을 놀리려고 하는 짓도 아니고 이게 무슨 장난질이냐?"라고 소리쳤다. 그러자 비로소 "정말 미안합니다. 너무 정확하게 맞추었습니다. 얼마나 자신감이 있는지 일부러 그렇게 말해보았습니다. 사실은 피아노학원을 운영하면서 돈을 벌고 있습니다. 그러니 화를 풀고 다른 질문에도 대답해주면 좋겠습니다."라고 하였다. 내가 다시 "사람을 가지고 장난을 쳤으니 그에 대한 대가를 치러야 이야기를 계속할 수 있습니다. 오늘 여기서 나와 내 친구 그리고 후배들이 먹는 음식과 술값 모두를 계산한다면 다른 질문에도 대답하지요."라고 하니, "그렇게 하겠습니다."라고 하고서 이후 1시간 정도 이런저런 이야기를 나누다가 돌아갔는데, 그날 총 비용이 아마 35,000원 정도였던 것으로 기억된다. 독자들은 그때가 80년대 중반이라는 사실을 염두에 두고 계산하시기 바란다.

그런 일이 있은 후, 종종 나를 찾아와 운명을 보아달라는 아주머니들을 만날 수 있었는데, 당시 진주에서는 불과 3일 동안의 그 일로 인하여 소문이 조금 나서 상당 기간 그런 사람들 때문에 고생을 하였던 기억이 있다. 오죽하면 내가 잠을 자는 방 앞까지 찾아와 10만 원짜리 수표를 내밀면서 사주를 보아달라던 사람도 있었다. 그러나 나는 찾아온 시민들에게 단 한 번도 운명을 감정해준 경우가 없다. 내가 그 사흘 동안 대략 300,000만 원 정도의 돈을 벌었지만, 내가 사고 싶었던 책 3권을 13,000원 정도 지불하고 샀던 것 외에는 단 한 푼도 나를 위해 쓴 돈은 없고 모두 친구나 후배들과 함께 술 마시는 비용으로 충당했다.

태양계와 지구

선천과 후천은 어떤 것인가? 전체 우주라는 관점에서 보면 선천과 후천은 어느 시점에서 구분되는 것이지만, 부분적인 관점에서 보면 선천과 후천은 지속적으로 반복된다. 선천과 후천은 파동의 에너지와 그 에너지가 특수한 형태로 응축된 물질로 구분되기 때문이다. 그리고 우주에서는 언제나 에너지가 물질로, 물질이 에너지로 변하면서 그 총량은 변하지 않는다. 바로 에너지 불변의 법칙이다.

선천세계 : 에너지의 세계, 후천세계 : 물질의 세계

물리학적으로 말하면, 양자요동으로부터 어느 순간 '무'의 상태가 깨지면서 빅뱅이 일어났고 곧 엄청난 인플레이션 현상으로 거대하게 팽창했으며, 적어도 10만 년이 흐른 후에 비로소 빛이 그 모습을 드러내게 되었다고 한다. 『노자』에서는 '유有'는 '무無'에서 생겨났고 '무'는 '유'에서 생겨났다고 하니, 양자요동에서 빅뱅의 과정을 말하는 것과 유사하다. 물리학의 발전에서 노벨상을 받은 사람들이 『노자』를 즐겨 읽고 영감을 받았다는 글을 읽었던 기억이 있다. 『성경』에서 말하는 로고스Logos는 빛 이성 말씀 등으로 번역될 수 있는 단어이다. 이 말은 우주가 혼돈Chaos 으로부터 바뀌었음을 나타내고 있다. 빛이나 이성이나 말씀(언어)은 가만히 생각해보면 모두 같은 뜻이다. '질서의 세계' 즉 '논리적으로 설명이 가능한 세계'를 표현하고 있는 것이다.

동양철학의 관점에서 보면, '무극'의 '양자요동'으로부터 '태극'의 '빅뱅'이 있었고, 다시 '빛과 어둠'으로서의 음과 양 즉 '양의兩儀'로 나뉜 것이다. 그리고는 원자와 원소 등의 입자가 생겨나는 '오행'의 시점을 거쳐, 빅뱅으로부터 10억 년 쯤 흐른 뒤에 그것들이 뭉쳐서 물질을 이루어 별이 생겨나게 되었다고 한다. 우리가 속해 있는 '우리은하'도 이 무렵에 생겨난 것으로 보고 있다. 그래서 지금 우리들이 '별 볼 일 있게'된 것이다. 그런데 동양철학에서는 낮과 밤을 음과 양으로 보아 원래 '하나'인 것의 성장과 소멸로 보았지만, 서양철학에서는 빛과 어둠으로 나누어 두 가지로 본 차이점이 있다. 동양철학은 세계를 하나로 보았기 때문에 온전히 이해할 수 있는 것이지만, 서양철학에서는 둘로 보았기 때문에 어둠에 대해서는 온전하게 이해할 수 없는 부분이 있게 된 것이다. 어둠은 빛 이성 언어의 영역과 다르기 때문이다. 그래서 영어에서는 '세계'를 'World'라고 쓰고, 그 '세계'를 반영하는 언어는 'Word'라고 쓴 것인지 모르겠다. 서양철학은 주로 밝음과 빛에 대한 논의가 중심을 이루었고 어둠과 그늘에 대한 이야기는 다소 부족한듯하다.

양자요동 – 빅뱅 – 빛과 어둠 – 원자와 원소 – 물질의 세계
무극 – 태극 – 음양 – 오행 – 만물

에너지의 형태로만 존재하던 우주가 어느 시점부터 물질의 모습도 일부 가지게 되었다. 가만히 생각해보면 매우 놀라운 일이지만, 우리들이 일상에서 전혀 그렇게 느끼지 못하고 살아가는 중요한 현상이 바로 이 우주의 에너지는 균등한 상태로 존재하지 않는다는 사실이다. 최초의 빅뱅으로부터 입체적으로 360도로 팽창한 우주가 무엇 때문에 에너지의 균등한 상태가 아니게 된 것인지 나는 아직 잘 모르겠다. 만약 그런 상태라면 세상이 아무런 재미도 없을 것이기 때문이라고 짐작만 할 뿐이다. 그렇지만 바로 그 불균형한 에너지의 구조로 인하여 이 우주는 '오만 가지' 양태로 변화하게 된 것만은 분명하다.

우주의 에너지가 불균형한 형태로 존재하기 때문에 세상은 온갖 다양한 형태로 나타난다.

에너지의 불균형한 상태가 원자와 원소의 특징을 만들고 다시 그것들이 다양한 형태로 결합하여 물질을 구성하지만, 그 모든 과정은 단지 '에너지의 흐름'이라는 연속선상에서 나타나는 그때그때의 모습일 뿐이다. 이 우주의 생멸도, 인간의 삶과 죽음도 이 단순한 법칙 즉 에너지의 흐름 속에서 변화해가는 한 현상인 것이다. 탄생을 고통스러워하고 죽음을 기쁘게 맞이할 아무런 이유도 없다는 말이다.

우주의 생멸에서부터 자연계의 온갖 변화무상함 그리고 인간의 삶과 죽음까지도 그것은 결국은 에너지의 흐름이 나타내는 순간순간의 현상일 뿐이다.

에너지는 언제나 움직이면서 변화를 만들어낸다. 그리고 아직 이 우주에는 '물질'이든 '암흑물질'이든 물질이 차지하는 비율이 1/4밖에 안 된다고 한다. 물론 물질도 에너지의 한 양태이지만 현상적으로 생긴 모습이 다르기 때문에 억지로 구분하는 것이다. 아인슈타인은 거시적인 관점에서 우주의 기본 원리를 특수상대성이론으로 일반화했다. 앞에서 본 것처럼 $E=mc^2$이라는 공식이 그것을 나타내고 있다. 그에게서 가장 중요한 개념은 질량과 빛이다. 서양철학의 근본 개념인 빛에다가 질량이라는 '물체가 가지는 무게'의 개념을 더한 것이다. 바로 그것이 하나의 물건이 가지는 에너지라는 말이다. 이제 세상에 존재하는 모든 물체는 오직 에너지의 크고 작음으로만 설명된다는 논리에 포섭되어 버렸다. 쉽게 말하면, 무거운 놈이 힘이 센 놈이고, 힘이 센 놈이 세상을 지배한다는 말로 바꾸어도 의미에서 별 차이가 없다는 뜻이다.

반면에 오래 전부터 동양에서는 바로 그 에너지라는 개념을 '기氣'라는 말로 사용했는데, 나아가 이 '기'라는 말은 다양한 용도로 사용되었다. '기분이 좋다' '기후가 따뜻하다' '감기에 걸렸다' '기백이 있다' 등등 참으로 많은 경우에 응용되고 있다. 그러다가 기록상으로는 중국 주나라시대부터 오행이라는 개념을 사용하면서 우주의 근본 에너지를 다섯 가지로 나누어서 보는 관점을 제시했던 것이다. 이 이론은 지속적으로 발전을 거듭하여 오늘날까지도 동양철학의 근간을 이루고 있다. 아인슈타인이 말한 하나로서의 에너지를 동양에서는 일찍부터 다섯 양태의 에너지로 구분하는 시각을 가졌던 것이다.

$$E=mc^2 \ : \ 5E=mc^2 \ \text{또는} \ E=\frac{mc^2}{5}$$

세상은 한 가지만의 힘의 논리가 작용하는 것이 아니라 다양한 힘 적어도 다섯 가지로 나누어 볼 수 있는 힘의 논리가 있다는 주장을 하고 있음이다. 그 힘의 각각의 특징을 수 화 목 금 토라는 개념으로 범주화했다. 위의 공식에서 mc²을 그대로 사용한 것은 동양의 철학에서도 물질세계의 기본인 무게와 존재의 근원인 빛의 의미에 대한 중요성을 인정하고 있기 때문이다.

인간이 사용하는 말은 그냥 아무렇게나 만들어지지 않았다. 성경의 창세기에서는 하느님과 아담이 세상의 사물에 대해서 이름을 붙이는 경우에 대해서 기독교와 이슬람교에서 각각 다르게 서술하고 있다. 기독교의 성경에서는 하느님이 사물의 이름을 아담에게 알려주고 있지만, 이슬람에서는 아담이 이름을 붙이고 하느님이 이를 추인하는 형식을 취하고 있다. 아무튼 언어는 사물의 본질을 반영한다. 말은 함부로 하는 것이 아니다.

나는 태양계 밖에서 일어나는 우주 에너지의 운동법칙에 대해서는 충분히 설명할 수 있는 논리적 이해를 아직 갖추지 못하고 있다. 그러나 태양계 안에서의 우주론은 나름대로의 이해구조를 갖추고 있다. 태양은 대략 45억 년 전쯤에 만들어졌다고 한다. 태양이 만들어지고 나서 태양이 포섭하는 행성들이 만들어졌다고 보아야 하는데, 통상적으로 태양계의 역사는 약 45억 년 남짓 된 것으로 본다. 우주의 나이가 137억 2천만 년쯤 되는 것이라고 하니 태양계는 그리 오래되지 않은 역사를 가지고 있는 셈이다. 우주의 시작으로부터 92억년이나 흐른 뒤에 생겨난 것이니 말이다.

우주의 한 공간에서 특수한 에너지의 형태가 형성되어
음양 오행 오운 육기의 운동과 변화를 거쳐 태양계가 이루어졌다.

태양계는 태양을 중심으로 9개의 행성(명왕성은 2006년 이후 행성에서 제외되었지만)이 있고, 지구에 딸린 달과 같은 위성도 있고 공전궤도가 행성과는 다른 혜성도 있다. 명왕성의 공전궤도도 천왕성의 안쪽으로 왔다가 바깥쪽으로 나가는 구조이므로 특수한 사례에 속한다. 그 외에도 다양한 것들이 태양계의 구성 요소이지만 여기서는 천문학을 말하고자 하는 것이 아니기 때문에 접어두자. 여기서 중요한 사실은 태양계 행성들의 순서와 모양 그리고 구성 요소이다. 태양으로부터 가까운 수성 금성 지구 화성 등은 고체형 행성이고, 목성 토성 천왕성 명왕성 등은 기체형이면서 띠를 두르고 있는 모양이다.

행성들은 자전과 공전을 한다. 크게 보면 태양도 우리은하 안에서 공전하고 있으며, 우리은하도 우주에서 공전하고 있다. 또 중요한 사실은 행성들이 태양을 돌면서 그 궤도가 태양과 수직인 것은 명왕성밖에 없고, 다른 행성들은 궤도가 경사를 가지고 있다는 것이다. 그 경사는 수성이 가장 크고 금성이 가장 작은데, 지구는 다른 행성들과 경사도를 비교해보면 중간에 해당한다고 할 수 있다. 그리고 그 경사도는 또 언제나 일정한 것이 아니고 21.8도에서 24.4로로 변화하며, 그러한 변화의 주기는 약 41,000년이라고 한다.

우주의 모든 별과 행성과 위성 혜성 등은 자전과 공전을 하며, 태양계의 행성들은 명왕성을 제외하고는 모두 공전궤도가 경사져 있는데 지구의 경사도는 그 중간에 해당하며 현재의 경사도는 23.5도 정도이다.

게다가 대부분의 행성은 공전궤도가 타원형으로 돌고 있다. 지구의 경우 춘분과 추분이 되면 태양으로부터의 거리가 같게 되지만 하지와 동지에는 태양으로부터 가장 가깝거나 멀게 된다. 동지 때의 태양과의 거리는 약 1억 4천 6백만 ㎞ 정도이고, 하지 때의 거리는 약 1억 5천 6백만 ㎞가 되어 대략 1천만 ㎞의 차이가 난다. 독자 중에는 혹시나 여름과 겨울을 착각한 것이 아닌지 의심할지도 모른다. 그러나 여름과 겨울은 지구 지축이 기울어져 있어 햇빛을 받는 양의 차이 때문임을 알아야 한다. 그러므로 지구의 남반부는 북반부의 겨울에 여름이 되고 보다 강한 햇빛을 받게 되며 그래서 적도 이하의 아프리카 지역이 열대지방이 되는 것이다. 그리고 이러한 공전에서 지구가 태양에 가장 근접하는 주기는 93,408년마다 그 궤도의 위치가 바뀌게 된다고 한다. 무엇보다도 중요한 점은 지구의 공전주기는 태양계가 생성된 이래로 단 한 번도 똑같은 시간이 없었다는 사실이다.

지구가 공전을 하면서 동시에 자전도 하며 금속이 아니라 물과 흙으로 만들어진 것이기 때문에 지축 방향보다 적도 방향으로 크기가 팽창되어 있다. 적도 방향의 지구 반지름은 대략 6,378㎞이고, 지축 방향의 반지름은 6,352㎞이다. 적도 방향의 반지름이 지축 방향보다 최소 26㎞ 이상 길다. 적도 방향의 지구 둘레가 대략 40,100㎞ 정도인데 지축 방향은 약 160㎞ 이상 더 길다는 말이다. 그래서 현재 지구에서 가장 높은 산으로 불리는 에베레스트산은 해발 8,848m로 알려져 있지만, 적도에 아주 가까운 에콰도르의 침보라소산은 해발 6,263m에 불과하지만 지구 중심에서부터의 높이를 계산하면 무려 11,016m나 되어 사실상 지구에서 가장 높은 산이 된다고 한다. 참고로 하와이에 있는 마우케니아산은 해발 4,206m에 불과하지만 산의 뿌리부터 정상까지가 무려 10,200m나 된다고 한다. 그런데 이런 배불뚝이로 생긴 지구의 자전주기도 일정하지 않다.

배불뚝이처럼 적도 방향으로 부풀은 지구는 공전하면서 자전하고 있는데, 그 주기가 항상 일정하지 않고 다르다.

북극성은 몇 개일까? 우리는 흔히 북극성은 당연히 하나라고 생각하기 쉽다. 물론 매 시기마다 북극성은 당연히 하나이다. 그러나 세차운동으로 인하여 지금과 같이 23.5도 정도로 기울어진 지축 때문에 우주 공간에서 지축의 중심선에 해당하는 북극성은 일정한 시기를 단위로 바뀔 수밖에 없게 된다. 세차운동으로 지축이 한 바퀴를 완전히 돌게 되면 25,920년이 걸린다. 그래서 옛날부터 천문을 관측한 사람들은 2,160년을 주기로 하늘에 북극성을 따로 설정하여 모두 12개의 북극성을 상정한 것이다.

지금의 북극성은 작은곰자리 자루의 끝에 해당하는 별이고 서양의 점성술에서는 물고기자리로 부르는 별이다. 서양의 점성술에서는 이 별자리를 12개월로 나누어 1월 20일부터 2월 18일까지에 해당하는 별자리를 물병자리라고 하고, 계속하여 약 30일 간격으로 물고기자리 양자리 황소자리 쌍둥이자리 게자리 사자자리 처녀자리 천칭(저울)자리 전갈자리 궁수자리 염소자리 등으로 이름 지어 그 기간에 태어난 사람의 운명은 그 별자리의 에너지 영향을 받는다는 이론으로 점성술을 발전시켰다.

서양의 점성술은 12개의 북극성이 포함되는 별자리인 물병자리 물고기자리 양자리 황소자리 쌍둥이자리 게자리 사자자리 처녀자리 천칭(저울)자리 전갈자리 궁수자리 염소자리 등을 약 30일 간격으로 나누어, 그 기간에 태어난 사람은 그 별자리 에너지의 영향을 가장 많이 받는 운명이라는 관점으로 보는 방법이다. 별자리의 에너지가 인간의 운명에 매우 밀접하게 작용한다는 말이다.

이 별자리들은 또 시기적으로 북극성의 역할을 하여 현재의 북극성은 물고기자리에 해당되며, 이 북극성이 관장하는 기간은 서기 1년부터 2,160년까지라고 보는 견해도 있다. 그리고 중요한 또 한 가지는 이 12개의 별자리들은 중심을 향하여 서로 마주보고 있게 되는데, 모든 사물은 마주보고 있는 것 사이에 반드시 대화對化작용이 일어나게 된다는 것이다. 그래서 지금의 북극성이 마주보고 있는 별자리가 바로 처녀자리이므로 오늘날 세계는 여성의 위상이 점차 강하게 나타나고 있고, 이러한 현상은 앞으로 12,000년 후에 처녀자리가 북극성이 될 때 가장 강하게 드러날 것으로 보는 것이다.

이왕 별자리 이야기가 나왔으니 동양의 별자리에 대한 개념도 조금 살피고 지나가자. 동양에서도 북극성을 매우 중시하여 하늘의 별을 지칭할 때는 성신星辰이라고 하여 뭇별에 해당하는 성星에 대비하여 단 하나의 별을 가리키는 신辰을 북극성을 부르는 이름으로 사용하였다. 통상적으로는 북신北辰이라고 부르는 것이 바로 북극성을 지칭하는 개념이다. 그렇지만 인간 세상에 가장 강한 영향력을 가진 별자리는 북두칠성으로 여겼다.

그리고 동양의 천문학은 하늘을 관측하여 각 계절마다 초저녁에 동쪽 하늘에서 나타나는 별자리가 일정한 변화를 보이는 사실을 간파하였다. 정월이 시작되면 동쪽 하늘에 용의 뿔 모양 별자리가 처음으로 나타나기 시작하여 봄 3개월 동안 점차적으로 용의 목 가슴 등의 순서로 차례로 나타나서 꼬리의 끝부분까지 드러나게 된다. 이어서 여름이 되면 주작이 날아오르는 순서의 별자리가 나타나고, 가을이 되면 백호가 하늘에서 내려오는 모습의 별자리가 순서대로 나타나며, 겨울이 되면 현무가 숨어드는 모습의 별자리가 순서에 따라 나타나게 되는 현상을 찾아내었다. 이러한 현상에서 유추한 것이 바로 사신四神의 개념이다. 동쪽의 청룡과 서쪽의 백호, 남쪽의 주작 그리고 북쪽의 현무가 그것이다. 그리고 각 방위에선 각각 7개의 별자리를 배당하여 이를 28수(宿)라고 하였다.

동방칠수(청룡) : 각(角) 항(亢) 저(氐) 방(房) 심(心) 미(尾) 기(箕)
북방칠수(현무) : 두(斗) 우(牛) 여(女) 허(虛) 위(危) 실(室) 벽(壁)
서방칠수(백호) : 규(奎) 루(婁) 위(胃) 묘(昴) 필(畢) 자(觜) 삼(參)
남방칠수(주작) : 정(井) 귀(鬼) 류(柳) 성(星) 장(張) 익(翼) 진(軫)

이 별자리들은 서양의 별자리 이름도 가지고 있다. 그리고 이 별자리들은 각각 온갖 사물과 연관되는 상징을 함축하고 있기도 하다. 동방칠수는 황제를 상징하는 의미가 강하며, 북방칠수에서 우와 여는 바로 견우성과 직녀성을 의미한다. 남방칠수는 기예와 관련되는 의미가 강하고, 서방칠수는 문무의 재능을 상징하는 의미가 크다. 다양한 짐승과 신체의 각 부위 그리고 세상의 사물과 연관된 이 별자리들에서 나타나는 크고 작은 변화, 즉 구름이 그 별자리를 가린다거나 운성이 지나가거나 하는 등의 현상이 나타나면 그것을 보고서 어떤 일이 일어날 조짐으로 여겼던 것이다.

이러한 하늘의 별자리를 가장 상세하게 나타내고 있는 것이 천문도인데, 천문도 중 세계에서 가장 상세하고 멋진 것이 바로 현재 경복궁을 들어서면 왼쪽에 있는 고궁박물관에 비치되어 있는 「천상열차분야지도天象列次分野之圖」이다. 하늘의 별자리가 배치된 순서와 위치를 그린 그림이라는 말이다. 조선의 개국과 더불어 태조 때부터 시작해서 세종 때에 최종적으로 완성된 천문도이다. 그것은 일찍이 고구려가 보유하고 있었던 커다란 오석烏石에 새긴 평양을 중심으로 그림 천문도가 당나라의 침입으로 대동강에 수몰된 사실에 근거하여 조선 초기의 한양에서 관측한 하늘의 별자리를 한 가운데의 원 안에 새로 그려 넣은 것이다.

〈그림 6〉 천상열차분야지도

이 천문도는 많은 내용을 담고 있다. 가운데 작은 원이 북극성을 중심으로 하는 하늘이고, 바깥의 큰 동심원이 하늘의 적도를 나타낸다. 그 근처의 타원이 태양이 지나는 길 즉 황도를 표시하고 있다. 그리고 이 천문도에서는 표시되지 않았지만 황도를 지그재그로 지나가는 길이 표시된 것도 있는데, 바로 이것이 백도 즉 달이 지나가는 길이다. 백도는 보통 12번 황도와 교차한다. 바로 1년 열두 달의 자취인 것이다. 바로 이것을 성차星次라고 하고, 이 성차 12신辰이 후에 12지지로 진화하게 된다. 그런데 이 백도는 가끔씩 1년에 황도와 13번 교차하는 경우도 있다. 윤달이 들어 1년이 13개월이 되는 경우이다.

이 천문도에 나타난 28수에 대해서 황도각이라는 수를 표시하기도 하는데, 예를 들어 '각13도'라고 하는 경우가 그것이다. 이것은 태양이 각 수의 자리를 지나가는 기간이 13일에 해당한다는 말이다. 하늘의 360도를 28수의 별자리로 나누고 각각의 별자리가 차지하는 비율을 나타내는 것이다. 서양의 점성술을 확대하면 황도상에서 지구가 어느 별자리의 에너지를 가장 강하게 받는 시기에 태어나는지가 그 사람의 운명에 큰 영향을 미치게 되는 것이다. 그리고 강물처럼 표시된 부분은 은하수를 나타낸 것이다. 천문도에 나타난 각각의 별과 별자리는 독특한 에너지를 갖는다. 이들 별과 별자리들이 방사하는 에너지는 지구의 생명체에 영향을 미친다. 지구의 생명체는 어느 시점에 어디에서 무엇을 먹고 사는지가 삶을 결정하는 3대 요소라고 할 수 있다.

> 생명은 환경의 지배를 받는다. 어느 시점에, 어디에서, 무엇을 에너지원으로 섭취하느냐가 삶을 결정하는 3대 요소이다. 그리고 황도와 백도가 만나는 12번의 교차점이 12신인데, 이것이 12지지로 전화하였다. 태양

계는 선천세계와 후천세계의 조화 즉 무극 태극 음양 오행 구성九星의 원리로 형성되었다.

스스로 빛을 발하는 하나의 별인 태양과 9개의 행성과 혜성 그리고 지구에 딸린 위성인 달로 형성된 태양계는 선천세계가 후천세계로 나타난 결과물이다. 태양계는 오운이 육기로 분화하여 질화質化 즉 물질이 만들어지면서 행성들이 생겨난 것인데 가장 중요한 점은 이 행성의 태양으로부터의 순서이다.

우리는 태양계의 행성 이름을 태양에 가까운 것으로부터 수성 금성 지구 화성 목성 토성 천왕성 해왕성 명왕성이라고 부르고 있다.

아이러니하게도 한자의 종주국인 중국에서는 1주일의 이름을 1 2 3 4 5 6 日요일로 칭하고 있는데 비해서 우리나라와 일본만 월 화 수 목 금 토 일요일이라고 칭하고 있다. 1주일을 7요(曜)라고도 하는데, 오행에 일월을 더한 것이다. 오행으로 보면, 수성 금성 화성 목성 토성이 이에 해당하는데 지구가 왜 그 가운데에 끼어 있을까?

앞에서 잠시 언급했지만, 지구의 생명 환경에 가장 큰 영향을 미치는 것은 태양이고, 그 다음은 달이며, 그 다음은 고체형 행성인 수성 금성 화성이다. 목성은 기체형 행성인 대신에 크기가 엄청나서 후천세계인 지구에 많은 영향을 미친다. 목성이 미치는 영향은 생명력을 순환시키는 에너지로 작용하는 것이다. 그래서 고체형이 아니라 기체형 행성이라야 더 적합하다. 목성을 다른 이름으로 '세성歲星'이라고 한다. 목성의 공전주기는 지구의 12년과 근접하기 때문이다. 목성 다음에 토성이 있는 것은 그

앞에 있는 행성들의 에너지를 조화롭게 팽창하고 수축하는 힘으로 감싸고 있기 때문이다. 그러므로 사실 별자리의 영향은 그 보다는 훨씬 적다.

지구에 가장 강한 에너지의 영향을 미치는 것은 태양이고, 그 다음은 지구의 위성인 달이고, 그 다음이 고체형 행성인 수성 금성 화성이며, 기체형 행성인 목성은 세성으로서 지구 생명력을 순환시키는 에너지로 작용하며, 토성은 목성 바깥에서 이들 상호간의 에너지를 조화롭게 팽창 수축시키는 역할을 한다.

그런데 지구란 도대체 어떤 물건인가? 수성과 금성 그리고 화성과 토성 사이에 있는 이유는 무엇인가? 지구의 형질은 말 그대로 둥근 땅(地球)이지만 겉모습만 보면 사실 오히려 둥근 물(水球)라고 해야 맞을 것이다. 그런데 사실 지구의 중심에는 이른바 멘틀이라고 하는 불덩어리가 감추어져 있다. 이것이 가끔 인간 피부의 종기처럼 터져서 용암으로 분출된다. 지구는 물과 흙과 불이 대부분의 구성 요소이며 부분적으로는 그 불과 물과 흙속에 쇠를 포함하고 있는 존재이다.

지구란 속에 불을 감추고, 그 바깥을 흙이 덮고 있으며, 표면은 대부분 물로 덮여 있으며, 불과 흙과 물속에 일정한 양의 쇠를 포함하고 있는 괴상한 행성이다. 그래서 지구에 사는 생명체들도 물과 흙이 몸체의 대부분을 차지하면서 쇠에 해당하는 뼈대를 갖추고 속에는 생명에너지인 불(체온)을 품고 있는 것이다.

조금 뒤에 자세히 설명하겠지만, 이러한 지구는 오운의 선천세계가 육기의 후천세계로 물질화하는 과정 즉 '금화교역金火交易'이 일어난 현상을 여실하게 보여주고 있는 증거이다. 금화교역이란 오행의 선천구조인 상생의 원리가 후천구조인 상극의 원리로 변화하면서 오운의 에너지가 육기의 물질로 바뀐 현상을 말하는 것이다. 그래서 지구는 천간으로 보면 지호地戶에 해당하는 '기토己土'이며, 지지로 보면 젖은 땅인 '미토未土'에 해당하는 행성이다. 그래서 여기에 인간을 비롯한 생명이 존재하게 된 것이다.

> 지구는 오운의 선천세계가 육기의 후천세계로 물질화하는 과정 즉 '금화 교역金火交易'이 일어난 현상을 여실하게 보여주고 있는 증거이다. 금화 교역의 결과는 솥 안에 쌀과 물을 넣고 불을 때어 밥을 짓는 것과 같은 것 이다.

오행이 대화작용으로 인하여 오운으로 전화하고, 이 오운이 팽창과 수축의 토를 만나 육기로 변화하면서 물질이 되고, 이 물질에서 후천세계 화극금의 금화교역이 일어나면서 물과 쌀이 따뜻한 밥이 되는 것과 같이 물과 흙이 만나 생명을 가진 존재가 나타나게 된 것이다. 그러나 따뜻한 밥은 언제까지나 따뜻한 밥으로 존재할 수는 없다. 불이 과하면 밥이 타게 되고, 열이 식으면 쉰밥이 되어 먹을 수 없게 된다. 밥이 밥이기 위해서는 상한선의 온도와 하한선의 온도 범위 안에 있어야 한다. 그것이 밥의 생명력이다.

모든 생명체가 생명을 유지하는 원리도 이와 같다. 일정한 범위 안의 체온(불)을 지니고 있을 때라야 살아있는 것이다. 그러나 이 후천의 금화교역으로 탄생한 생명에너지는 영원할 수 없다. 처음에는 선천의 에너지를 받아 태어나지만 후천세계로 물질화한 이후에는 필요한 생명에너지를 위기와 영기 즉 호흡과 음식의 섭취로 보충해야만 한다. 그리고 후천 세계는 계절의 변화와 같이 에너지의 팽창기와 수축기를 가질 수밖에 없 는 구조이기 때문에 생명은 당연히 유한할 수밖에 없는 것이다.

지구는 다른 행성과 달리 그 자체로 하나의 생명체로서 유한한 생명력을 가지며, 또한 그 속에서 많은 생명체를 낳고 기르고 병들고 죽게 한다. 선천의 에너지를 받아 태어나지만 후천세계에서는 호흡과 음식으로 에너지를 보충할 수밖에 없고, 후천세계는 팽창기와 수축기를 가지므로 생명은 유한할 수밖에 없다.

이 원리가 우주와 운명의 가장 큰 비밀이다!
선천세계와 후천세계의 교감으로 생겨난 지구라는 생명을 가진 특수한 행성! 다시 그 속에 살고 있는 인간을 포함한 생명체들의 존재와 변화의 원리!

지구 생명체의 운명은 태양이 음과 양의 기능으로 작용하고, 수화목금 토의 다섯 행성이 뒤를 이어 변화의 요소로 작용하며, 달이 태양과의 상호 관계 속에서 열두 가지의 시간(계절) 변화의 요소로 작용한다. 그렇다면 나머지 행성이나 혜성 등은 아무런 영향력이 없을까? 나는 다음과 같은 원리가 작용한다고 본다.

지구 생명체의 운명에서 태양과 달 그리고 5행성은 지구에 존재하는 생명체의 기본에너지로 작용하는 것이고, 천왕성 해왕성 명왕성은 기본변수로 작용하는 것이며, 혜성과 운성 등은 돌발변수로 작용한다. 태양은

음과 양으로, 달은 12운성으로, 5행성은 오행과 오운으로, 오행과 오운은 육기로, 그리고 천왕성은 대운으로, 해왕성은 세운으로, 명왕성은 월운 등의 변화와 같은 요인으로 작용하는 것이라고 보면 어떨까? 명리학에서 무엇보다 중요한 것은, 우주적 관점에서 본다면 불행이란 없는 것이지만, 인간의 관점에서 느끼는 닥쳐오는 불행한 요소에 대응하는 방법인 '용신用神'을 잘 찾아내는 일이다.

명리학을 한다는 많은 사람들이 다른 사람의 사주를 보고서 닥쳐올 불행을 예견하면서 적절한 대책을 강구해야 한다는 조언은 많이 하지만, 언제 큰 행운이 닥쳐오니 로또를 사면 1등에 당첨될 것이라는 정확한 제안을 했다는 말은 별로 들어본 기억이 없다. 명리학이 불행의 예견으로 사람을 협박하는 용도로 사용되어서는 안 된다.

명리학의 가장 중요한 활용은 사람이 정신적으로나 육체적으로 건강한 삶을 살아갈 수 있도록 하는 보조수단이어야 한다.

그런데 당연한 것인지만 이상하게 보이는 현상은 지구의 자전과 공전 및 달의 자전과 공전(달은 자전과 공전의 주기가 같아서 지구에서는 달의 뒷면을 관측할 수 없다.) 그리고 황도상 태양의 공전주기 중 어느 하나도 일정한 경우가 없다. 그래서 지구의 1년은 360일이 아니라 365일 5시간을 조금 넘지만 그 시간이 어느 한 해에도 정확히 일치한 경우는 없었다. 태양력은 1, 3, 5, 7, 8, 10, 12월에 31일을 두어 날짜를 보정하고 있지만 그것으로도 부족하여 오늘날 우리가 일반적으로 사용하는 서양의 태양력은 몇 년마다 2월에 29일을 두어 윤달이라고 한다.

지구의 자전도 태양과 달의 영향으로 일정하지 않고 0.002초 정도씩 길어진다. 그래서 총 0.9초 이상이 길어지게 되면 1초를 더 끼워 넣게 된다. 이것을 '윤초閏秒'라고 하는데, 가장 최근에는 2020년 1월 27일 오전 8시 59분 59초와 9시 0분 0초 사이에 1초를 추가하여 8시 59분 60초를 둔 것이다. 이 제도는 1972년 이래로 시행하여 27번째로 시행하였으니 그동안 우리는 공짜로 27초를 더 살았던 셈이다.

달은 공전주기와 자전주기는 같지만 그 시간이 정확한 것은 아니다. 달의 공전주기는 29.321일로 30일도 되지 않는다. 그래서 태음력은 한 달의 크기를 29일과 30일로 만들어서 365일에서 부족한 부분을 보정하려고 하였지만, 단순 계산만으로도 그 날짜들을 12로 곱하면 360일도 되지 않는다. 그래서 천문도에서 달의 길인 백도가 태양의 길인 황도를 1년 동안에 지나가면서 교차하는 지점이 12번 또는 13번 생기게 되는 것이다. 13번 생기는 해에 윤달을 두게 되는데 몇 월에 두게 되는지는 지구의 경도와 관계가 있다. 참고로 우리나라는 자체적인 표준시를 정하여 사용하지 않고 일제강점기에 시행한 동경표준시를 아직도 사용하고 있으므로 2012년에도 3월에 윤달을 두었다가 2020년에도 3월에 또 윤달을 두는 우스운 꼴을 당했다. 옛날식으로는 시간에 대한 지배권이 없는 나라는 독립된 국가가 아니었다.

윤달이 들게 되는 사례를 공식으로 만든 것이 이른바 '무중치윤법無中置閏法'이라는 것이다. 우리가 사용하는 달력은 일반적으로 태음태양력으로 서양의 태양력과 동양의 태음력을 섞은 것이다. 태양의 공전주기에 따라서 기후의 변화가 일어나고, 이 변화의 시점을 잡아 약 15일 간격으로 '24절기'를 두고 있는데 사실은 12절기와 12중기를 합친 것이다. 보통 하나의 달에는 하나의 절기와 하나의 중기가 들게 된다. 그런데 어떤 달에는 중기 하루 이틀 후에 음력으로 초하루가 시작되어 절기를 지나 다음 중기가 닥치기 하루 이틀 전에 음력 그믐이 되는 경우가 생기게 된다. 이럴 경우 그 달에는 중기가 없게 되고, 바로 그 달을 윤달로 둔다는 법칙이다.

절기는 태양의 황도를 15도씩 나누어 정한 것이다. 봄의 시작은 태양력으로 대략 2월 3일에서 7일 사이에 황도각이 315도인 때를 입춘이라고 하고, 여기서부터 15도를 더하는 시점을 우수라고 한다. 명리학에서는 육십갑자는 태음력으로 사용하지만 놀랍게도 정월의 시작은 음력 1월 초하루가 아니라 입춘일(정확히는 초단위까지 계산하여 황도각 315도에 해당되는 시각)로부터 정월이 시작되는 것으로 계산한다. 정월은 입춘이 달의 시작으로 절기이며, 우수는 달의 중간으로 중기이다. 경칩과 춘분은 2월의 절기와 중기이고, 청명과 곡우는 3월의 절기와 중기이며, …… 소한과 대한은 섣달의 절기와 중기이다.

이와 같이 태양계의 시간은 지구와 달 태양 모두 일정한 주기가 없다. 아직 정확하게 밝혀진 것은 아니지만 태양계의 공전주기도 당연히 일정하지 않을 것이다.

> 태양계의 시간은 지구 달 태양 어느 하나도 정확한 주기를 가진 것이 없다. 모두 미세한 차이가 있다. 이러한 차이가 바로 변화를 만들어내는 기초 요인인 것이다. 놀랍게도 명리학에서는 태양력에 기초하여 24절기 중에서 하나의 절기와 하나의 중기로 한 달을 정하면서 음력이나 양력의 초하루와는 무관하게 절기인 입춘을 정월의 시작으로 삼고 경칩을 2월의 시작으로 삼는다. 나머지 연월일시는 태음력의 육갑을 사용한다.

이러한 주기는 더 큰 시각에서 보면 또 다른 놀라운 세계관을 우리에게 보여준다. 고대 인도의 유가이론이나 마야의 장기론 그리고 소강절의 원회운세론에서 나타나는 유사점에서 그러한 사실을 확인할 수 있다. 고대 인도의 유가이론은 시대의 변천을 4시기로 나눈다. 황금의 시대와 은의 시대 그리고 구리의 시대와 철의 시대가 그것이다. 이 시기는 정신적 역량의 하강과 상승으로 순환하는데, 황금의 시대는 곧 영혼의 시대라고 할 수 있는 것으로 영적 능력이 최대치로 발휘되는 기간이고 하강기와 상승기는 각각 4,800년간 지속된다. 은의 시대는 지성의 시대라고 할 수 있는 것으로 영적인 능력이 1/4이 사라지는 기간이며 하강기와 상승기는 각각 3,600년간 지속된다. 구리의 시대는 감성의 시대라고 할 수 있는 것으로 영적인 능력이 1/2이 감소한 기간이며 하강기와 상승기는 각각 2,400년간 지속된다. 철의 시대는 물질의 시대라고 할 수 있는 것으로 영적인 능력이 1/4밖에 발휘되지 않는 기간이며 하강기와 상승기는 각각 1,200년간 지속된다. 이러한 시기들은 하강기를 거쳐 상승기로 순환하는데, 한 바퀴의 순환기간은 24,000년에 해당한다. 그리고 이 기간이 5회 반복되면 총 120,000년이 된다.

고대 마야의 장기력은 역법의 계산에서 1일을 킨이라 하고, 여기에 20을 곱한 값인 20일을 위날이라 하며, 여기에 18을 곱한 값인 360일을 툰이라 하며, 여기에 20을 곱한 값인 7,200일을 카툰이라 하고, 여기에 20을 곱한 값인 14,400일을 박툰이라 하며, 여기에 다시 13을 곱한 값인 1,872,000일이 하나의 기본주기를 이루는 것으로 하였다. 이 기본주기는 약 5,125년에 해당되는데, B.C. 3114년 8월 11일에 지난번의 주기가 시작된 것으로 밝혀졌다. 이를 정확하게 계산하니 지난 2012년 12월 21일 동짓날에 그 주기가 끝나는 것으로 나타나, 그 당시 많은 사람들이 그날 지구의 종말이 올 것이라고 믿어 지구촌이 술렁거렸던 사실을 기억하는 사람도 더러 있을 것이다. 그러나 나중에 이것은 그냥 기본주기에 해당하는 것일 뿐임이 밝혀졌고, 이와 같은 주기가 계속 이어진다고 보게 되었다. 그런데 이 기본주기가 5회의 순환을 거치는 중간주기는 약 25,625년에 해당되어 25,920년에 해당되는 세차주기와 비슷함을 알 수 있게 된다. 그리고 다시 이 중간주기가 5회의 순환을 거치는 대주기는 대략 128,125년에 해당된다. 1회의 기본주기가 끝나는 시점에는 태양이 은하계의 중심과 일직선을 이루게 된다고 하는데, 이 역법에 의하면 지금의 인류는 5번째의 태양주기에 있다고 한다.

황도 12궁에 의한 역법은 앞에서 조금 언급했지만 2,160년을 주기로 지구의 북극성이 바뀌는 주기를 가지고 있다. 이것이 12개를 거쳐서 한 바퀴를 순환하게 되면 25,920년의 세차주기를 이루게 된다. 그리고 이것이 5회의 대순환을 하게 되면 129,600년에 해당한다. 그리고 이번 순환의 기간 중에서 처음인 천칭궁시대는 B.C. 15,120년에 시작되어 B.C. 12,960년까지 이어진 것으로 계산하고 있는데, 이 기간은 바로 지구에서 지금까지 있어온 빙하기 중에서 마지막 빙하기가 끝나는 시점과 거의 일치한다.

소강절의 황극경세론은 유가이론이나 장기력에 비하면 훨씬 후대에 만들어진 것이다. 이 역법이론은 12와 30의 곱과 밀접하게 연관되어 있다. 12진(辰)이 1일을 이루고, 1일에 30을 곱하여 1월이 되며. 1월에 12를 곱하여 1년이 되고, 1년에 30을 곱하여 30년이 1세(世)가 된다. 1세에 30을 곱하여 360년이 1운(運)이 되며, 1운에 30를 곱한 10,800년이 1회(會)가 되고, 1회에 12를 곱한 값인 129,600년이 1원(元)이 되어 우주순환의 대주기를 이루게 된다는 것이다.

우리는 위의 모든 역법에서 순환의 주기에 5라는 수가 작용하고 있음을 볼 수 있는데, 이 5는 바로 5행과 밀접한 관련이 있는 것으로 이해된다.

고대의 역법에는 놀라운 공통점이 있다.

인도의 유가이론은 120,000년을 대주기로 순환하는 것으로 나타나고, 마야의 장기력은 128,000년 정도를 대주기로 순환하며, 세차주기는 129,600년을 대주기로 순환하고, 황극경세론에서는 세차주기와 일치하는 129,600년을 우주의 대주기로 본다. 그러므로 이 우주는 12만 년에서 13만 년 사이의 어느 기간, 아마도 129,000년 정도의 대주기를 가지는듯하다. 이러한 주기는 아마도 태양계의 공전주기와 일치하는 것으로 짐작된다.

우주의 변화는 태양계의 공전주기와 지구의 공전 및 자전주기 그리고 달과 각 행성들의 공전주기 및 혜성의 공전주기 등과 연관이 있으며, 그 주기들은 정해진 정확한 값을 가지고 있지는 않고 약간씩 오차가 있으므로 지구와 지구의 생명체들에게 나타나는 변화의 근원이 된다고 본다.

천간

　명리학에서는 10개의 천간과 12개의 지지를 양의 간지와 음의 간지를 서로 결합하는 방식으로 하여 60갑자(사실은 갑자 갑술 갑신 갑오 갑진 갑인의 순서로 순환하므로 육갑이라고 해야 맞다)를 연월일시에 맞추어 채택한 것으로 인간의 운명을 해석한다. 처음에는 황제 시대에 대요大撓라는 인물이 천문을 관측하여 날에 갑 을 등의 이름을 붙여 10일을 순환주기로 하여 간干이라고 하고, 월에 자 축 등의 이름을 붙여 12월을 순환주기로 하여 지支라고 하였다고 전한다. 그런데 이 간과 지를 합하여 간지라고 하고서 년을 간지로 기록하기 시작한 것은 중국의 후한시대 장제章帝 원화 2년 즉 서기 85년부터 시행된 사분력四分曆부터이고, 월과 일을 간지로 기록하기 시작한 것은 그보다 조금 앞인 한나라 무제 때인 B.C. 104년부터 시행된 태초력太初曆부터이며, 시간을 간지로 기록한 것은 정확히 알 수 없지만 아마도 이들보다 또 훨씬 뒤의 일일 것이다.

> 명리학에서는 아이러니하게도 태어난 달의 기준은 태양력의 절기를 기준으로 하고, 더 이상한 것은 년을 간지로 기록한 것은 서기 85년부터이며 월과 일을 간지로 기록한 것은 B.C. 104년부터이고, 시간을 간지로

기록한 것은 정확히 알 수 없지만 또 이보다 뒤의 일일 것이다.

원래는 날에 갑 을 등의 이름을 붙여 10일을 순환주기로 하면서 간干이라 하였고, 월에 자 축 등의 이름을 붙여 12월을 순환주기로 하여 지支라고 했다고 전한다. 즉, 갑일 을일 등으로 날을 불렀고, 자월 축월 등으로 달을 구분하였다.

참고로 인류가 사용하는 달력에 0년이라는 해는 없다. 기원전 1년에서 바로 서기 1년으로 건너뛴 것이다. 서기 1년은 간지로 신유년이다. 천간은 10개이므로 서기의 끝수가 4년이 되는 해부터 갑으로 시작한다. 요즘은 누구나 스마트폰을 가지고 있고, 간단하게 앱을 설치만 하면 사주의 간지와 명식을 쉽게 알 수 있다. 옛날에는 이 사주의 간지와 명식을 찾는 일 자체가 고도의 지능과 인내를 요구하는 일이었다. 수학자들은 이것을 쉽게 계산하기 위하여 연월일시의 간지를 찾는 공식을 만들기도 하였다. 날의 간지를 계산하는 수학적 공식은 상당히 복잡하지만 달력에서는 바로 확인할 수 있으므로 생략하고 연월시의 간지 계산법은 다음과 같다. 단, 월간과 월지는 양력에 해당하므로 사주에 적용하기 위해서는 2월이 당해년의 정월 간지가 된다. 예를 들어, 2021년은 (2021+7)÷10=나머지가 8이므로 천간이 신이고, (2021+9)÷12=나머지가 2이므로 지지는 축이 되어 신축년이 된다. 양력 2월이며 음력 정월이 되는 달의 간지는 (2021x2+2+3)÷10=나머지가 천간이 경이고, (2+1)÷12=나머지가 3이므로 지지가 인이 되어 경인월부터 시작한다. 만약 2021년의 입춘일인 임오일의 자시라면 정임의 화오행으로 목운이 되므로, 목을 극하는 경금이 오게 되어 경자시부터 시작한다.

년간 : (년 + 7) ÷ 10 = 나머지를 천간의 순서대로

년지 : (년 + 9) ÷ 12 = 나머지를 지지의 순서대로

월간 : (년 x 2 + 월 + 3) ÷ 10 = 나머지를 천간의 순서대로

월지 : (월 + 1) ÷ 12 = 나머지를 지지의 순서대로

* 월건법 : 갑 기년은 토운이므로 토를 생하는 양화인 병인이 정월, 정묘가 2월

시간 : 오운의 순서 즉 토 금 수 목 화에 따라 배당

* 시주법 : 갑 기 일은 토운이므로 토를 극하는 양목인 갑자 을축 순으로

시지 : 밤 11시 30분부터 1시 30분까지를 자, 계속하여 2시간 간격으로 축 인 등으로

옛 사람들은 하늘의 기운이 음과 양으로 순환하여 돈다고 보았다. 방향으로는 동남서북으로 순환하면서 양과 음이 하루씩 교차하여 한 방향을 이틀씩 지배한다고 살폈다. 그리고 중앙에는 이를 조절하는 음양의 기운이 이틀을 차지하고 있다고 보았다. 이러한 관점은 천문을 유심히 관찰하여 얻은 것으로 다음과 같은 현상에 기반하고 있다.

옛 사람들은 천문을 관측하여 날씨가 작게는 5일 단위로 작은 변화가 생기고 10일 단위로 순환하면서 15일 단위로 큰 변화가 있음을 간파하였다. 5일 단위를 후候라고 하고, 10일 단위를 순旬이라 하며, 15일 단위를 기氣라고 한다. 그래서 우리는 날씨를 흔히 '기후'라고 하는 것이다. 그리고 10일간의 이름을 각각 '갑 을 병 정 무 기 경 신 임 계'라고 하였다.

이 10개를 천간이라 부르는데, 이는 하늘의 줄기라는 뜻이다. 5행이 음과 양으로 나뉘지만 엄밀히 보면, 오행의 각각은 또 음과 양으로 나뉘어 10개가 되어 음양이 번갈아가며 목화토금수의 순서에 따라 하루씩을

지배한다는 것이다. 크게 보면 목과 화의 양 기운이 무토의 힘으로 팽창하다가 기토의 힘으로 바뀌면서 금과 수의 음 기운으로 수축하는 것이지만, 이를 나누어 보면 양목과 양화의 기운도 강하고 약한 차이가 있고 음금과 음수의 기운도 강하고 약함의 차이가 있다는 말이다. 이 10개의 천간은 하늘의 동 서 남 북과 중앙에 배당되고, 봄 여름 가을 겨울과 늦여름에 배당되며, 청 적 백 흑 황의 색에 배당되고, 궁 상 각 치 우의 소리에 배당되며, 선천수와 후천수에도 배당되어 수비학數秘學으로도 나타나 운명의 계산방식인 산명算命의 바탕이 된다. 선천수와 후천수의 계산법은 번거로우므로 여기서는 다루지 않는다. 그러나 보다 엄밀히 말하면, 이러한 배당은 오행보다는 오히려 오운에서 더욱 분명하게 나타나는 것이다.

〈표 7〉 천간 배당표

천간오행	목	화	토	금	수
양	갑	병	무	경	임
음	을	정	기	신	계
방향	동	남	중앙	서	북
계절	봄	여름	늦여름	가을	겨울
생수, 성수	3, 8	2, 7	5, 10	4, 9	1, 6
선천수	갑9, 을8	병7, 정6	무5, 기9	경8, 신7	임6, 계5
후천수	갑3, 을8	병7, 정2	무5, 기100	경9, 신4	임1, 계6

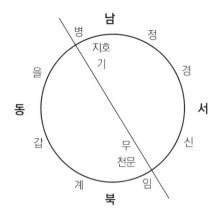

〈그림 7〉 천간 방위도

위에서 다른 내용은 이해가 쉽지만 후천수에서 기토가 100에 해당된 다는 사실은 설명이 필요한 부분이다. 기토란, 얼음으로 된 수의 기운이 아지랑이의 목 기운으로 퍼져 오르다가 수증기의 화 기운으로 완전히 팽 창한 것을 가을의 서리로 환원시켜 끌어내려서 다시 얼음으로 수축시키 는 힘을 말한다. 그래서 이 속에 지구 생성의 비밀이 들어 있기도 한 것이 다. 기의 상태인 오행 내지는 오운의 에너지를 정의 상태로 응축시켜 생 명이 터를 잡을 수 있는 물이 가득한 지구가 바로 기토의 역할로 만들어 진 것이기 때문이다.

그래서 무토는 천문天門이라고 하고, 기토는 지호地戶라고 한다. 문은 나가는 곳이고, 호는 들어가는 곳이다. 양토는 팽창력이고 음토는 수축 력이다. 그러므로 그 힘의 크기가 100이 되는 것이다. 무토와 기토의 상 호작용으로 지구가 생성된 것이다. 선천은 에너지의 세계이고 후천은 물 질의 세계이므로, 기氣의 상태인 오운五運을 정精의 상태인 육기六氣로 변 환시키기 위한 힘이다.

이 글에서 양토라고 하는 것은 무를 가리키고, 음토는 기를 가리킨다.
양목이라 하면 갑, 음목이라 하면 을을 말하는 것과 같은 뜻이다.

　10개의 천간은 각각의 특징을 가지고 있고, 그 특징은 인간의 사주에
서 가장 기본적인 해석의 원리가 된다. 천간에 그러한 이름이 붙은 이유
는 각 계절별로 곡식의 씨를 뿌리고 길러서 수확하고 저장하여 먹고, 그
리고 다음해를 위해서 종자를 비축하는 모습에서 취한 것이라고 한다.

〈표 8〉 천간의 본래 의미

천간	의 미
갑	甲者抽也, 씨앗의 껍질에서 뿌리가 자라는 모습
을	乙者軋也, 위로 싹이 나서 아래위로 벌어지는 모습
병	丙者柄也, 눈에 띄게 식물이 자라는 모습
정	丁者亭也, 식물이 성장을 그치는 모습
무	戊者貿也, 가지와 잎이 무성하여 모양이 변한 모습
기	己者終也, 성장을 멈추고 열매가 맺기 시작하는 모습
경	庚者更也, 숙연하게 모양을 바꾸어 오그라드는 모습
신	辛者新也, 열매가 완전한 모양을 갖춘 모습
임	壬者任也, 열매 속에 양기를 품어 새로운 생명의 싹을 갖춘 모습
계	癸者揆也, 속에 품고 있으면서 발아를 기다리는 모습

　이렇게 붙여진 이름인 천간에 어느 때부터인지 그 성질을 헤아려 물상
의 의미를 부여하기 시작하였고, 그 성질과 물상으로부터 사주에 나타나

는 운명을 해석하는 법으로 채택하였다. 물상은 사람의 사주가 가지는 기본적인 특징을 설명해주는 것이기도 하지만, 더욱 중요한 것은 용신을 잡아 불행한 운명의 굴레로부터 희망의 빛을 주는 데도 유용하게 사용하고 있는 것이다.

〈표 9〉 천간의 성질과 기본 상징물상

천간	성질과 기본 상징물상
갑목	기둥, 대들보, 버팀목, 신목神木, 숲, 자존심, 강함
을목	유실수, 넝쿨, 화초, 핑계, 부드러움, 관심 끌기, 의지하기
병화	태양, 용광로, 불같은 성격, 강직함
정화	등불, 촛불, 신불, 밤하늘의 별, 유약함
무토	메마른 땅, 사막, 성벽의 흙, 호수의 제방, 담벼락, 단호함
기토	논밭의 흙, 수분이 풍부한 땅, 농사짓는 땅, 인자함
경금	쇳덩어리, 도끼, 창칼, 무기, 철광석, 굳셈, 숙살(폭력성)
신금	은장도, 장신구, 금은세공품, 금전, 집착, 유약
임수	바다, 큰 강, 도도한 흐름, 홍수, 소나기, 장마, 폭우, 외유내강
계수	시냇물, 호수, 이슬, 서리, 화장수, 감로수, 눈, 부드러움, 감수성

천간의 성질과 기본물상은 사주를 해석하는데 가장 중요한 요소로 작용한다. 이를테면 갑목의 경우, 이것이 일간에 오게 되면 특히 자존심이 강한 성격으로 나타나게 되고, 시주에 오게 되면 직업과 직장에서 스스로가 주인의식을 가지고 일하게 되는 성향을 나타내게 되거나 신목神木으로 작용하게 될 때는 신줄을 받아 무당이 되거나 명리학 방면에 특별한 소양을 발휘할 수 있게 된다는 것이다. 정화의 경우는 촛불이나 신불로 작용하게 되면 신과 소통할 수 있는 능력으로 해석되어 서원의 향사享祀나 무

당의 푸닥거리 날짜는 대부분 정일丁日에 지내는 경우가 많은 것이다. 서원의 경우 대부분 2월이나 3월의 상정일上丁日 또는 중정일中丁日에 춘향春享을 지내는 경우가 많다. 즉, 2월의 상순에 들어오는 첫 정일이나 중순에 들어오는 정일을 뜻하는 말로 이 날에 향사를 지낸다는 것이다. 이 날이 신과의 소통이 잘 되기 때문이다.

천간의 경우는 그 성질과 물상도 중요하지만 어느 위치에 있는지도 매우 중요하다. 또한 그 각각이 서로 상생상극 되거나 칠충이 되거나 오운으로 인하여 그 성격이 변하게 되는 경우도 잘 살펴야 한다.

사주의 감정에 있어 천간의 이와 같은 성질과 상징물상은 기본적으로 중요하다. 음양을 구분하고 오행을 판별하며 오운을 살핀 후에 칠충과 육신 그리고 신살을 살피는 것이 순서에 합당하니, 잔재주에 집착하지 말고 기본에 충실함이 무엇보다 긴요하다.

지지

　원래 1년 중에서 평균적으로 달의 길인 백도가 태양의 길인 황도와 교차하는 시점으로 나눈 열 두 개의 달에 붙인 이름이 **자 축 인 묘 진 사 오 미 신 유 술 해** 등이었다. 그리고 달의 공전주기는 자전주기와 일치하고 그 날짜는 29일을 조금 넘는다. 1년은 365일을 조금 넘으므로 이를 29로 나누면 대략 12.5 정도가 되어 약 3년마다 1개월을 추가해 넣어야 한다. 이는 앞에서 그 원리를 설명하였다.

　동양의 역법은 음양의 2진법, 오행의 5진법, 10간의 10진법, 12지의 12진법 그리고 이들을 종합한 60진법으로 이루어진다.

　천간과 지지를 결합하여 구성한 60진법의 6갑은 천간의 양과 지지의 양을 결합하고, 천간의 음과 지지의 음을 결합하는 방식이다. 음과 양을 섞어서는 결합하지 않는다. 즉, 갑자 을축으로 결합하며, 갑축 을인 등으로는 결합하지 않는다는 말이다. 다만, 명리학에 있어서 지지의 화와 수에 해당하는 사와 오 그리고 해와 자는 음양을 바꾸어 해석하게 되는데 이를 음양차착이라고 한다.

천간과 지지의 이러한 결합이 연월일시에 모두 적용된 것은 어느 때부터인지 정확하지 않다. 그러나 아무리 빨라도 동한시대 무렵인 것으로 보이는데, 지금으로부터 불과 2천 년도 되지 않는다. 그리고 왜 연월일시 각각에 그러한 원리를 적용하여 구체적으로 어떤 연월일시에 6갑을 적용하게 되었는지는 아직 아무도 모른다. 1년이 열두 달이라는 사실과 하루를 12시간으로 나누어 보았다는 사실로부터 12달의 이름에 10개의 천간을 붙이고 12시간에 10개의 천간을 붙이면서, 여기에 오운을 적용하여 상생과 상극의 원리를 각각 나누어 월건법과 시주법으로 정한 이유는 사실 아무도 모르는 비밀이다.

물론 옛날에는 지금 우리가 사용하고 있는 6갑과 다른 글자로 6갑을 표기하기도 하였다. 그러나 지금식의 6갑이 정착된 이래로 그 표기법은 호사가들이 특별한 의미를 두거나 재미삼아 사용했을 뿐이고 현행의 6갑이 기본이 되었다. 이 지지도 원래는 1년 열두 달의 변화에 맞추어 곡식이나 식물이 나고 자라고 거두고 갈무리하는(生長斂藏) 모습을 본떠서 붙인 이름이라고 한다.

〈표 10〉 지지의 본래 의미

지지	의　미
자	孶也, 양기가 움직이기 시작하다. 새기를 낳다.
축	紐也, 繫也. 씨앗을 기르다. 이어받아 발아하다.
인	移也, 演也, 引也. 땅을 뚫고 나와 자라다. 만물을 풀어낸다.
묘	冒也. 무릅쓰고 나와 땅을 덮는다. 무성해진다.
진	震也, 伸也. 떨친다, 넓게 펼친다. 옛 모습을 버린다.
사	已也, 起也. 자라기를 그친다. 새 모습으로 일어난다.

오	仵也, 荂也, 長也, 大也. 꽃받침이 생긴다. 다 자라다. 커졌다.
미	眛也, 味也. 음기가 자라난다. 가지와 잎이 무거워진다. 만물이 맛을 가진다.
신	身也, 呻也. 몸체를 갖춘다. 펴고 묶어서 완성된 모습을 갖는다.
유	秀也, 實也. 뚜렷해진다. 완전한 모양이 된다. 결실하다.
술	滅也, 殺也, 소멸한다. 한 순환을 마친다. 만물을 죽인다.
해	核也 閡也, 劾也. 씨앗을 품는다. 음기가 만물을 죽인다.

옛날 중국에서는 하나라 은나라 주나라의 순서로 왕조가 진행되었는데, 주나라는 자월을, 은나라는 축월을, 하나라는 인월을 각각 정월로 하였다고 한다. 우리는 12지의 시작을 자로부터 시작하지만, 이는 달로 계산하면 동짓달에 해당되어 한 해의 시작인 정월과는 다르다. 인월을 정월로 하는 것은 인간의 삶을 기준으로 하기 때문이다.

소강절은 황극경세론에서 태양계의 순환을 말하면서 '하늘은 자에서 열리고, 땅은 축에서 열리며, 사람은 인에서 태어났다(天開於子 地關於丑 人生於寅)'고 하였다. 이 말은 129,600년을 1元으로 보는 관점에서 10,800년 단위의 1會 중에서 자회의 후반부에서 하늘이 문을 열어 기를 발산하기 시작하고, 축회에서 땅이 문을 열어 그 기를 받아들이며, 인회에서 천지의 기운이 합해져 인간을 비롯한 만물의 생명이 비롯된다는 말이다.

바꾸어 말하면, 술회에서 인간과 만물의 생명이 끝나며, 해회에서 땅이 더 이상 하늘의 기운과 소통하지 않게 되며, 자회의 전반부에서 하늘이 스스로의 기운을 거두어들인다는 말이다. 인회로부터 술회 초까지가 생명이 지구에 존재할 수 있는 시간이라는 것이다.

이것을 하루로 환산하면, 우리 시간으로 0시 32분부터 하늘이 하루의 생기를 발산하기 시작하고, 3시 32분까지는 이에 응하여 땅의 기운이 하늘

**의 기운과 합하며, 그 이후 비로소 인간이 활동을 시작하는 시간이 된다
는 말이다.**

지지의 본래 의미도 식물의 성장주기와 연관되어 있음을 알 수 있다.
씨앗이 발아하여 싹을 틔우고 점점 자라나서 무성하게 되었다가 꽃이 핀
다음 열매를 맺고 그 열매가 여물어 다시 씨앗으로 돌아가는 과정을 나타
내고 있는 것이다. 그렇지만 이러한 의미가 사주에서 가지는 해석에서도
여전히 일차적으로 중요하다. 봄의 기운은 얼음이 녹아 아지랑이로 피어
오르는 모습으로 변화하며, 여름의 기운은 얼음이 물이 되었다가 이제 완
전히 열기가 가득한 수증기로 변화하는 모습이며, 가을의 기운은 이 수증
기를 서리로 작게 뭉쳐 다시 땅으로 가라앉히는 모습으로의 변화이며, 겨
울의 기운은 이 서리를 다시 하나의 커다란 얼음덩어리로 결합하여 꽁꽁
언 상태로 숨어 지내는 모습인 것이다.

그리고 이 과정은 다시 생명의 순환을 나타내기도 한다. 그래서 12지
는 사주에서 천간과의 관계를 보아서 오행에 따른 12운성으로 나타나게
된다. 오행에 따른 12지는 각각 왕旺 상相 휴休 수囚 사死, 즉 기운이 왕성
한 때와 버금가는 때, 그리고 휴식하는 때와 갇히는 때 및 죽음을 맞이하
는 때로 나뉘게 된다. 이 부분은 12운성을 다룰 때 다시 자세히 검토할 것
이다.

지지의 인목은 천간의 갑목과 같은 성질이다. 그래서 시주에 갑인이
들면 신줄을 받아 무당이 되거나 명리학에 밝게 될 가능성이 높은데, 여
기에 더하여 일간에 천문天門 무토가 들면 명리학과 신줄이 겹치게 되어
이 분야에 탁월한 식견을 가지게 된다. 또한 여기에 더하여 월지에 오화
의 인수를 더하면 학문적 성과도 발휘하게 된다. 그리고 여기에 다시 년

간에 임수가 있다면 태생적으로 술을 좋아하게 되고 늘 술과 함께 하게
된다.

〈표 11〉 지지의 성질과 기본 상징물상

지지	성질과 기본 상징물상
자수	쥐, 천간의 癸, 새끼, 자식, 열매, 씨, 동지, 빙설, 생수, 개울, 자정, 철학
축토	소, 천간의 己, 족쇄, 언 땅, 부동산, 광산, 지하, 은행, 거북, 무덤, 현학玄學
인목	범, 천간의 甲, 목재, 대들보, 기둥, 고귀함, 출발, 역마, 신위, 장남, 관청, 사당
묘목	토끼, 천간의 乙, 유실수, 꽃, 넝쿨, 뿌리, 도화桃花, 바람, 창문, 촉각, 섬유
진토	용, 천간의 戊, 북극성, 진흙, 감옥, 저수지, 한약, 시장, 신용, 조직
사화	뱀, 천간의 丙, 불, 빛, 사상, 공상, 문장, 명랑, 영상, 사원, 장사, 항공, 에너지
오화	말, 천간의 丁, 열, 종교, 자외선, 역마, 고집, 홍염, 열정, 언변, 문장, 격동
미토	양, 천간의 己, 정원, 숙박업, 감옥, 암자, 주방, 건축물, 과실, 유순
신금	원숭이, 천간의 庚, 기계, 무기, 혁신, 군대, 경찰, 법조계, 금융, 절, 암반수
유금	닭, 천간의 辛, 술, 보석, 침, 잔식물, 재치, 정류장, 법률, 비석, 뿔, 재치
술토	개, 천간의 戊, 화산, 발전소, 화로, 성벽, 무기고, 시가지, 종교시설, 유흥업소
해수	돼지, 천간의 壬, 바다, 강, 술, 수학, 수산물, 강추위

지지는 각 3개씩 동서남북으로 배당하여 방위에 해당하는 같은 오행
이라는 의미로 방국이라고 한다. 인묘진은 동방의 목국에 해당하고, 사
오미는 남방의 화국에 해당하고, 신유술은 서방의 금국에 해당하며, 해
자축은 북방의 수국에 해당한다. 이 방국은 쉽게 말하면 한 마을에 같이
살고 있는 이웃을 말한다. 따라서 이들은 정신적 유대가 깊어 믿음으로
공동체를 형성하는 것이다. 사주에 이와 같은 특정 방위의 지지가 들어있
다면 가족 구성원간의 깊은 인연을 읽을 수 있는 것이다. 또한 이 방국은

옛날부터 흔히 이사 방위를 잡을 때 사용한 대장군 방위와 관계있다.

대장군 방위란 해당 연도의 지지가 어느 방위에 속하는가에 따라 결정되는데, 대장군은 해당지지 방위보다 한 방향 이전의 방위를 말한다. 만약, 금년의 경우 2021년이 신축년이므로 축은 북방에 해당하여 대장군 방위는 서방이라는 말이다.

지지는 또한 12운성과 연관하여 장생 제왕 묘 등으로 연결하여 3합국을 형성한다. 인오술이 합하여 화국을 이루고, 해묘미가 합하여 목국을 이루며, 사유축이 합하여 금국을 이루며, 신자진이 합하여 수국을 이룬다. 화국을 말하자면, 화는 목에서 장생이 되고 오에서 제왕이 되며 술에서 묘에 들어간다는 말이다. 이 합국을 삼합이라고도 하는데, 사주에서 인오술이 지지에 들어 있으면 화국을 이루어 몸이 불덩어리와 같이 뜨거우며 고혈압 등의 질병이 우려되는 것이다. 이 합국은 장생 제왕 묘 등이 나타내는 바와 같이 명예, 금전, 출세 등과 같은 이해타산의 면에서 각각의 12운성에 맞는 역할을 하게 된다. 그리고 이 중에서 2가지만 합하게 되는 경우를 반국이라 하는데, 장생 제왕 묘 중에서 어떤 반국을 이루느냐에 따라 해석이 달라진다. 또한 이 합국은 흔히 삼재라고 부르는 운수와 밀접하게 관련되어 있다.

삼재란 3가지 재액을 뜻하는데, 이것이 찾아오는 시기를 바로 이 삼합과 연관하여 정한다. 매 3년마다 진술축미의 토가 들게 되는데, 신축년의 경우는 바로 축토가 드는 해이므로 사유축 3재에 해당하게 된다는 말이다. 즉 뱀과 닭과 소는 사주에서 함께 들어서 좋은 지지가 아니다. 사유축에서 가운데의 유가 유금이므로 금국에 해당하고, 이 3가지 띠는 해자축 방

국의 시기에 3재가 든다는 것이다. 삼재는 3가지 띠가 3년 동안 재액이 든다는 설과, 같은 무게의 재액을 뱀띠는 3년 동안에 나누어 받고 닭띠는 2년 동안에 나누어 받으며 소띠는 1년 동안에 다 받는다는 설로 나뉘어 해석되고 있다. 2022년부터는 3년 뒤에 진토가 오므로 신자진 즉 원숭이띠와 쥐띠 그리고 용띠가 삼재에 들게 된다.

〈그림 8〉 방국과 합국도

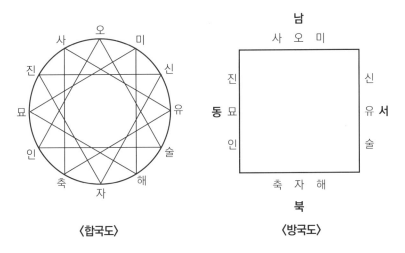

〈합국도〉   〈방국도〉

〈표 12〉 방국과 합국표

	목국	화국	금국	수국
방국	인묘진	사오미	신유술	해자축
합국	해묘미	인오술	사유축	신자진

12지는 사실 10간이 지상에서 형체를 갖추면서 분화한 것으로, 10간의 무토와 기토가 12지의 진술양토와 축미음토로 나누어지면서 2토가

늘어난 것이다. 그러나 12달이라는 의미로 나눌 때는 진술과 축미가 1달씩 차지하지만 실제로 봄 여름 가을 겨울의 사계절로 나누면, 봄 72일, 여름 72일, 가을 72일 그리고 겨울 72일로 계산하고, 그 각 계절이 다음 계절로 바뀌는 각 18일씩 합하여 72일이 토에 해당한다는 설이 통상적이다. 이것은 또 지장간支藏干과 관련이 있으므로 다음 항목에서 설명하겠다.

지지의 물상이 상징하는 바를 통하여 그 사람의 육체적 특징을 알 수 있게 되고, 천간의 성질과 물상을 통하여 그 사람의 성격과 얼굴의 모습을 읽을 수 있다. 관상과 체상 그리고 심상까지도 사주를 통해서 알 수 있다는 말이다.

지지는 천간의 10간이 5운으로 변하고, 이 5운이 6기로 변하면서 무토의 천문에서 기토의 지호를 통하여 기가 정精으로 응축되어 물화된 것을 말한다. 유동성이 강한 5운이 고정성이 강한 6기로 변하면서 기가 강하게 응축되어 정이 된 것이다. 따라서 그 에너지가 매우 강하며 그 상태를 유지하기 위해서 다시 에너지의 보충이 필요하다.

그런데 중요한 점은, 30일의 한 달에 해당되는 각각의 지지는 사실 하나의 천간이 응축된 것이 아니라 두세 가지의 천간이 그 날수에 따라서 다른 천간이 응축된 것이라는 사실이다. 그래서 사주를 살필 때 몇 월의 며칠에 태어났는지가 매우 중요한 요소로 부각되는 것이다.

지장간

지장간支藏干이란 글자 그대로 지지 속에 감추어진 천간이라는 의미이다. 오행 오운의 천간이 응축되어 물질화 하여 6기로 변하는데 그 변환의 시점에 따라 6기의 주성분을 구성하는 5행이 다르다는 것이다. 이를테면, 하늘과 땅에서 같은 방향을 구성하는 천간과 지지는 방국의 지장간이라고 하여 동방의 목국에서 동쪽의 시작인 지지의 인은 천간의 갑을 지장간으로 간직하고, 정동쪽인 지지의 묘는 천간의 갑을 모두를 지장간으로 간직하며, 동방이 끝나는 지점인 지지의 진은 천간의 을을 지장간으로 간직한다는 이론이다. 같은 논리로 3합국에서의 목국은 지지의 해가 장생에 장생에 해당하고, 지지의 묘가 제왕에 해당하며, 지지의 미가 묘지에 해당한다. 따라서 해는 갑을 지장간으로 간직하고, 묘는 갑을 모두를 지장간으로 간직하며, 미는 을을 지장간으로 간직한다는 말이 된다. 이러한 논리는 동서남북 각각의 방국과 3합국에 공통적으로 적용된다.

그런데 합국의 지장간에서 자오묘유의 제왕은 각각 위 표와 같은 두 가지의 천간을 나누어 갖추고 있지만, 장생지인 해인사신은 갑병경임을 한 달의 30일 중에서 각 16일씩 정기正氣로 간직하지만 나머지는 여기餘氣와

중기中氣에 해당하는 지장간이 나누어 차지하게 되고, 묘지인 미술축진
도 정기와 여기의 지장간이 날짜를 나누어 지배하게 된다.

〈표 13〉 방국과 합국의 지장간표

	목국	화국	금국	수국
방국	인묘진	사오미	신유술	해자축
방국의 지장간	인 : 갑 묘 : 갑을 진 : 을	사 : 병 오 : 병정 미 : 정	신 : 경 유 : 경신 술 : 신	해 : 임 자 : 임계 축 : 계
합국	해묘미	인오술	사유축	신자진
합국의 지장간	해 : 갑(장생) 묘 : 갑을(제왕) 미 :을(묘)	인 : 병 오 : 병정 술 : 정	사 : 경 유 : 경신 축 : 신	신 : 임 자 : 임계 진 : 계

　　동서남북 각각 3합국의 장생지에 해당하는 인신사해는 각각 여기(초
기) 7일과 중기 7일 그리고 정기 16일씩으로 하여 인은 무병갑, 신은 무
임경, 사는 무경병 그리고 해는 무갑임으로 나누어 차지한다. 북남동서
의 정방향을 구성하며 3합국의 제왕지에 해당하는 자오묘유는 각 방위
에 해당하는 각각의 천간인 임계 병정 갑을 경신 등을 해당 달의 여기餘氣
10일과 정기正氣 20일로만 나누어 차지한다. 3합국의 묘지에 해당하는
진술축미의 4토는 각각 여기 9일 중기 3일 정기 18일씩을, 진은 乙癸戊
가 술은 辛丁戊가 축은 癸辛己가 미는 丁乙己가 나누어 차지한다. 이 내용
을 자세히 살펴보면 그 속에는 특정한 원리가 숨어 있음을 알 수 있다.

이 지장간은 각각의 지지 속에 숨어 있는 천간의 특징을 말하는 것이다.
따라서 사주의 월주에서 태어난 날짜에 따라 지장간의 어떤 천간이 월령

月令을 구성하고 있는지 알아야 내 몸의 건강상태를 정확히 알 수 있으며, 일주의 지장간을 통하여 배우자와의 관계에서 숨어 있는 특징들을 살필 수 있는 것이다.

〈표 14〉 지장간의 날짜 수

합국	지지	지장간 여기 일수	지장간 중기 일수	지장간 정기 일수
목국	해	무 7	갑 7	임 16
	묘	갑 10		을 20
	미	정 9	을 3	기 18
화국	인	무 7	병 7	갑 16
	오	병 10		정 20
	술	신 9	정 3	무 18
금국	사	무 7	경 7	병 16
	유	경 10		신 20
	축	계 9	신 3	기 18
수국	신	무 7	임 7	경 16
	자	임 10		계 20
	진	을 9	계 3	무 18

지장간은 각 달에 해당하는 절기의 정확한 시간으로부터 계산한다. 위 표에서는 날짜만 표시하였지만 사실은 날짜와 시간까지도 정확하게 계산되어 있다. 그리고 중기와 정기도 날짜와 시간까지 정확하게 나누어져 있으므로 사주의 판별에서 지장간을 정확히 분석하기 위해서는 각 달이 시작하는 절기의 날짜와 정확한 시간을 알고서 찾아야 하며, 여기(초기)가 끝나는 시간에서부터 중기가 시작되고 중기가 끝나는 시간에서 정기

가 시작되므로 주의가 필요하다. 그러나 오늘날에는 스마트폰에 앱만 설치하고 사주의 명식을 정확히 입력만 하면 완벽하게 계산된 지장간과 월령을 알 수 있으므로 그 계산방식에 대한 자세한 내용은 생략한다.

사주의 정확한 분석을 위해서는 지장간을 시간까지 정확히 찾는 것이 중요하다. 그러나 오늘날에는 스마트폰에 앱만 설치하고 사주의 시간까지 정확히 입력만 하면 완벽하게 계산된 지장간과 월령을 알 수 있다. 따라서 옛날식으로 직접 이를 계산하는 사람은 거의 없다.

관상 이야기

사실 이론적인 체재를 갖춘 수상이나 관상은 일본에서 좀 더 빨리 발달하였다. 일본의 승려들은 주로 대처승이고, 그들의 도제관계는 매우 끈끈하다. 옛날부터 일본의 학문은 이러한 승려들에 의해서 발전하고 계승된 측면이 매우 많다. 승려로서의 그들의 생활은 우리나라 승려와는 다른 점이 많은 것으로 보인다. 그들은 다양한 분야의 학문을 발전시켰고, 일본의 역사에 많은 영향을 끼쳤다. 일본의 근대화와 세계대전을 일으킨 주역들도 대부분 그들이 말하는 고승들을 스승으로 섬긴 사례가 허다하다. 일본역사의 배후에는 언제나 승려가 있었다고 해도 과언이 아닐 것이다. 그들 승려들이 역시 인간의 운명에 대한 연구에서도 성과를 내었다. 우리나라에서 이른 시기에 간행된 수상과 관상에 관련한 책들은 아마 거의가 일본에서 간행된 것들을 복제한 것이라 생각된다.

그러나 관상은 예로부터 중국이나 우리나라에서도 많이 연구되고 실생활에서 응용된 분야이기도 하다. 여기서 말하는 관상이란 좁은 의미의 관상 즉 얼굴의 모습으로만 사람의 운명을 판단하는 것이 아니다. 몸 전체를 살피는 체상과 두상의 모습을 중점적으로 살피는 골상 등도 포함하는 개념이다. 어쩌면 관상이 사주보다도 더 정확하게 인간의 운명을 말하고 있는 지도 모를 일이다. 중국이나 우리나라의 야사에서는 수많은 관상과 관련된 이야기가 전하고 있다. 생쥐상이라거나 범상이라거나 너구리상이라거나 원숭이상이라거나 말상 또는 소상 등과 같이 짐승의 모습으로 비유하는 경우도 많다. 배은망덕할 상이라거나 귀골이라거나 부자상이라거나 거지상이라는 등과 같이 삶의 다양한 형태를 비유한 경우도 허다하다.

대학 4학년 때 축제기간 중 개설한 철학관에서 기억에 남는 또 한 사람은 졸업반 남학생이었는데 여자 친구랑 같이 와서 먼저 자기의 관상을 봐 달라고 하더니 다음번에는 여자 친구의 관상을 봐 달라고 하였다. 여자 친구의 관상은 평범한 운명인 것으로 기억되지만 그 남학생의 운명은 좀 유별났던 것으로 생각된다. 굳이 관상으로 봐달라고 해서 뇌리에 남은 경우인데, 세 번째로 다시 와서는 둘의 궁합을 봐 달라고 하는 것이었다. 궁합을 보고서 "두 사람이 앞으로 3개월 후에도 연인관계로 남아있어서 나에게 찾아온다면 내가 2만 원을 주겠다."고 하였다. 그런 일이 있고 아마 4개월 가까이 되었을 때 나의 머릿속에는 그 문제에 대한 기억이 완전히 사라졌는데, 방학 중이었지만 대학원 등록관계로 학교에 갈 일이 있어서 후문 쪽으로 들어가고 있었다. 그런데 앞에서 한 사람이 걸어오고 있었고 어쩐지 안면이 좀 있는 모습이어서 갸우뚱하고 있는 중에 그 사람이 나에게로 달려오는 것이었다. 앞에 와서는 인사를 꾸벅하더니 "명도님, 정말 대단하십니다. 축제 때 관상과 궁합을 본 사람입니다. 우리 두 사람이 돈 2만 원을 벌기 위해서, 여러 차례 싸우고 헤어지자는 말을 하면서도 3개월만 버티자고 하고서 참고 참았는데 결국은 3개월을 이틀 앞두고 크게 싸우고 헤어졌습니다. 그래서 꼭 한 번 만날 기회가 있기를 바라고 있었습니다."라고 하는 것이었다. 나는 속으로는 가슴을 쓸어내리면서 겉으로는 "그럴 수밖에 없는 궁합이었습니다."라고 말하고 바쁘다는 핑계로 인생 상담을 요청하는 그 사람을 뿌리치고 그 자리를 벗어난 일도 있었다.

관상에 대한 에피소드도 더러 있지만 이 정도로 접어두기로 한다.

오운

**우주의 모든 것은 매 순간 변하고 있다.
변화는 힘 즉 에너지의 흐름에 의해서 일어난다.
그러한 에너지의 흐름은 관계에서 비롯된다.**

관계로부터 생기는 변화는 다시 앞뒤 관계와 좌우 관계 그리고 상하 관계 등 여러 가지가 있을 수 있다. 또한 이 관계는 하나의 사물이 어떤 위치에 있느냐에 따라서 변한다. 한 남자라고 하여도 아버지와는 부자 관계가 되고 어머니와는 모자 관계가 되며 형제자매와는 형제와 오누이 관계가 되며 집에서는 가장일 수 있지만 직장에서는 중간 간부일 수도 있고 친목단체에서는 평회원일 수도 있는 것이다.

관계에서 가장 크게 작용하는 힘은 '매력魅力'이다. 매력은 말 그대로 '끌리는 힘'인데, 그야말로 '귀신도 아닌데 귀신에 홀린 듯한 힘'에 의해 나도 모르게 어쩔 수 없이 좋아하게 되는 힘이다. 또 이와 같은 종류의 힘이지만 작용 방향이 반대인 '척력斥力'도 있다. 꼴도 보기 싫고 이름도 듣기 싫은 것이다. 마치 구심력과 원심력처럼 서로 반대 방향으로 작용하는 힘이다. 남자와 여자가 사랑에 빠지는 것은 매력 때문이고, 대부분의 경우 이별을 맞이하게 되는 것은 척력 때문이다. 애정과 증오는 같은 힘이지만 작용하는 방향이 반대인 것이다.

기의 상태로 존재하는 오행인 천간이 자기 위치에서 그냥 그대로 자리만 지킨다면 세상에 변화는 없게 된다. 그런데 놀랍게도 이 천간 오행은 이미 각각 음과 양으로 나뉘어져 있어 운명적으로 이합집산을 할 수밖에 없도록 되어 있다. 그러나 오행 각각의 음양이 이합집산하지는 않는다. 다른 오행과의 관계에서 이합집산을 하게 되는 것이다. 그것이 바로 '육신六神' 또는 '십신十神'이라고 말하는 오행 상호간의 관계성이다. 그러나 육신 또는 육친六親 같은 관계는 지지의 육기에서 더욱 강하게 작용하는 것이므로 뒤에서 다루기로 하고, 여기서는 그보다 앞서 일어나는 천간의 관계인 오운 즉 화오행化五行에 대해서 살펴본다.

> 천간의 오행은 각각 음양으로 나뉘어져 있으므로 필연적으로 변화를 내포하고 있다. 그러나 오행 각각의 음양이 변화를 초래하는 것은 아니고 다른 오행과의 관계에서 변화를 만든다. 그 첫 번째의 변화가 바로 오운 또는 화오행이다.

역사적으로 오행은 무수하게 분화되어 별별 오행이 등장한다. 그러나 크게 보아 세 종류의 오행만을 중시하고 있다. 바로 정오행과 화오행 그리고 납음오행이 그것이다. 정오행은 가장 기본적인 오행을 말하는 것이고, 화오행은 정오행이 다른 오행과 관계하여 한 번 변화를 일으킨 오행이라는 뜻으로 밤하늘의 색으로부터 나왔다는 설이 있는 것이며, 납음오행納音五行은 육십갑자의 각각 두 개씩을 하나로 묶어 그 성질을 오행으로 풀이한 것으로 말 그대로 소리인 궁상각치우를 오행에 배당하여 만든 도식이다. 납음오행의 도출 계산법은 별도로 설명하지 않겠는데 그 계산법의 명확한 근거가 부족하기 때문이다. 즉 왜 그런 계산법을 만든 것인지 이해할 수 없다는 말이다. 그러나 납음오행이 우주의 소리를 받아들인 오행이라는 점에 착안하여 흔히 이름을 짓는 공식으로 활용하고 있는 경우가 많다. 이 책에서는 납음오행에 대해서도 별도로 다루지 않는다.

> 오행은 기본적으로 서로 상생상극으로 작용한다. 하나의 오행을 기준으로 보면, 다른 오행 중에서 한 오행은 나를 극하고 한 오행은 내가 극하며, 한 오행은 나를 생하고 한 오행은 내가 생하는 관계에 있다. 목을 기준으로 한다면, 금은 나를 극하고 나는 토를 극하며, 수는 나를 생하고 나는 화를 생하는 관계라는 말이다.

그런데 세상에서 오행 상호간의 관계가 꼭 이렇게 일방통행으로만 작용해야만 하는 것일까? 인간의 삶에서 본다면, 어떤 사람은 다른 어떤 사람으로부터 매일 맞고 뺏기고 고통당하기만 하는 삶을 한평생 살아야만 하는 것인가? 반면에 그 사람을 고통스럽게 하는 오행을 가진 인간이 그 사람 주위에 없다면 나만 많이 억울하지 않겠는가? 실제로 세상에는 이런 경우가 너무나 많다. 그러나 원론에서 본다면, 이 문제를 해결할 방법이 또 없는 것도 아니라는 것이 바로 오운 즉 화오행이 제시하고 있는 해결책인 것이다.

갑과 을은 양목과 음목으로 목을 극하는 경과 신의 양금과 음금에게 제압을 당한다. 반면에 양금과 음금인 경과 신은 병화와 정화에게 제압을 당한다. 이러한 관계를 '칠충七冲'이라고 하여 사주의 풀이에서 매우 좋지 않은 요인으로 보고 있다. 갑부터 시작하여 경까지가 7번째에 해당하고, 을부터 시작하여 신까지가 7번째에 해당한다는 말이다. 그래서 '갑경충' 또는 '을신기'라고 한다. 실제 사주의 해석에서 이 칠충은 매우 조심해서 해석해야 한다. 충衝은 '비었다' 내지는 '공허하다'는 뜻인데, 사주에서는 대부분 '충돌한다' 내지는 '부딪힌다'라는 의미로만 해석하는 경우가 많기 때문이다. 이 부분은 뒤의 칠충 항목에서 자세히 설명할 것이다.

> **갑목과 을목이 평생 경금과 신금에게 극을 당하고만 살 수 없기에 이에 대한 해결책을 스스로 마련한 방법이 바로 오운이다. 음목인 을을 양금인 경에게 출가시켜 한 집안에 살게 하면, 이때 을목은 금의 태아를 잉태하여 새로운 가정을 이룬다는 원리가 오운 즉 화오행의 원리이다.**
>
> **신금은 병화에게 출가하여 수의 태아를 잉태하게 되고, 정화는 임수에게 출가하여 목을 잉태하게 되고, 계수는 무토에게 출가하여 화를 잉태하게 되고, 기토는 갑목에게 출가하여 토를 잉태하게 되어 그 극성을 변화시키게 된다는 것이다.**

이것은 하나의 오행이 자기를 극하는 오행과의 갈등을 해소하는 방법으로 매우 유용하다. 음인 오행을 상극인 양의 오행과 결합시킴으로써 두 집안은 시댁과 처가의 관계로 변하게 되는 것이다. 사주에서 나타나는 극성이 이와 같은 방법으로 해소되는 경우는 좋은 운명이 되기도 하고 그렇지 않은 운명으로 풀이되기도 한다. 두 사람이 화합하여 사회적으로나 개인적으로 성장과 발전을 도모할 수도 있지만, 때로는 조폭이나 도둑놈으로 더욱 짝이 잘 맞는 경우도 있기 때문이다.

우리는 두 사람의 친구가 한 평생 사이좋게 잘 지내는 경우도 많이 본다. 그러나 자세히 보면 그 중 하나가 많이 베풀거나 아니면 하나가 많이 양보하고 사는 사례가 많다. 반면에 세 사람의 친구가 한평생 사이좋게 지내는 경우가 오히려 더 많을 수 있는데, 이 경우는 상생상극이 서로간의 균형을 잘 조절해주기 때문이다. 그리고 두 사람이건 세 사람이건 그들 사이에 오운의 조화가 잘 이루어지면 또한 좋은 관계를 유지할 수 있는 것이다. 그런데 문제는 이 오운으로 맺어진 관계는 3합국의 관계처럼 각각 다른 성향으로 나타난다는 것이다.

〈그림 9〉 천간오운도

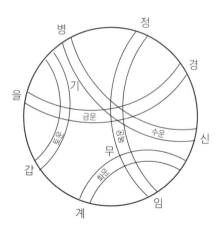

〈표 15〉 화오행

천간	갑목	을목	병화	정화	무토
천간	기토	경금	신금	임수	계수
오운	갑기화토	을경화금	병신화수	정임화목	무계화화
의미	중정지합	인의지합	위의지합	음일지합	무정지합

갑목과 기토가 만나면 토운이 되는데, 이 경우는 중정中正으로 합이 되어 중용과 정직의 운명으로 변화한다는 것이다.

을목과 경금이 만나면 금운이 되어 인의仁義로 합이 되어 어질고 의로운 운명으로 변하고, 병화와 신금이 만나면 수운이 되어 위의威儀의 합이 되어 권위와 형식을 중시하게 되고, 정화와 임수가 만나게 되면 음일淫佚의 합이 되어 음란하고 도벽이 있게 되며, 무토와 계수가 만나게 되면 무정無情의 합이 되어 인정이 없는 운명이 된다는 것이다.

이 오운은 옛날의 맑은 밤하늘에 위의 「천간오운도」에서 표시하고 있는 선으로 된 연결고리에 각각 푸르고 붉으며 누렇고 희며 검은 빛의 띠 모양이 형성되었다는 설에서 유래한다. 오운은 사주의 천간 오행이 그 자신의 힘을 다 발휘하지 못하고 성질이 변하게 된다는 사실을 나타내고 있다. 우리는 흔히 한 사람의 남녀를 만나 보았을 때 그 각자가 가진 특성을 잘 알 수 있었는데, 어느 날 그들이 다른 남녀와 결혼한 후 그들의 가정을 방문하게 되었을 때 그 집안에서의 그 남녀 각각은 개인으로 만났을 때와는 다른 생활모습을 보이는 경우를 종종 볼 수 있다. 말하자면, 남녀를 따로 알고 있는 사람이 그 남녀가 성격적으로 잘 어울릴 것이라고 생각되어 중매하여 결혼한 후에 오히려 성격이 맞지 않아 이혼하는 경우도 흔한 것이며, 반대로 전혀 어울릴 것 같지 않던 두 남녀가 결혼하여 아주 원만한 가정을 꾸리는 경우도 흔히 볼 수 있는 것과 같은 이치이다. 궁합을 볼 때는 그래서 특히 두 사람 사주 사이의 오운도 잘 살펴야 하는 것이 바로 이러한 이유 때문이다.

육기

천간의 오행이 오운으로 작용하면서 하늘의 기가 유동하게 된다. 이 기는 천문 무토를 통하여 지축 방향으로 10의 힘으로 지구로 방사된다. 이에 지호 기토는 이 에너지를 10배로 응축하는 100의 힘으로 정精 즉 물질로 변환한다. 물질 에너지의 힘은 유동적인 기 에너지의 힘보다 10배에서 100배 강하다.

물질의 변화는 기 에너지의 변화보다 1/10 이상 1/100까지 느리게 일어난다. 이 과정에서 5운이 6기로 분화하면서 지구에 생명체가 존재하게된 것이다.

오운이 육기로 분화하는 과정을 달리 말하면 선천세계로부터 후천세계로의 전환이라고 한다. 에너지인 기는 변화불측의 음양 단계를 신기神氣 즉 빛에너지라고 하고, 강한 유동성을 가지고 움직이는 오운 단계를 운기運氣 즉 운동에너지라고 하며, 응축되어 일정기간 동안 물질적인 정체성을 유지하는 육기 단계를 정기精氣 즉 열에너지라고 한다. 그 중에서 일반적으로 기의 특징을 가장 잘 나타내고 있는 운기를 흔히 기라고 통칭하고, 신기와 정기는 각각 신과 정으로 칭한다. 그래서 이 세 단계를 합하여 부르는 개념이 바로 정기신精氣神이라고 하는 것이다.

토운 금운 수운 목운 화운의 5운이 물질화 되면서 군화君火 습토濕土 상화相火 조금燥金 한수寒水 풍목風木의 6기로 분화되는 과정에 바로 생명의 비밀이 숨어 있다. 수화목금토의 5행에 각각 그것을 수식하는 개념이 첨가되었다. 그리고 가장 큰 비밀은 5행에서는 하나인 화火가 6기에서는 군화와 상화로 나누어진 것이다. 상화에 대해서는 다음 항목에서 자세히 설명한다.

> **군화는 태양으로부터 받는 빛에너지를 말하고, 상화는 생명을 유지하는 데 필요한 열에너지를 말한다. 지구에서 생명이 살아가기 위해서는 불과 열의 화기가 필요하기 때문이다. 군화는 무한히 보급되지만 상화는 끊임없이 보충해야만 생명이 유지된다. 그러므로 생명의 세계에서는 언제나 생존을 위한 투쟁이 있을 수밖에 없다.**

인간은 세상을 살아가면서 반드시 다른 생명을 죽여서 그로부터 나의 생존에 필요한 열에너지를 얻어야만 한다. 그 과정이 바로 투쟁과 살생 그리고 시기와 질투로 나타난다. 이 비밀 속에는 『주역』의 「하도河圖」와 「낙서洛書」에서 나타내고 있는 '선천역'과 '후천역' 사이에서 일어난 논리가 숨어 있다. 『주역』에서 말하는 대연수大衍數 즉 세상에 존재하는 모든 사물을 설명할 수 있는 수는 50이다. 그런데 「하도」에 그려진 점의 숫자는 55인데 반하여 「낙서」에 그려진 점의 숫자는 가운데 10개의 점이 빠진 45에 불과하다. 대연수가 50인데 「하도」의 55는 무한한 창조를 이루어낼 수 있도록 5가 더해진 선천세계임을 나타내고 있는 것이고, 이미 물질화 되어 세상에 드러난 사물은 45밖에 되지 않아 항상 5만큼 부족하게 되었다. 이 부족함을 채우기 위한 투쟁이 생존을 위한 전쟁이다.

인간이 생존을 유지하기 위해서는 태양에너지도 필요하지만 다른 생명으로부터 취하는 열에너지도 끊임없이 보충해야만 한다. 외부로부터 공급받는 에너지를 나의 열에너지로 잘 전환하기 위해서는 오장육부가 필요하다. 이 오장육부가 인체의 장기이고, 이것은 절묘하게도 동양의학과 결합되어 12지와 연결되어 있다. 물론 천간의 구조도 5운의 형태로 포함되어 있다.

이 오장육부가 온전하게 작동하면 생명은 활기가 넘치게 되지만 그렇지 못하면 건강에 이상이 생겨 아프거나 더 이상 생명을 유지할 수 없게 된다. 그런데 사주에는 8개의 장기만 드러날 수 있고 나머지 4개의 장기는 드러날 수 없다. 그래서 인간은 어떤 장기의 기능이 지나치게 강하거나 부족할 수밖에 없다.

사주를 분석하는 첫 번째 목적은 건강을 살피기 위해서여야 한다. 건강하여 활기가 넘치면 못할 일도 별로 없으며 안 되는 일도 별로 없게 될 것이다. 사주를 분석하여 건강의 균형을 맞추는 식습관을 찾고 적절한 운동과 약재를 통하여 넘치는 장기의 기능을 억제하고 부족한 장기의 기능을 활성화 시키는 방법을 찾는 것이 가장 중요하다. 사주에 나타나는 장기의 기능은 운명의 해석과도 밀접하게 연관된다.

12지의 지지는 원으로 배치하였을 때 서로 마주보게 되는 두 지지 사이에서 일어나는 대화對化작용에서 6기로 나타나는 특징을 가지게 된다.

〈그림 10〉 6기 12경락 대응도

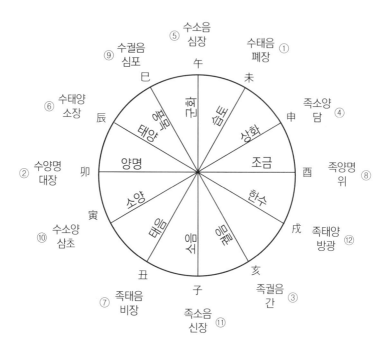

* 경락유주순서 : 폐 ⁻ 대장 ⁺ 간 ⁻ 담 ⁺ 심 ⁻ 소장 ⁺ 비 ⁻ 위 ⁺ 심포 ⁻ 삼초 ⁺
신장 ⁻ 방광 ⁺ ➔ 폐 ⁻

자와 오의 대응에서 소음군화의 기가 생겨나고, 축과 미의 대응에서 태음습토의 기가 생겨나며, 인과 신의 대응에서 소양상화의 기가 생겨나며, 묘와 유의 대응에서 양명조금의 기가 생기며, 진과 술의 대응에서 태양한수의 기가 생기고, 사와 해의 대응에서 궐음풍목의 기가 생겨난다.

여기서 궐음 소음 태음은 체가 되고 풍목 군화 습토는 용이 되는 것이며, 소양 양명 태양이 체가 되고 상화 조금 한수는 용이 된다. 음은 에너지가 큰 것이 체가 되고, 양은 에너지가 작은 것이 체가 되기 때문이다. 추위는 첫추위가 매섭고, 더위는 늦더위가 뜨거운 법이다. 이 원리는 조금 뒤에서 언급할 한의학적 경락과도 밀접한 관계가 있다.

이것은 다시 12개월의 변화에 따른 음과 양의 힘의 크기 변화를 나타내고 있기도 하다. 달의 변화에 따른 음양의 크기는 주역의 12벽괘가 잘 나타내고 있다.

음력 11월 즉 동짓달에는 양의 기운이 처음으로 돌아오게 되어 괘상으로는 지뢰복괘▤에 해당되어 하나의 양 기운이 아래에 자리 잡아 변화를 주도한다. 이것은 10월의 괘상이 중지곤괘▤로서 순음으로만 되어 있는 상태로부터 하나의 양이 다시 돌아오게 되었다는 의미로 복復괘를 사용하게 된 것이다. 동짓달로부터 아래에 하나씩 양효가 더해지면서 4월이 되면 순양의 중천건괘▤가 되고, 5월이 되면 여기에서 맨 아래에 하나의 음효가 자리 잡게 되어 천풍구괘▤가 된다. 그리고 6월부터 음효가 하나씩 늘어나게 되는 것이다. 그렇게 순환하는 구조 속에 음양의 크기가 나타나게 된다.

우리는 1월을 흔히 1년의 기준달이라는 의미로 정월正月이라고 하는데, 정월은 주역의 괘상으로 지천태괘▤에 해당한다. 땅이 위에 있고 하늘이 아래에 있는 형상인 것이다. 주역은 변화를 설명하고자 하는 원리를 담고 있다. 현상처럼 하늘이 위에 있고 땅이 아래에 있다면 아무런 변화도 일어나지 않게 된다. 세상의 변화 중에서 가장 큰 변화가 하늘과 땅이 뒤바뀌는 것이고, 그 다음으로 큰 변화가 하늘의 문이 열리고 땅의 입구가 열리는 천개지벽天開地闢 즉 흔히 쓰는 말로 천지개벽天地開闢이다. 정월은 하늘과 땅이 뒤바뀌었으니 온 세상이 다 변한 것으로 변화의 정점이다. 그래서 크고 편안하다는 의미의 태泰가 그 괘의 이름이 된 것이다.

〈그림 11〉『주역』12벽괘와 음양의 크기

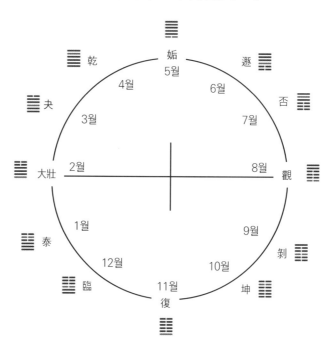

정월은 12지지로는 인에 해당한다. 인寅은 인人이라, 우주의 변화에서 보면 자에서 하늘이 열리고 축에서 땅이 열려서 천지의 교감이 이루어진 후에 드디어 생명이 지상에 나타나게 된 큰 변화의 시점인 것이다. 사람은 만물의 영장으로서 모든 생명체를 대표하는 개념일 뿐이다.

하늘이 열리는 자시는 오화午火와 마주하여 소음의 에너지에 태양의 군화를 맞이하게 된 것이며, 땅이 열리는 축시는 힘을 잃고 늙은 추위인 태음에 생명이 자리 잡을 수 있는 젖은 땅인 습토濕土를 형성하게 되고, 이에 비로소 생명의 시간인 인시의 소양이 생명에너지인 열을 품은 상화相火로 나타나게 되는 것이다.

그리고 무엇보다도 중요한 사실은 이 12지지가 가지는 음양의 크기에 따라 인체의 오장육부와 밀접하게 관계되어 있다는 것이다. 천지의 5기5운이 응결하여 6기로 만들어진 생명체는 당연히 그 생명을 유지하기 위해서 하늘과 땅의 에너지를 그대로 받아들인 오장육부를 통하여 대사작용으로 생명에너지를 보충할 수밖에 없게 된다. 6기는 생명으로 존재하기 위한 5기5운의 자기변화일 뿐이다. 그러므로 사실 지구는 가이아이론Gaia theory이 말하고 있는 하나의 거대한 생명체이고, 그 속에 존재하는 수많은 생명체들은 가이아의 분화라고 할 수 있는 것이다. 자연계는 전체적으로 보면 오운육기가 조화롭다고 할 수 있지만 지역에 따라 그 과불급이 존재하게 되어 환경의 차이가 드러난다.

인체도 사람에 따라 오장육부의 기능에 과불급이 있을 수밖에 없고, 이에 따라 사람마다 질병과 수명의 차이가 있게 되는 것이다. 사람의 삶에 있어서 건강과 질병 그리고 수명만큼 중요한 것이 또 있을까?

명리학은 운명론이다. 운세의 변화와 생명의 건강상태와 수명의 장단을 사람의 사주에 따라 판별하고 그 부족함을 채우고 넘치는 것을 제어하고자 하는 방법을 다루는 분야라는 말이다.

12지는 인체의 오장육부와 대응한다. 한의학에서는 오랜 임상적 관찰의 결과로 12지와 오장육부의 대응관계를 밝히고 있다. 물론 경우에 따라 학자 사이의 견해차이도 약간 있기도 하지만 필자가 보는 관점은 다음과 같다.

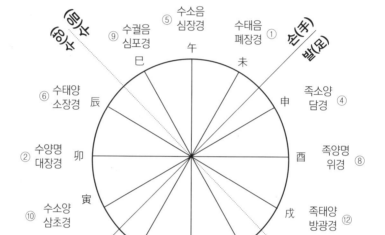

〈그림 12〉 12지와 오장육부 경락대응도

이 그림에서 실선으로 나눈 것은 손과 발로 흐르는 경락을 구분한 것이고, 점선으로 나눈 것은 손과 발의 경락을 다시 음경락과 양경락으로 구분한 것이다. 그리고 각각에 붙인 번호는 경락이 흐르는 순서를 표시한 것이다.

음경락은 오장으로 흐르는 것이고, 양경락은 육부로 흐르는 것이다. 음은 정이 뭉쳐 속이 가득 찬 장기가 되고, 양은 기가 왕성하여 속에 무엇인가를 채울 수 있는 창고 같은 장기가 된다.

경락의 흐름은 폐⊖ - 대장⊕ - 간⊖ - 담⊕ - 심장⊖ - 소장⊕ - 비장⊖ - 위⊕ - 심포⊖ - 삼초⊕ - 신장⊖ - 방광⊕ - 폐⊖ 순으로 흐른다.

사람의 사주에서는 오장육부의 허와 실이 드러나 있고, 그들 사이의 신살 즉 형충파해 등을 통하여 건강상태를 알 수 있다. 대운과 세운 및 월운 등을 분석하여 발생하는 신살 관계에서 운세의 변화보다 우선적으로 건강상의 변화를 읽을 수 있는 것이다. 이 책은 순수하게 한의학적인 목적을 가지고 있지 않으므로 이 부분에 대한 상세한 언급은 하지 않겠지만 사람의 사주를 분석함에 있어 오장육부의 허실을 살펴 건강문제를 살피는 것이 얼마나 중요한 것이지는 꼭 강조하고자 한다.

일반적으로 사주의 해석에서 일간日干 즉 태어난 날의 천간이 가장 기준이 된다. 그러나 그것은 운세의 변화를 판별하는 기준일 뿐이고, 사실 건강관리의 관점에서는 태어난 달의 지지 즉 월지月支가 가장 중요하다. 서양의 점성술이 이것을 중요시하는 이유도 바로 여기에 있는 것이다. 사주에서 천간이 나타내는 장기는 기氣의 에너지 형태로 보아야 하지만 지지가 나타내는 장기는 정精의 에너지 형태이므로 육신을 가진 인간에게는 훨씬 중요한 의미를 가진다.

월지는 내 육신 건강의 기준이며, 명리의 해석에서는 어머니의 자리이기
도 하다. 나의 육신은 어머니의 몸을 빌려 세상에 태어났으므로 한 몸인
것이다. 그러면 형제들 사이에 나타나는 차이점은 무엇 때문인가? 그것
은 일차적으로 월지 속에 들어있는 지장간의 차이 때문이기도 하고, 육신
의 인수印受 위치가 월지가 아닌 곳에 있는 경우 때문이기도 하다.

인수라는 말의 의미가 중요하다. 무엇을 인증한다는 뜻의 도장 인印 자
에 받을 수受 자를 쓰고 있기 때문이다. 물론 사주에 인수가 없는 사람도
허다하다. 그런 경우에는 지장간을 살펴야 하고, 지장간에도 없으면 그
사람의 운명에서 어머니의 복이 거의 끊어진 경우가 되는 것이다. 이 분
야에 대해서는 독자들의 깊은 생각이 요구된다. 이 책의 2부에서는 곳곳
에서 이에 대한 논의가 등장할 것이다.

풍수 이야기

'바람을 가두고 물을 얻는다'는 뜻인 장풍득수藏風得水를 줄인 말이 풍수이다. 사람이 살아가는데 꼭 필요한 조건이 공기와 물이므로, 이 두 가지의 가장 좋은 조건을 가진 곳이 사람이 살기에도 가장 좋은 장소라는 의미를 지닌다. 그래서 사람은 골짜기에 모여 살고 그 골짜기에는 항상 물이 흘러오고 흘러가면서 소통된다. 바람은 기운이고 물은 물질적 재화이다. 여기에 더하여 '같은 기운은 서로 응한다'는 원리에 입각한 동기감응同氣感應의 논리에 따라 기의 흐름이 좋은 자리인 명당에 묻힌 조상의 유골은 그 좋은 기운을 후손에게 전해준다는 명당풍수이론이 발전하였다. 그런데 천하의 길지를 골라서 조성한 중국 역대 황제들의 무덤은 그 속에 함께 묻은 값비싼 부장품들로 인하여 도굴당하지 않은 것이 거의 없고 특히 서태후의 무덤은 그 속에 현재의 가치로 약 5조원에 이르는 부장품이 함께 묻혔고, 그로 인해 도굴의 역사에서 가장 처참한 상황이 전개되었던 사실을 확인할 수 있다.

우리나라에서도 신라 말기의 고승인 도선이 중국으로부터 풍수를 전수받아 우리 땅에 맞는 풍수설을 제창한 이후로 풍수이론이 크게 풍미한 것으로 전해진다. 중국의 풍수이론이 어떻게 발전하였는지에 대해서는 내가 쓴 책『용의 등에 내려앉은 봉』에서 역사를 추적해 보았지만, 오늘날에 와서는 기의 흐름인 기맥을 측정하고 수맥과 지전류의 흐름을 감지하여 그 장소를 피하며 좌청룡우백호 및 배산임수 등의 큰 원칙 몇 가지에 의하여 양택과 음택의 위치와 방향을 정하는 것이 기본이다.

특히, 음택의 경우 죽은 사람의 생년에 따라 묘의 좌향에서 기피하는 방향이 정해지고, 자손이 부자가 되게 할 것인지 관직으로 출세하기를 원하는지 맑고 깨끗한 이름을 지니고 살게 할 것인지에 따라서 좌향을 결정하기도 한다. 수십 년 전에 손석우라는 이름난 풍수가 있었고, 근래에는 역대 대통령의 묘소를 정하고 비보를 행한 인물도 있다. 진주의 광제산 아래에는 남양홍씨의 무덤이 있는데 풍수를 공부하는 사람들이 한 번쯤은 들러서 보아야 하는 명당으로 알려져 있다. 또 한 곳에는 역대 대통령의 묘를 잡고 비보를 행한 그 인물이 자리를 잡고 비보를 행한 무덤도 있어 그 사람의 묘자리 풍수에 대한 기본 이론을 알 수 있는 곳도 있지만 여기서 누구의 무덤이라고 밝히지는 않겠다. 남원에는 남원 방씨의 선산이 있어 역대의 무덤이 많이 자리잡고 있다. 방씨는 중국 당나라의 유명한 인물인 방현령의 후손이다. 중국에서 온 인물이 이곳을 명당으로 점지하여 무덤을 썼다고 하는데 가히 명당이라고 할 수 있는 곳이다. 풍수를 공부하는 사람들이 많이 찾는다고 한다.

나는 어떤 사람의 부탁으로 집안의 가족묘를 조성하기 위한 터를 몇 군데 둘러보고 풍수적인 장단점을 설명해주고 최종적으로 한 곳을 정하고는 좌향을 잡아주고 비보할 내용을 알려준 적이 있다. 나중에 그 장소를 잘 꾸미고서 사진을 보내왔는데 나의 생각대로 되어 있었다. 그날 술을 한 잔 거하게 대접받기도 했다. 그런데 나중에 보니, 그 친구는 나의 말만을 백 퍼센트 믿지 못하고서 직업인 풍수를 데리고 가서 최종적으로 다시 감정을 받았다는 사실을 알게 되었다. 그러나 내가 잡은 자리와 좌향 그리고 비보 등에 아무런 차이가 없이 조성되었기에 기분이 좋지는 않았지만 이해는 할 수 있었다.

나와 절친한 친구가 하루는 자기의 어머니가 세상을 떠나면 선친의 무덤 옆에 모셔도 되겠는지 장소를 한 번 봐달라는 부탁을 하였다. 그 날은 낮술이 얼큰히 취하기도 하여 그러자고 하고서 따라 나섰다. 선산에 도착하니 선대의 묘소들이 몇 대에 걸쳐 모셔져 있고 아버지의 묘소만 따로 있었다. 몇 가지를 살펴보고서 어머니를 옆에 모시면 오히려 더 좋겠다고 하고서 한 가지만 비보하면 되겠다고 하였다. 그리고 그 선대들의 묘소를 위에서부터 살펴보고 내려와서 친구에게 "저 위의 산소 왼쪽에 원래 좀 커다란 바위가 있었을 것인데 왜 없어졌지? 혹시 원래부터 없었나?"라고 물어보았다. 그러니 그 친구가 말하기를 "아니, 어떻게 그 자리에 바위가 있었던 사실을 아는가? 원래 바위가 있었는데 언젠가 일이 있어 다른 곳으로 치워버렸네" 하였다. 나는 "그 자리에 바위가 없었다면 그 장소에 묘를 쓰지 않았을 것이네. 그러나 이제는 세월이 많이 흘러 그 조상의 기운은 거의 영향력이 없어졌으니 별로 관계가 없네."라고 하였다. 그리고 다시 산비탈 쪽을 가리키면서 "이곳에는 작은 물줄기가 솟아났을 것인데, 어떤가?" 하니, "허허! 그것은 또 어찌 아는가?" 하기에, 내가 "기맥을 측정하니 매우 강한 기가 이쪽 방향으로 흐르고 있으므로 반드시 이 위치로 진응수가 흘러 물줄기가 되어 솟아오를 수밖에 없게 되어 있어서 하는 말일세."라고 하였다. 그러자 "바로 이 아래에 옛날부터 물줄기가 솟았는데, 몇 년 전에 임도를 내고 포장을 하면서 이곳을 매립하여 지금은 없어졌네."라고 하였다. 원래 샘물의 물줄기는 막는 것이 아니다. 부득이하게 우물을 메울 때도 물의 숨구멍은 파이프를 박아서라도 열어두어야 한다는 속설이 전하고 있다. 나로서는 지금이라도 그곳의 터를 다시 손을 보아 그 샘물의 숨길을 열어주면 좋겠다는 생각을 가지고 있다.

풍수와 얽힌 이야기도 이 정도로만 해두기로 한다.

음양차착

처음 명리학을 배우는 사람들이 다소 의아함을 느낄 수 있는 부분이 바로 12지에서 일어나는 음양차착陰陽差錯 현상이다. 12지를 음양으로 구분하면 子부터 ⊕로 시작하여 丑이 ⊖가 되며 계속하여 인묘진사오미 신유술해 순서로 ⊕와 ⊖가 교차하여 진행된다. 그러나 실제 사주의 명식에서는 ⊖巳와 ⊕午가 바뀌게 되고, ⊖亥와 ⊕子가 바뀌어 해석된다. 왜 그런 것인가? 12지를 황도 12궁으로 보아 12개월의 이름으로 했을 경우에는 ⊕와 ⊖가 교대로 진행하는 것이지만, 5행의 상호 작용이라는 관점에서 보는 명리학에서는 진술축미 등의 토土는 변화를 야기하는 에너지의 크기와 방향 두 가지 기능으로만 해석되기 때문이다.

인목과 묘목은 동방의 목에 해당하고, 사화와 오화는 남방의 화에 해당하며. 신금과 유금은 서방의 금에 해당하고, 해수와 자수는 북방의 수에 해당하며, 진술축미는 각 계절이 변하는 시점에서 에너지의 크기와 방향성으로 작용한다. 그러므로 그림과 같이 토에 해당하는 진술축미를 가운데로 모으게 되면 봄의 인목은 원래대로 ⊕로 시작하여 묘목이 ⊖가 되고, 사화가 ⊕로 변하고 오화가 ⊖로 변하게 되며, 신금과 유금은 원래대로 ⊕와 ⊖로 되며, 대신에 해수가 ⊕로 변하고 자수가 ⊖로 변하게 된다는 사실을 알 수가 있는 것이다.

<그림 13> 12지의 오행과 음양의 변화

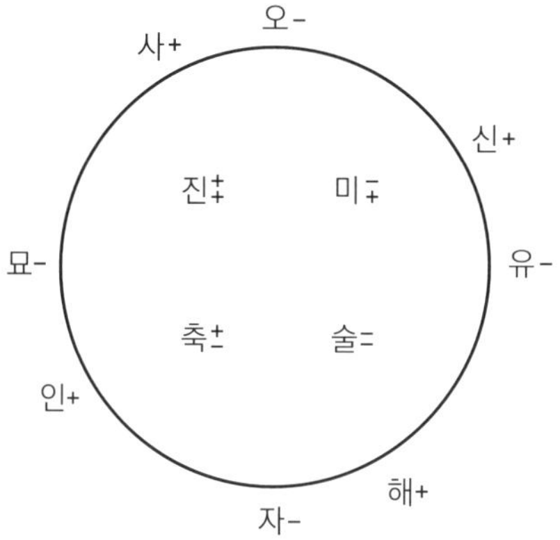

에너지의 순환구조를 다시 순서대로 표시하면,
⊕인 − ⊖묘 − ⊕⊕진 − ⊕사 − ⊖오 − ⊕⊖미 − ⊕신 − ⊖유 − ⊖⊖
술 − ⊕해 − ⊖자 − ⊖⊕축의 순서가 된다.

여기서 축은 토로서 그 체는 음이지만 작용성은 양이 되어 봄의 양기를
일으키는 힘이 됨을 알 수 있고, 진토는 봄의 양을 체로 하면서 여름의 더
위를 일으키는 양기를 더하게 되므로 체와 용이 함께 양이 되며, 미토는
여름의 양기를 체로 하지만 가을의 음기를 가져오는 음을 용으로 하는 것
이며, 술토는 음을 체로 하면서도 겨울의 추위를 가져와야 하므로 다시
음을 용으로 하게 된다.

앞의 체용론에서 언급한 바와 같이 축미 토는 체와 용으로서 음토가 되는
것이며, 진술 토도 체용론에 따라서 양토가 되는데 술토는 ⊖⊖이므로
수학적으로 양토로 되는 것이다.

옛날에는 이러한 이론적 배경을 알아야 했지만 오늘날은 스마트폰의 앱에서 간단하게 6신을 비롯한 신살을 자동으로 계산해주므로 편리하다. 그러나 그 원리를 이해하는 것은 사실 매우 중요하다. 음양차착이 있는 사주는 보다 신중을 기해서 해석할 필요가 있기 때문이다.

사주의 지지에 해亥와 자子 그리고 사巳와 오午의 수水와 화火에서 음양차착이 일어난다는 사실은 중요한 의미가 있다. 『주역』의 12벽괘에서도 알 수 있듯이 사와 해는 극양과 극음의 에너지를 가지고 있다. 그러므로 당연히 그 에너지의 크기와 방향은 ⊕가 될 수밖에 없게 된다. 반면에 오와 자는 극양과 극음을 지나 일음과 일양의 커다란 변화를 바탕에 가지게 되므로 체용의 입장에서 ⊖의 성질을 가지게 된다. 이것을 확대하여 인체의 장부에 대입하면, 사와 해는 심포와 간에 해당하고 오와 자는 심장과 신장에 해당한다. 상식적으로 사가 심장이 되고 오가 심포가 될 수는 없으며, 해가 신장이 되고 자가 간이 될 수 없다는 것은 한의학의 기초라고 할 수 있다. 간은 궐음 즉 가장 차가운 장기이며 신장은 선천후천의 정기를 조금 가지고 있는 장기이며, 인체의 심장은 심포의 보호막을 가져야만 군화君火의 기능을 온전히 수행할 수 있기 때문이다. 그렇지 않으면 태양의 열기처럼 인체를 태워 생명을 유지할 수 없게 된다.

그런데 사주의 감정에서 음양차착살이라는 것이 있다. 이것은 삼재三災와 비슷한 개념인 교신交神 복신伏神 퇴신退神으로 이루어진다. 이에 대한 산출공식은 육십갑자를 15개씩으로 나누었을 때 각각의 시작은 갑자 을묘 갑오 을유 등의 자오묘유의 지지가 된다. 이 15개의 육갑에서 다시 12지지의 1순환을 제외하면 병자 정축 무신 신묘 임진 계사 병오 정미 무신 신유 임술 계해가 남게 되는데 이것을 음양차착살이라고 한다. 이 살이 사주에 있는 남자는 외가나 처가와 화합하지 못하고, 여자는 결혼을 늦게 하거나 남편의 바람기로 이별하기 쉬우며 시댁이 망하는 운명이다.

이 살은 일간을 기준으로 일지와 시지에서 찾는데, 간지가 양이면 양착살이라 하고 음이면 음차살이라고 한다. 작용하는 힘의 크기는 음차살이 더 강하다. 양은 발산하는 힘인 반면에 음차살은 뭉치는 힘이기 때문이다. 양착살은 쇠락과 몰락을 의미하고 음차살은 고독함을 의미한다. 또 이와 유사한 의미를 가지는 나쁜 신살로 음욕살과 방해살이라는 것이 있다. 특별한 근거 없이 음양오행의 생극제화와 임상적 결과로 얻은 것이라고 할 수 있는데 음양차착살과 함께 도표로 그려본다.

<표 16> 음양차착살과 음욕방해살

음차살	일간+일지, 일간+시지	정축 정미 신유 신묘 계해 계사
양착살		병자 병오 무인 무신 임진 임술
음욕살	일지 중심	갑인 을묘 기미 정미 경신 신묘 무술 계축
방해살		임자 임오 무자 무오 기유 기묘 을유 을묘 신유 신묘

음양차착살은 말 그대로 음양이 불화한다는 뜻이니 부부금슬이 좋지 못한 것이 가장 큰 특징이다. 그러므로 당연히 처가나 시댁과 불화하고 망하게 하는 운으로 작용하며 더러 외가로 작용하기도 한다.

음욕살은 말 그대로 색욕이 강하게 작용한다는 것이니 남자는 주색에 빠지기 쉽고 여자는 수치를 모를 정도로 음탕할 수 있다. 부부의 운세는 일주를 기준으로 하므로 만약 남자의 일지에 음욕살이 있으면 부인이 바람기가 많으며, 여자의 경우에는 남편이 첩을 두기 쉽다. 남녀 모두 시지에 이 살이 있으면 자녀가 음탕하기 쉬운 경우로 본다.

방해살은 말 그대로 뜻대로 되는 일이 별로 없다는 살인데, 남자에게 있으면 수명이 오래 살지 못하고 단명할 것으로 판단하며, 여자에게 있으면 자녀를 출산할 때 산고를 극심하게 겪거나 자궁의 병으로 어려움을 겪는다고 판단한다.

궁합 이야기

사주를 보다 보면 궁합을 보아달라는 경우를 자주 만나게 된다. 어찌 보면 쉬운 일이지만 한편으로는 참으로 어려운 일이 궁합을 보는 것이다. 궁합의 기본은 일주의 동순同旬 여부, 년지와 일지의 삼합과 방합 여부, 본인과 상대방 일지에서의 공망 여부 등이 일차적인 판단기준이 된다. 표면적인 궁합이 좋은 경우라도 흔히 말하는 속궁합에 문제가 있을 수도 있고, 또 다른 가족들과의 변수로 인하여 결혼생활이 어려울 수도 있다. 술 석 잔을 얻어마시고도 나중에 뺨 세 대를 맞을 수도 있는 것이 궁합을 판단하는 일이다.

남자의 사주가 정사년 계묘월 병술일 갑오시이고, 여자의 사주가 병인년 경자월 임인일 무신시인 경우에 두 사람의 궁합은 어떨까? 둘 다 일지에 식신을 가졌는데 남자의 운성은 묘지에 있고, 여자의 운성은 병지에 있다. 여자에게는 시간에 편관이 있고, 남자에게는 재성이 드러나 있지 않다. 남자의 월간에 정관이 있고, 여자의 사주는 8양통이다. 남자의 사주에서 지지는 자오묘유가 주를 이루고, 여자의 사주에서 지지는 인신사해가 주를 이룬다. 둘 다 부부의 인연이 약한 것으로 나타나는데, 이들은 2020년 연말에 만나 지금 열애 중이다. 두 사람의 사주를 분석하면, 2021년이 결혼하기에 적기로 보인다. 그러나 여자의 어머니가 결사적으로 반대하고 있다. 이 여자는 멀쩡한 직업을 그만두고 공무원이 되겠다고 몇 년 동안을 허송세월하고 지금은 전공을 살려 비정규직으로 일하고 있다. 남자의 직업은 개인 사업체에서 일하고 있으며 언젠가는 독립하여 자신의 일을 하고자 한다. 이들의 궁합은 어떻게 판단하여야 할까?

내가 아는 어떤 남자가 36살이 되도록 가난한 집안에서 자라 늦게까지 학업에 전념하느라 결혼은 생각도 못하고 있었다. 어느 날 언제쯤 결혼할 수 있겠느냐고 물어 와서 사주를 보니, 바로 그해와 다음해에 걸쳐 결혼운이 들어와 있고 마침 직장도 구하여 조건도 호전되고 있었다. 그렇게 말해 주었는데, 그해와 그 다음해에 걸쳐 그야말로 소개팅이 수십 건이 연이어 들어왔다. 그 중에는 꽤 욕심낼만한 상대도 더러 있었는데 어쩐지 결혼으로 이어지지 않고 2년을 보냈다. 그리고는 그렇게 많이 들어오던 소개팅이 어느 순간 딱 끊어지는 것이 아닌가!

　　어느 날 술자리에서 다른 사람이 그 사람에게 결혼은 언제 할 거냐고 묻기에, 내가 "아마 앞으로 결혼하기 어려울 겁니다, 결혼운이 작년으로 지나갔습니다."라고 하였다. 그런데 그리고 2년째 되던 어느 날 그 친구가 어떤 여자의 사주와 자신의 사주를 다시 가지고 와서는 "두 사람의 궁합을 좀 보아주십시오."라고 하였다. 최근에 만나게 된 여자인데 몇 번의 만남 후에 여자가 "전문가에게 가서 궁합을 보고 좋다고 하면 계속 만날 필요가 있지만 그렇지 않다고 하면 더 만날 필요가 없다."고 말하더라는 것이었다. 그래서 나에게 사주를 가지고 왔던 것이다. 나는 두 사람의 사주를 보고서 깜짝 놀랐다. "아, 이런 경우도 있구나. 나도 이런 경우는 처음 본다. 두 사람의 궁합은 아주 좋다. 그런데 중요한 것은 남녀의 위상이 바뀌어 여자가 장가를 가는 운세이고 남자가 시집을 가는 운세로구나" 하였다. 결혼은 이렇게도 이루어지는 것이었다. 그들은 2021년 봄에 결혼을 하였는데, 사실 여자가 2살이 많기도 하고 장교로서 군복무도 한 특전사 출신이기도 하였다. 남자는 평소 과단성이 다소 부족하고 차분하게 앉아서 책을 열심히 보는 성격이다. 둘이 행복한 삶을 살기를 바란다.

앞에서 이미 부분적으로 몇 차례 언급하였지만, 지구의 생명체에 있어서 가장 특이하고도 중요한 요소가 바로 5행의 화火가 군화와 상화로 분화되어 6기로 나타난 것이다. 엄밀히 말하면 6기는 사실 6정精이라고 하는 것이 옳다. 운기運氣의 상태가 정기精氣의 상태로 변환된 것이기 때문이다. 기가 응축되어 물질의 상태가 되었다는 말이다. 그리고 이 물질의 상태는 12지의 체용관계에서 태양한수 궐음풍목 소음군화 태음습토 소양상화 양명조금 등 6기로 분화되었다.

> 6기는 사실 6정이라고 해야 옳다. 운기가 정기로 변환된 것이기 때문이다. 기가 응축되어 정 즉 6감의 대상이 되는 물질적 현상이 된 것이다.
>
> 12지는 그 체용관계에서 태양한수 궐음풍목 소음군화 태음습토 소양상화 양명조금 등의 작용을 일으켜 생명체의 존재를 가능하게 한 것이다. 그 생명체는 생로병사의 순환과정 속에 있을 수밖에 없는 운명이기도 하다.

이 순환론은 앞에서도 언급한 것처럼 소강절의 원회운세론에 잘 나타나 있다. 129,600년을 대단위로 하고 10,800년을 중단위로 하며 360년을 소단위로 하고 30년을 기본단위로 하는 나선형 순환구조를 이루고 있다. 그 아래의 단위는 하루와 한 달 그리고 1년으로 구성된다. 이 속에는 12배수와 30배수의 비밀이 숨어 있다. 하루는 12시진으로 구성된다.

하루를 기준으로 하면, 조자시朝子時에 하늘의 기운이 방사되고 축시에 땅의 기운이 깨어나며 인시에 생명체가 잠에서 깨어나 활동을 시작한다. 오시에 이르도록 활동의 에너지가 점점 커지다가 미시부터 점차 줄어들기 시작한다. 술시에 이르면 생명체가 활동을 멈추고 잠이 들며 해시가 되면 땅이 그 기운을 수렴하고 야자시夜子時에는 하늘이 기운을 거두어 간다는 도식이다.

사주의 명식을 뽑을 때 자시에 태어난 사람은 야자시와 조자시에 따라서 태어난 날짜 즉 일주가 달라지므로 주의해야 한다. 엄밀히 말하면 밤 11시 32분 이후부터 0시 32분까지는 하루 전의 날짜를 적용해야 하고 0시 32분 이후 출생자는 그날의 일주를 적용해야 한다.

천문 무토로부터 방사되는 하늘의 에너지를 지호 기토가 받아들여 생명의 터전을 마련한다. 찬바람 몰아치는 궐음 즉 빙하의 상태(亥水)였던 지구가 군화인 태양의 열을 받아 얼음이 녹는 소음의 상태(子水)가 되고, 이것이 다시 찬 기운을 빼앗긴 늙은 음기인 태음이 되니 땅에는 얼음이 녹아 생명수를 가득 머금은 촉촉한 땅 습토(丑土)로 변한다. 이러한 현상은 바로 지구의 축이 23.5도 기울어져 있기에 가능하다.

세상에서 일부의 사람들이 주장하는 정역正易시대의 도래가 인류의 평화시대가 될 것이라는 말은 그야말로 '귀신 씨나락 까먹는 소리'에 불과하다. 선천을 거쳐 후천시대에 지금의 인류가 살고 있고 그래서 투쟁과 살육의 아수라장에서 살 수밖에 없는데, 정역시대가 되면 지축이 바로 서게 되어 세상의 만물이 제자리를 찾을 것이므로 평화의 시대가 올 것이라는 주장이 정역의 기본논리이다.

지축이 바로 서게 되면 지구의 많은 부분은 빙하로 덮이게 되고 생명체가 존재할 수 있는 지역은 극히 작은 범위로 축소될 수밖에 없게 된다. 또한 계절의 변화를 비롯한 현재 지구상에서 일어나는 수많은 변화들은 거의 사라지게 된다. 현재와 같이 지축이 23.5도 기울어져 있는 경우에도 남극과 북극은 얼음의 땅이며 해가 지지 않는 백야와 해가 뜨지 않는 장야의 시간을 번갈아 하고 있다. 그러나 그 외의 많은 지역은 태양으로부터 받는 열의 많고 적음에 따라 다양한 생명체가 살 수 있는 공간을 만들고 있다.

일부의 사람들이 주장하는 정역의 시대 즉 지축이 바로 서게 되는 그런 시대는 인간이 지구에 살고 있는 시대에는 오지 않는다. 만약 그런 시대가 온다면 지구는 더 이상 오늘날과 같은 다양한 생태계와 아름다운 변화를 가지지 못하게 되기 때문이다. 지구가 지구인 것은 얼음의 땅으로부터 열기로 가득한 적도의 땅까지 그 곳곳에 온갖 다양한 생명체들이 존재하기 때문이다.

지축은 현재 23.5도로 기울어져 회전하면서 번갈아가면서 12궁도의 별을 북극성으로 가진다. 이 지축을 단면으로 보면, 12지의 해수를 지난 지점에서 반대편의 사화를 지난 지점의 선으로 천문 무토와 지호 기토로 연결되어 있다. 시간과 공간을 입체적으로 연결하여 보게 되면 다음과 같은 그림으로 그릴 수 있다.

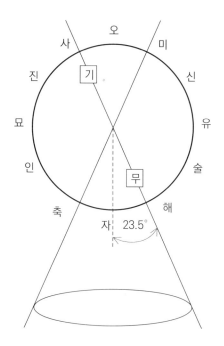

〈그림 14〉 12지와 지축선

위의 그림과 앞의 설명을 조합하면 지구 생명체의 존재를 이해할 수 있게 된다. 운기의 상태가 정기의 상태로 변하는 것이 6기로 나타난다. 그러나 그것은 기의 기본 성질이 활동운화活動運化인 이상 반드시 한시적인 상태로 존재할 수밖에 없다. 즉 기란 살아있는 것이며(活), 살아 있으므로 움직이고(動), 움직이되 일정한 법칙에 따라 나선형 궤도를 따르고(運), 그러다가 일정한 시간이 지나면 다시 다른 상태로 모습을 바꾸게 된다(化)는 것이다.

상화는 열에너지이다. 지구의 생명체는 반드시 열에너지 즉 일정한 범위의 체온을 유지해야 생존할 수 있다. 우주의 태초에 빅뱅이 일어났을 때는 엄청난 고열로 모든 것이 빛의 상태 즉 빛 에너지로 존재하였고 시간이 지나면서 점차 온도가 내려가면서 빛에너지의 일부는 운동에너지로 전환되었으며 다시 온도가 더 내려가서는 운동에너지의 일부가 열에너지로 전환되면서 물질현상으로 응축되었다. **그러므로 모든 물질은 – 그것이 무기물이든 유기물이든 상관없이 – 일정한 온도의 범위 안에서만 물질로 존재할 수 있게 된다.** 그리고 생명체는 그 온도의 범위가 현저히 작으면서 동시에 움직임을 통하여 운동에너지를 소모하는 존재이므로 태양으로부터의 빛에너지도 필요하지만 다른 물질의 열에너지를 섭취하여 자신의 열에너지를 보충해야만 한다.

생명체에 따라 유지해야 하는 체온의 범위는 조금씩 다른데 그것은 운동량과 밀접한 관련이 있다. 척박한 땅에 뿌리를 박고 사는 식물은 태양의 빛에너지와 땅으로부터 얻는 약간의 영양분 그리고 공기의 도움을 받아 상당히 큰 폭의 온도차에서도 생존할 수 있다. 그 식물은 생존을 위하여 스스로 움직이는 활동은 극히 제한적이기 때문이다. 그러나 동물의 경우는 다르다. 동물은 움직임을 통하여 생명활동을 전개한다. 그들의 육신은 열에너지로 형성되어 있다. 각각의 에너지는 다른 에너지로 전환될 수 있지만 빛에너지와 운동에너지는 동물의 육신에서는 그 모습 그대로 저장되지는 않고 열에너지의 형태로 전환되어야만 저장될 수 있다. 따라서 동물이 생명을 유지하기 위해서는 반드시 저장되는 에너지인 열에너지를 비축하고 있어야만 육체적 운동과 정신적 활동 즉 운동에너지와 빛에너지로의 전환을 통하여 온전한 생명활동을 할 수 있는 것이다. 작은 폭의 체온 변화에서만 생명이 유지될 수 있어 인간의 경우 36도를 기준으로 상하로 5도 이상의 체온 변화가 있게 되면 생명을 유지하기 어렵다.

열에너지의 가장 큰 보급원은 또 다른 열에너지이다. 오늘날의 현생 인류인 호모사피엔스사피엔스 종은 현재와 같은 지구의 지배권을 누리기 위해서 두 가지 큰 특징을 발전시켰다. 하나는 잡식성 동물이라는 것이고, 다른 하나는 잔인성이다. 잡식성이기에 최악의 생존 환경에서도 자신의 열에너지를 보충할 수 있었고, 잔인성을 갖추었기에 급할 때는 동족을 잡아먹으면서도 연명할 수 있었던 것이다.

동방의 목국에서 경천동지驚天動地할 변화가 생겨 생명이 시작되었다. 『주역』의 괘상으로는 지천태괘에 해당되니 생명이 시작되기에 가장 좋은 소양少陽의 에너지이고 동시에 열에너지인 상화를 공급받아야만 하는 것이다.

이 존재는 비유하여 말하면, 솥에 쌀과 물을 넣고 아래서 나무에 불을 붙여 열을 가하면 쌀과 물이 밥이 되는 것과 같은 이치이다. 쌀은 지구의 흙이고 물은 흙을 적시는 것이며 나무는 목이고 불은 화이고 솥은 금이다. 크게 보면 지구가 밥이며, 작게 보면 밥은 일정한 온도를 지니고 있을 때에 밥인 것이지 너무 식어 쉰밥이 되거나 너무 가열하여 탄밥이 되면 먹지 못하게 되는 경우와 같다.

태양계에서 군화는 태양이고, 수성은 태양한수, 금성은 양명조금, 화성은 소양상화, 목성은 궐음풍목, 토성은 태음습토에 해당되며, 지구는 그들이 연합하여 만든 밥과 같은 생명의 땅이다.

오늘날 인류는 화성을 집중적으로 탐사하고 있다. 지구의 부족한 에너지를 화성으로부터 공급받고자 하는 것이 가장 큰 목적이다. 화성의 토질은 지구보다 몇 배나 비옥하며 옛날에는 많은 물도 보유하고 있었다. 화성의 물은 모두 어디로 갔을까? 그 물은 증류수가 아니라 많은 에너지를 품은 생명수였다. 인류는 머지않은 미래에 비옥한 화성에서 농사를 지어 그 생산물을 지구로 운송할 계획을 가지고 있다. 일반인들은 황당한 말이라고 할 것이지만 과학자들은 이론적 가능성을 모두 완성해놓고 기술적인 현실성을 만들어가고 있다. 화성에서 지구로 수송하는 작물은 지구와 화성을 잇는 레이저 엘리베이터를 통해서 그 비용과 시간을 최소화 한다는 계획이다.

밥을 짓는 비유에서 토의 기능은 언급되지 않았다. 토는 나머지 모두가 자기의 기능을 수행하면서 서로 다른 것들에게 영향을 미치도록 하는 중매자이기 때문이다. 우리는 태양계에서 토성의 모양과 운행에 대하여 깊이 살펴볼 필요가 있다. 조금만 깊이 살펴보면 토성에 태양계 생성의 비밀이 있다는 사실을 알 수 있을 것이다. 여기서는 그러한 논의를 구체적으로 하는 지면이 아니므로 생략하지만 독자들은 토성을 잘 살펴보기 바란다.

상화는 생존 조건에서 후천세계의 부족한 5를 채우기 위한 시기와 질투 그리고 투쟁이 일어나는 지점이기도 하다. '사촌이 논을 사도 배가 아프고' '가장 친한 벗이 멋진 애인을 만나도 속이 뒤집어지며' '형제간에 부모의 유산을 두고 목숨을 건 싸움은 당연한 일'이 되는 현장이 바로 상화이다. '죽이지 않으면 내가 죽는' 즉 상대를 나의 열에너지로 확보하지 못하면 내가 상대의 열에너지로 제공되어야 하는 현실이 또한 상화이다.

그래서 상화는 『주역』의 괘상으로 가장 큰 변화를 뜻하는 지천태괘 ䷊의 인목寅木과 천지비괘 ䷋인 신금辛金의 상극관계에서 가장 좋은 관계를 만들거나 가장 나쁜 관계를 만들거나의 대척점에 서 있게 된다.
또한 이와 상대되는 중천건괘 ☰의 사화巳火와 중지곤괘 ☷의 해수亥水
라는 상극관계에서 극음과 극양의 자리로 대립하게 되어 유아독존唯我獨
尊의 입장을 보이게 되는 것이다. 그래서 사주에서 인신사해는 역마살에
해당되는 것이 필연이다.

동물은 음식을 통해서 뿐만 아니라 호흡을 통해서도 에너지를 공급받
으며 더 나아가 태양의 빛을 받아 에너지를 얻기도 한다.

태양의 빛에너지와 호흡의 운동에너지 그리고 음식물의 열에너지를 고
루 받을 수 있어야 건강한 활동을 할 수 있게 된다. 동물은 타고나는 원기
元氣에 더하여 위기衛氣 종기宗氣(운기運氣) 영기營氣로 에너지를 공급받
지만 부족한 부분은 에너지의 변환으로 충당한다. 그래서 사람은 사는 장
소에 따라서 신체의 모습이 다르게 되고 오장육부의 기능도 차이가 있을
수밖에 없다.

지구에서 뜨거운 태양열에 많이 노출되는 적도 부근에 사는 인간은 심
장 기능이 발달하고 춥고 습한 극지방 가까운 곳에 사는 사람은 폐 기능
이 발달한다. 동북지방의 사람들은 간 기능이 발달하고 서남지방의 사람
들은 신장 기능이 발달한다. 반면에 동북지방에 사는 사람들은 간의 병과
신장의 병이 많이 발생하고, 서남지방에 사는 사람들은 신장의 병과 간의
병이 많다. 적도 지방 사람들은 심장의 병과 폐의 병이 많고, 극지방 사람
들은 폐의 병과 심장의 병이 많다. 발달한 장기와 약한 장기에서 병이 오
는 것은 과불급의 원리에 따른 것이다.

같은 지역에 사는 사람이라도 체질에 따라서 오장육부의 기능은 다르게 발달한다. 이제마가 창시한 사상의학四象醫學은 그야말로 독창적인 우리의 한의학韓醫學이다. 이제마는 지구의 각 지역에 살고 있는 인간들을 살펴서 임상적으로 연구할 기회조차 없었지만 이러한 창의적인 생각을 하였다는 사실은 참으로 놀랄만한 일이다.

명리학을 하는 사람이라면 반드시 사상의학을 연구해야 하고 이를 통해서 사람의 건강부터 살펴야 한다.

한편, 한의학에서는 일찍부터 소양상화에 대해서 그 중요성을 절감하고 있었다. 인간의 오장육부의 불균형과 기와 혈 순환의 막힘 그리고 잘못된 식습관 등으로 인하여 온갖 질병의 고통을 겪게 된다. 그런데 대부분의 경우 인간이 겪는 병의 증세는 신체의 발열로 나타난다. 정상적인 체온보다 높은 온도가 되면서 땀을 흘려 스스로 열을 조절하려고 한다. 열이 나는 병은 정확한 원인을 찾아야 다스리기 쉽다. 그러나 병이 들어서 열이 나는 것은 그 원인이 오히려 추위에 노출되었기 때문인 경우가 대부분이다.

'추위에 다치게' 된 경우를 전문용어로 상한傷寒이라고 한다. 오장육부의 어느 곳에 추위가 덮치거나 기혈이 흐르는 혈맥의 어느 부위가 추위에 얼어 제 기능을 못하게 되거나 순환이 막히게 되면 육체는 이것을 해결하기 위하여 오히려 열을 발생시키게 되는 것이다. 상한은 원인과 장소 그리고 증상의 급성과 만성 등을 모두 살펴서 해결책을 찾아야 하므로 다스리기가 어렵다. 한국인만이 가지고 있다는 독특한 병인 '화병'은 소양상화형 인간에게서 나타나는 대표적인 병이다.

소양상화에서 오는 상한병은 한의학에서 오래도록 그 원인과 치료법을 온전히 찾고자 고민해온 어려운 분야이다. 왜냐하면 그것은 가장 인간적인 병이기 때문이다. 개별 인간의 본성과 속성을 완전히 이해해야만 병의 원인을 그나마 쉽게 찾을 수 있는 것이다.

소양상화의 인목은 오장육부의 삼초三焦에 해당하며 신금은 담膽 즉 쓸개에 해당한다. 그러나 한의학의 경락에서 수소양手少陽으로 분류되는 삼초는 해부학적으로는 실존하지 않는 장기이다. 이론적으로는 상초 중초 하초로 구분하여, 상초는 정신적 기능을 통제하고 중초는 오장을 다스리며 하초는 대소변의 소통을 다스리는 기능으로 작용하는 것으로 분류된다. 삼초 중 어느 것에 이상이 생겼는지에 따라 치료법이 달라진다. 그래서 삼초에 이상이 생기면 치료가 어렵다. 경락의 족소양足少陽으로 분류되는 담 즉 쓸개는 간이 생산한 쓸개즙을 저장하여 몸에 들어온 음식물의 독성을 제거하는 기능을 한다. 이 기능이 제대로 발휘되지 않으면 인간은 섭취하는 음식물에 포함되어 있는 독성들로 인하여 목숨을 보전하기 어렵다. 그래서 정상적인 생활을 할 수 없게 되므로 예로부터 비정상적인 사람을 가리켜 '쓸개 빠진 놈'이라고 한 것이다. 오늘날은 약물로 이 기능을 대체할 수 있게 되어 가끔 쓸개가 빠졌지만 정상적인 생활을 하는 사람들이 있기도 하다.

선천역/후천역/금화교역

육기에서 상화가 분화된 것은 기의 세계가 정의 세계로 바뀌게 되었음을 나타내고 있는데, 이는 선천세계에서 후천세계로의 전환을 말하는 것이다. 이 현상을 잘 설명하고 있는 그림이 바로「하도」와「낙서」그리고「선천역」과「후천역」이다.

<그림 15>「하도」와「낙서」

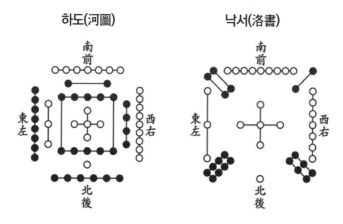

「하도河圖」는 전설상으로 복희伏羲 시대에 하河 즉 황하黃河에서 용마龍馬가 나왔는데, 그 등에 위와 같은 그림이 그려져 있었다고 하여 그렇게 이름을 붙인 것이다. 「낙서洛書」는 중국 최초의 왕조국가인 하나라의 시조가 된 우 임금 시대에 낙수洛水에서 거북이 나왔는데, 그 등에 위와 같은 그림이 그려져 있어 그렇게 부른다.

「하도」에는 북쪽에 해당하는 그림의 아래쪽에 하나와 여섯 개의 점이 있고, 동쪽인 왼쪽에 세 개와 여덟 개의 점이 있으며, 남쪽인 위쪽에 두 개와 일곱 개의 점이 있고, 오른쪽인 서쪽에 네 개와 아홉 개의 점이 있고, 가운데에 다섯 개의 점이 중심을 이루고 그 바깥의 아래 위에 각각 다섯 개의 점이 있어 열 개의 점으로 구성되어 있다. 이 점들을 모두 더하면 55개가 된다.

> 복희는 이것의 의미를 풀기 위하여 고민한 끝에 그 점들의 숫자가 결국은 오행의 생수와 성수를 의미하는 것임을 알았다고 한다. 그러나 이것은 억지춘양과 같은 견강부회일 뿐이고 사실 「하도」나 「낙서」는 모두 후대에 조작된 것임이 밝혀졌다.

1과 6은 오행의 수水에 해당하고 방위는 북쪽이며, 3과 8은 오행의 목木에 해당하고 방위는 동쪽이며, 2와 7은 오행의 화火에 해당하고 방위는 남쪽이며, 4와 9는 오행의 금金에 해당하며 방위는 서쪽이며, 5와 10은 오행의 토土에 해당하며 방위는 중앙이라는 것이다. 이 오행이 시계방향으로 돌면서 서로 상생의 관계를 형성하게 된다. 수생목 목생화 화생토 토생금 금생수의 순환 속에서 만물을 생성한다는 것이다.

「낙서」에는 북쪽인 아래쪽에 하나의 점이 있고 서북쪽에 여섯 개의 점이 있으며, 동북쪽에 여덟 개의 점이 있고 동쪽에 세 개의 점이 있으며,

동남쪽에 네 개의 점이 있고 남쪽에 아홉 개의 점이 있으며, 서남쪽에 두 개의 점이 있고 서쪽에 일곱 개의 점이 있으며, 가운데에는 정중앙과 사방으로 다섯 개의 점만 있다. 점의 숫자가 오행을 의미하는 것은 「하도」와 같지만 남쪽과 서쪽의 점이 위치가 바뀌었고 중앙에는 10개의 점이 사라지고 모든 점의 숫자는 45개가 되었다.

> 우 임금은 고민 끝에 이 의미를 풀었는데, 그것은 오행이 시계 반대반양으로 돌면서 서로 상극하는 관계를 나타낸다는 것이었다. 수극화 화극금 금극목 목극토 토극수의 역순환을 이룬다는 것이었다. 우 임금이 이를 해석했다는 이야기도 허구이다.

선천에서 후천에로의 전환에서 드러난 차이는 남방의 화火와 서방의 금金이 서로 위치를 바꾼 것이다. 그래서 이것을 금과 화가 위치를 바꾸었다고 하여 '금화교역金火交易'이라고 한다. 이 두 오행이 자리를 바꾸고 그 순환방향을 시계방향에서 시계반대방향으로 전환하면 상생의 오행이 상극의 오행으로 변하는 것이다.

흔히 이 두 그림을 합하여 「하락총백도下落叢百圖」라고 하는데, 그렇게 되면 오행의 상생상극 관계를 일목요연하게 알 수고 있고 전체 점의 숫자가 100개가 되는 사실도 볼 수 있다.

> 상생의 세계에서 상극의 세계 즉 선천세계에서 후천세계로의 전환 내용을 보여주고 있는 것이다. 사랑과 평화 그리고 은혜의 시대로부터 시기와 질투 그리고 살육의 시대로 변했음을 말하고 있다. 약한 것은 강한 것의 밥 즉 생존에너지가 되는 시대이다. 여기서 인간이 지혜롭고 조화롭게 살아갈 수 있는 방법을 모색한 것이 명리학이다.

100은 완성의 숫자이다. 반면, 『주역』이론의 발전과정에서는 세상의 만물을 포용하는 숫자를 대연수大衍數라고 하여 50으로 상정한다. 그래서 시초로 주역점을 칠 때에는 50개의 산가지를 이용한다. 시초蓍草는 지금은 멸종한 풀로 알려져 있는데, 『사기史記』 「귀책열전龜策列傳」에 보면 '시초가 자라나서 백 개의 줄기가 완성되면 그 아래에는 반드시 신령한 거북이 있어 이것을 지키고, 그 위에는 항상 푸른 구름이 있어 이것을 덮고 있다.'고 하였다. 시초는 한 포기의 풀이지만 그 줄기가 백 개가 되면 다 자란 것이 되며, 신령이 가장 잘 감응하는 것이라고 한다. 그래서 점을 칠 때에는 이 시초줄기를 이용한 것이다. 오늘날은 시초를 대신하여 대나무를 잘라서 산가지로 흔히 사용한다.

주역점은 산가지를 이용하여 9나 6 또는 8과 7의 숫자를 얻어 이를 다시 주역의 효로 바꾸어 최종적으로는 괘를 얻는 방법으로 보는 점법이다. 그 산가지는 50개를 이용한다.(그 방법은 이 책의 부록에서 다루겠다.) 50이 대연수이기 때문이다. 「하도」는 모두 55개의 점이 있어 대연수보다 5가 많고, 「낙서」는 45개의 점이 있어 대연수보다 5가 적다.

선천시대의 오행은 그 에너지가 넘쳐나서 만물을 창조하기에 넉넉했고, 후천시대의 오행은 정精으로 뭉쳐 물질로 나타나게 되면서 항상 부족한 5만큼의 에너지를 충당해야만 하는 상황이 되었다는 것이다. 그러나 후천의 현실에서는 결코 50을 채울 수 없다.

그것을 가능하게 하는 방법은 인간이 생각을 바꾸어 선천시대의 사랑과 평화 그리고 은혜의 마음을 회복해야만 하는 것이다.

이러한 선천과 후천의 오행 변화를 주역의 팔괘로 나타낸 것이 「복희

팔괘도」와 「문왕팔괘도」이다.

<그림 16> 선천팔괘도와 후천팔괘도 그리고 구궁팔괘도

선천팔괘

후천팔괘

4 손(巽) 사록(四綠)	9 리(離) 구자(九紫)	2 곤(坤) 이흑(二黑)
3 진(震) 삼벽(三碧)	5 중궁(中宮) 오황(五黃)	7 태(兌) 칠적(七赤)
8 간(艮) 팔백(八白)	1 감(坎) 일백(一白)	6 건(乾) 육백(六白)

구궁팔괘도

이 팔괘도는 각각 「선천팔괘도」와 「후천팔괘도」라고도 부른다. 「선천팔괘도」는 태극이 음양으로 분화하고 다시 사상으로 나뉘며 또 팔괘로 전개되는 모습을 건괘로부터 곤괘로 변하는 순서에 따라 그렸다. 「후천팔괘도」는 「낙서」의 숫자에 맞추어 팔괘에 숫자를 부여하여 배열한 것이다. 이「후천팔괘도」는 그 숫자의 배열에 비밀이 숨겨져 있는데, 바로 가로 세로 대각선 어느 방향의 세 가지 숫자를 더해도 그 합이 15가 된다. 이를 이용하여 제갈량이 '구궁팔괘진九宮八卦陣' 또는 '마방진魔方陣'을 창 안하였다는 야사가 전하기도 한다.

『주역』과 음양오행은 원래 서로 다른 관점에서 출발하였지만 후한시 대에 들어 이것이 결합하여 온갖 신비로운 이론체계를 만들어냈다. 명리 학을 공부하는 사람이라면 주역점과 주역의 상징물상에 대해서도 일정 하게 연구할 필요가 있다.

물질화된 모든 존재 즉 열에너지로서의 존재는 필연적으로 다시 운동에 너지와 빛에너지로 돌아가게 된다. 모든 것은 에너지의 흐름일 뿐이다. 이것이 윤회이다. 물질로서의 인간의 삶은 길어야 백년이다. 윤회는 얼 마나 지속할까?

인간은 복제가 가능하다. 뇌세포로 복제하든 발가락세포로 복제하든 동 일한 인간의 복제가 가능하다. 정精 즉 물질의 자기동일성은 매우 강하다 는 말이다. 그만큼 구속되어 있다는 뜻이다. 그러나 신神이나 기氣는 물 질적 동일성이 아니라 자유를 갖는다.

'개똥밭에 굴러도 저승보다는 이승이 낫다'는 속담이 있다. 사실일까? 한 국은 세계 1위의 자살률을 보유하고 있다. 어떻게 사는 것이 잘 사는 것 인가? 아니면, 어떤 죽음을 맞는 것이 잘 살은 삶인가?

작명 이야기

돌이켜 보니, 나는 그동안 새로 태어난 아기들의 이름을 비롯해서 살다가 이름이 마음에 들지 않아 개명하는 사람들까지 제법 많은 사람의 이름을 지었다. 이 또한 내가 원해서 한 경우는 거의 없고 부탁을 거절할 수 없어 부득이 그렇게 한 것이었다. 처음 이름을 지은 것은 내 나이 21살 때 태어난 조카딸의 이름을 지은 것으로부터 시작되었다. 그 이후에 태어난 조카들과 집안의 손자 손녀들 이름 대부분은 내가 지었고, 이것이 한 다리 두 다리 건너면서 아는 안면으로 부탁을 해 와서 이렇게 되었다. 업보를 많이 지은 셈이다.

원래 이름을 짓는 방법으로 많이 쓰이는 것이 납음오행에 의한 작명법이다. 납음오행이란 말이 뜻하는 바와 같이 소리 속에 녹아 있는 오행이라는 것이니, 사람의 이름이란 나의 것이지만 내가 부르는 경우는 거의 없고 대부분 다른 사람이 소리로 부른다. 내가 쓰는 경우는 어른 앞에서 자기를 낮추어 자신의 이름을 칭할 경우에는 소리를 내지만 그렇지 않은 경우에는 대부분 서명할 때 글씨로 쓰게 되는 경우이다. 그래서 이름은 납음오행으로 짓는 경우가 많고 글자의 획수도 오행에 맞추어 쓴다. 이때 맞추는 오행이란, 나의 사주에서 부족한 오행을 메꾸거나 넘치는 오행의 기운을 제어하기 위한 오행에 해당하는 것을 말한다. 그러나 나는 꼭 이런 방법으로만 이름을 짓지는 않는다는 점만 밝힌다. 납음오행은 그것이 어떤 순서로 배치되었는지는 알려져 있지만 어떤 원리에 의해서 만들어진 것인지에 대해서는 알려진 바가 없다. 그래서 나는 납음오행을 그렇게 신봉하지 않는다.

아기들의 이름을 짓기 위해 사주를 받아서 보면 가끔 그 아이의 얼굴 모습이 생생하게 눈앞에 보이는 듯한 경우도 있다. 이런 때에는 이름이 쉽게 만들어지거나 오히려 이름 짓기가 너무 어려운 경우로 나뉜다. 이름에는 가급적 사용하지 말아야 할 글자가 몇 자 있다. 대표적으로는 각 계절을 뜻하는 춘하추동春夏秋冬이나 음양陰陽 또는 오행인 水火木金土 등이 있다. 최규하 대통령의 하夏는 아마 사주를 크게 비보하기 위해서 지은 것으로 보이지만 결국 아름다운 이름으로는 기억되지 않고 있다. 그 중에서도 나는 '밝을 명明'자를 절대로 사용하지 않는다는 원칙을 가지고 있다. 이름에 이 글자를 사용하고 있는 사람 중에서 살면서 큰 고난과 불행을 겪지 않고 사는 사람은 거의 없다.

　　이름을 지어주다 보면 보통 한 가지만을 지어주는 경우는 별로 없다. 두 가지나 세 가지를 지어주면서 선택권을 준다. 그러나 그들이 어떤 선택을 할지는 이미 대충 알 수 있다. 나로서 가장 좋은 이름으로 지어준 것을 대부분은 잘 사용하지 않고 차선책으로 지어준 이름을 사용하는 사례가 많다. 그 또한 운명이리라!

　　작명과 관련된 이야기는 너무 많다. 그 중에서 두세 가지만 언급해보자. 내 고향의 같은 마을 뒷집에는 나보다 1년 먼저 태어난 친구가 있었다. 그 친구는 장남으로서 결혼을 하였지만 10년이 되도록 자식을 얻지 못했는데, 10년 가까이 늦은 결혼을 한 나와 비슷한 시기에 딸을 얻었다. 그 친구의 어머니는 집안의 대가 끊어지면 안 된다는 일념으로 나에게 매달렸다. 제발 두 번째 아이는 아들이 태어날 수 있도록 손녀의 이름을 지어달라고! 독자들은 그런 일이 가능하다고 생각하시는지? 아무튼 나는 큰 숙제를 안고서 이틀을 고민하여 그 아이의 이름을 지어 주었고, 어쨌든 간에 2년 뒤에 아들이 태어났다.

바로 그 얼마 후에 다시 유사한 일이 일어났다. 어느 날 밤 12시가 넘어 잠을 자고 있는데 갑자기 잔화가 울렸다. 당시에는 휴대폰이 거의 보급되지 않았던 시절이라 집 전화가 울린 것이다. 밤이나 새벽에 걸려오는 전화란 그리 반갑지 않은 법이다. 고향의 7촌 아주머니였다. 울면서 나에게 사정하기를 딸 셋을 낳은 후에 늦게 얻은 아들이 결혼하여 며칠 전에 아이를 낳았는데 딸이라는 것이었다. 그래서 두 번째 아이는 반드시 아들을 얻어야 하므로 사방팔방으로 아들을 얻기 위해 손녀의 이름을 지으러 다녔다는 것이다. 원래 그 아주머니의 시어머니인 할머니가 신줄을 받아 살았기에 그 방면에 종사하는 사람들을 많이 알고 있었다. 그래서 아주머니는 별 걱정 없이 이름을 쉽게 얻을 수 있을 것으로 기대하고 다녔는데, 가는 곳마다 그 부부는 절대 아들을 낳을 수 없는 사주라고 하면서 이름을 지어줄 수 없다고 거절하여 절망에 빠져 있는 상태였다.

그러다가 내 뒷집의 아주머니로부터 자기 손자를 얻은 이야기를 듣고서 등잔 밑이 어둡다는 말은 이런 때에 쓰는 것이라면서 그 밤중에 울면서 나에게 전화를 한 것이었다. 난감한 일이었지만 일단은 알겠다고 하고서, 다음날 딸을 낳은 당사자인 집안 동생에게 전화를 걸어 아기가 태어난 일시를 받고 더불어 그 부부의 사주도 같이 전해 받았다.

부부의 사주를 보니 아들이 없는 경우였고, 그 딸은 사주를 보니 모습이 보이는데 계속해서 울고 있는 상태였다. 어쨌든 내가 지금까지 이름을 지으면서 가장 오랜 시간인 사흘을 궁리해서 드디어 작명을 마치고 그 이름을 팩스로 보내고서 동생에게 전화를 하였다. "태어나서부터 아기가 계속 울고 있지? 아기의 생긴 모습이 이러이러하지?"라고 물으니, "아니, 그런 것을 어떻게 압니까?" 하였다. 내가 다시 "지금부터는 무조건 그 누구든 아기를 볼 때는 이름을 불러줘라. 그러면 울음을 그칠 것이다. 혹시 다음에 아이를 낳으면 아들을 볼지도 모르겠다."라고 하였다. 나중에 동생에게서 전화가 와서는 "정말 신기합니다. 그렇게 울던 아기가 이름을 불러주니 뚝 그칩니다. 울 때마다 이름을 불러주면 그칩니다."라는 말을 하였다. 그리고 이래서 그런지 저래서 그런지 우연의 일치인지는 몰라도 두 번째 아이는 아들을 낳아 지금은 대학을 졸업할 나이가 되었을 것이다.

우주의 원리
운명의 비밀

2부
운명의 비밀

세상의 물건들은 본질과 속성이 있고
사람의 일에는 목적과 도모함이 있으니,
무엇이 먼저이고 무엇이 뒤인지를 알면 도에 가까우니라.(『대학』)

한동석과 이석영

과연 사람은 태어난 시간과 타고난 용모에 의해 운명이 결정되어지고
또 그것을 잘 연구하면 사람마다의 운명을 알 수 있는 것일까?

예로부터 수상手相이 불여관상不如觀相이요, 관상이 불여체상不如體相이
며, 체상이 불여심상不如心相이라 하였다. 손금을 보는 것이 얼굴모습 보
는 것보다 못하며, 얼굴모습 보는 것은 신체의 모습을 보는 것만 못하고,
신체의 모습은 마음씀씀이를 보는 것만 못하다고 한 말이다.

사람은 모두가 다르게 태어난다. 누구는 태어나면서부터 왕후장상王
侯將相의 자식이고, 누구는 성도 없는 노비의 자식이기도 하다. 명나라를
건국한 주원장朱元璋은 고아로 자랐지만 혼란한 시국에서 탁월한 처세로
황제가 되었다. 황제가 된 주원장은 어느 날 자신의 운명을 돌아보고서
깊은 의문이 들었다. 어떻게 자신이 황제까지 될 수 있었는지 스스로도
믿어지지 않았기 때문이다. 그래서 천하의 뛰어난 술수가를 불렀다. 그
에게 물어보니 본래 황제가 될 사주를 타고났다고 말하였다. 더욱 궁금해
진 주원장은 천하에 사람이 얼마나 많은데 자기와 똑같은 사주를 타고난
사람이 한 사람이라도 더 있을 것이라고 생각되어 그런 사주를 가진 사람

을 찾도록 하였다. 드디어 궁벽한 시골에서 한 사람을 찾아 황궁으로 데리고 왔다. 주원장은 한 날 한 시에 태어난 사람이므로 황제와 신하의 격식을 버리고 벗으로 대하자고 하면서 극진하게 대접하였다. 그러면서 어떻게 같은 사주를 가진 사람이 한 사람은 황제가 되고 다른 한 사람은 시골에서 조용히 살고 있는지 궁금하여 무엇을 하며 사느냐고 물었다. 그 사람은 자신은 시골에서 13통의 벌을 기르며 살고 있는데 처자식 굶기지 않고 연명할 수 있다고 하였다. 당시 명나라는 13성省이었으니 황제는 13성의 백성을 다스리는 존재였고, 그 사람은 13통의 벌을 기르며 사는 운명으로 갈라졌던 것이라는 이야기가 전한다.

명나라 세조 주체朱棣는 개국에 혁혁한 공을 세우고 연왕燕王으로 책봉되어 변방을 지키는 중임을 맡았으나 끝내 그 야욕을 억제하지 못하고 조카인 건문제를 몰아내고 황제가 되었다. 명나라의 수명을 만 대로 이어가기 위해 수도를 오늘날의 북경인 대도大都으로 옮기면서 천하의 길지를 찾아 황제들의 능침陵寢을 조성하고자 하였다. 천하의 풍수 4명으로 하여금 그 일을 하게 하여 드디어 천수산天壽山 명당을 찾았다. 이곳에 명나라 황제 13명의 무덤이 있게 된 이유이다. 그러나 주체 이후 명나라의 역대 황제들은 중국 역대 왕조 중에서 가장 자질이 부족한 인물들로 평가받고 있으며, 그 역사는 16대 277년으로 막을 내렸다. 명당에 터를 잡았다는 그들의 무덤은 오늘날 관광객의 방문지가 되어 죽어서도 편히 쉬지 못하고 역사의 한 귀감으로 되어 있다.

지구의 다른 생명체에 비하면 인류의 역사는 사실 얼마 되지 않는다. 인간은 다른 동물들에 비하여 독특한 특징인 엄지손가락을 다른 네 손가락과 마주 붙일 수 있다는 것으로 인하여 바퀴와 나사라는 위대한 발명품을

만들어 세상을 지배하는 존재가 되었다. 그것으로부터 폭발적인 발전을 거듭하여 잔인성과 이성적 능력을 합하여 최첨단 기술은 언제나 다른 인간을 살육하는 무기를 발명함으로써 스스로를 위대한 존재라고 여기며 살아왔다. 그 결과 오늘날은 바로 그 기술적인 발전으로 인하여 인류는 오히려 멸종의 위기에 처해있지만 대부분의 인간은 남의 일인 것처럼 무관심하다.

많은 사람들은 부귀영화를 탐한다. 돈과 권력과 명예가 살면서 추구하는 가치의 핵심이라는 말이다. 건강도 중요한 가치이지만 건강할 때는 그 가치를 모른다. 사람들은 자신의 운명과 관련하여 '언제 부자가 될 수 있는지?', '언제 출세하여 권력을 잡거나 명예를 얻게 될 것인지?', '언제 얼마나 멋진 배우자를 만날 것인지?', 그리고 결국은 '얼마나 장수할 수 있을지?'를 궁금해 한다.

그러나 대부분 인간의 삶은 돈도 권력도 명예도 그리고 건강도 원하는 만큼 얻지 못한다. 그래서 늘 불만과 불평 그리고 가슴 속에 원한을 품고 산다. '뭐 하나도 뜻대로 되는 일이 거의 없는 것'이 인간의 삶이다. 세상 일이 내 마음대로 되지 않는 이유는 거의가 남 탓이다. 이런 것이 모두 잘못된 것인가? 아니다. 그러면 이런 것이 모두 옳은 것인가? 그것도 아니다. 세상이란 원래 그런 것이기 때문이다. 어차피 후천세계에 사는 인간들은 정신적으로나 물질적으로 불만족일 수밖에 없는 세상에 살고 있는 것이다.

수확한 곡식은 적은데 먹어야 할 사람은 많고, 벼슬자리는 적은데 벼슬을 하고 싶은 사람은 많고, 멋진 군자와 요조숙녀는 적은데 그런 사람을 배필로 취하고 싶은 사람은 많으며, 건강하게 오래 살고 싶은데 온갖 질병은 많이도 찾아오고 세월은 또 왜 그렇게 빨리 지나가는지? 그런데 기름진 음식을 많이 먹고, 노비를 부리면서 편안한 생활을 누리고, 높은 자리에서 아랫사람을 엄격히 다루고, 아름다운 배필과 더불어 정력을 낭비하면서 한 평생 건강하게 장수하기를 바란다면 과연 그것이 가능한 일인가?

인간은 동물이다. 동물은 움직여야 사는 존재이다. 옛말에 "늘 가마를 타고 다니는 귀족은 비단금침 속에서 절세의 미인을 품어도 일이 뜻대로 되지 않지만, 가마를 매고 다니는 노비는 헛간에서도 기회만 있으면 그 일을 즐긴다."는 말이 있다. 기름진 음식을 배불리 먹는 일도, 높은 자리에서 입으로만 사람을 부리는 일도, 약물에 의지하여 본능을 충족하려는 일도, 스스로 육체를 움직이지 않고 안락한 생활을 하고자 하는 일도 모두 사실은 항상 독약을 먹으면서 삶을 영위하는 것과 다르지 않다. 그러면서 또 인간은 늘 내일부터 생활을 바꿀 것이라고 한다. 그런데 중요한 사실은 인간에게 내일은 없다는 것이다. 인간의 삶은 언제나 '지금' 이루어진다.

그런 것이 인간의 삶이다. 죽음과 고통을 향해 노력하며 살면서도 헛된 희망을 품는다. 다른 존재를 내 생명의 에너지로 흡수해야만 살 수 있다. 언제나 타인의 공격에 대비해야 하고 자연의 위험에 맞서야 한다. 아무리 가져도 늘 부족함을 느끼고 가까운 사람이 더 가지면 배가 아파야 하는 존재가 인간이다.

운명이란 그런 것이다. 자연계에는 사실 옳고 그름과 좋고 나쁨이란 것이 없다. 그런 것은 모두 내가 만든 기준일 뿐이다. 그래서 사람마다 도덕적 기준이 다르다. 삶의 목적도 방향도 다를 수밖에 없다. 그런데 인간에게는 '앎에 대한 본능'이 있다. 궁금한 것이 있으면 알고 싶어 한다. 그 본능은 자신의 운명에 대해서도 마찬가지로 작용한다. 그것이 명리학의 역사를 만들었다.

사람의 운명을 감정한 역사는 중국 전국시대의 전설적인 인물로 많은 야사를 남긴 귀곡자鬼谷子라는 인물로부터 비롯되는 것으로 알려지고 있다. 그리고 또 한 사람 낙록자珞琭子라는 인물도 등장하는데 이 사람은 후대의 명리학자들에게서 거의 비조로 인정받는 존재이다. 중국의 한나라 시대는 『주역』과 음양오행 등의 분야에서 폭발적인 발전이 일어났다. 그중의 대표적인 인물이 『춘추번로春秋繁露』라는 저서를 남긴 동중서董仲舒이며, 『논형論衡』이란 저서를 남긴 왕충王充도 있다. 그리고 재미나는 일화를 많이 남긴 삼천갑자 동방삭東方朔과 엄군평嚴君平도 유명하다. 역학易學의 발달에 이름을 남긴 사람들은 일단 제외하겠다.

삼국시대에는 관로管輅라는 인물이 이름을 남기고 있고, 사마의司馬懿 가문이 세운 진晉나라에서는 풍수의 아버지로 불리는 곽박郭璞이 『장경葬經』을 남겼다. 북제北齊에서는 위정魏定이 있었고, 수隋나라에서는 『오행대의五行大義』라는 걸작을 남긴 소길蕭吉이 이름을 남겼다. 그는 책에서 한나라의 유안劉晏이 편찬한 『회남자淮南子』와 후한의 반고班固가 저술한 『백호통白虎通』 등의 책을 인용하고 있어 그 저술들이 가지는 음양오행의 발전에 끼친 영향을 인정하고 있다.

당나라시기에 와서 명리학은 획기적인 발전을 하게 된다. 이 시기에 간지론干支論과 음양오행론이 합하여 명리학의 체계를 완성하였기 때문이다. 그러나 당나라 때에는 사주에서 태어난 해를 중시하는 방법을 택했다. 그것이 오늘날까지 전통이 남아 있는 이른바 '당사주唐四柱'라는 것이다. 그 중심에 원천강袁天綱이 있었고, 그는『원천강오성삼명지남袁天綱五星三命指南』이란 책을 저술했다. 이 책은 나중에 조선의 관상감에서 잡과 과거를 볼 때 암기과목으로 선정된 것이기도 하다.

중국의 역사에서 가장 큰 사상적 영향을 남긴 인물은 노자와 공자라고 할 수 있지만, 그 후대에 중국사상사에서 큰 변혁을 가져온 인물을 들라고 한다면 바로 남인도로부터 건너온 달마達摩라고 할 수 있다. 그는 중국에 3가지 혁신적인 내용을 전파하였는데, 바로 선법禪法과 권법拳法 그리고 상법相法이다. 오늘날 조계종을 중심으로 하는 조사선祖師禪 또는 간화선看話禪과 이른바 소림권법이라고 말하는 무술 그리고『마의상법麻衣相法』으로 전하고 있는 관상 보는 방법이 그것이다. 마의도자麻衣道者는 달마의 맥을 이어 유교 불교 도교에 능통하였고, 특히『주역』에 밝았으며 관상법을 정리하여 그 체계를 남긴 인물이다. 그의 인도와 중국을 종합한 학문은 진단陳摶에게 전해져 중국도교의 내단학을 완성하였다.

한편으로 천문과 역법에 뛰어난 이순풍李淳風이 있어 많은 일화를 남기고 있으며, 일행一行과 같은 승려는 풍수에도 정통한 것으로 알려져 있고, 통일신라 말기의 도선道詵이 그에게서 풍수설을 배웠다고 하지만 사실여부는 알 수 없다. 일행의 맥은 이필李泌에게 전해지고 다시 이허중李虛中에게 전해졌다고 한다. 이허중은『이허중명서李虛中命書』를 저술하였는데 년주를 중심으로 보면서 일주의 개념도 적용하였다고 알려져 있다.

북송北宋에 이르러 서자평徐子平이 나와『낙록자삼명소식부주珞珠子三命消息賦注』라는 저서를 남겨 일간을 중심으로 풀이하는 명리학의 기초를 정립했다. 명나라 때에는 유기劉基가『적천수滴天髓』를 남겼고, 장남張楠이 납음오행을 중심으로 하면서 왕상휴수설과 신살론을 정리한『명리정종命理正宗』을, 서대승徐大升은 일간을 중심으로 하여 육신론과 통변 그리고 격국론까지를 정립한『자평삼명통변연원子平三命通變淵源』과『연해자평淵海子平』을 그리고 만육오萬育吾는『삼명통회三命通會』12권을 남겨 명리학의 획기적인 발전을 가져왔다.

청나라 때는 심효첨沈孝瞻이『자평진전子平眞詮』을, 여춘태余春台는『난강강欄江綱』을 보완하여『궁통보감窮通寶鑑』을 저술하여 용신법用神法에 자취를 남겼으며, 진소암陳素菴은『명리약언命理約言』을, 임철초任鐵樵는『적천수천미滴天髓闡微』를 남겨 명리학의 발전을 가속시켰다.

20세기에 들어서는 중국의 공산화로 대만에서 명리학이 발전하였는데, 서락오徐樂吾는『궁통보감』과『자평진전』그리고『적천수』에 대한 해설서를 남겼고, 원수산袁樹珊은 임철초의 저서에 주석을 하였으며, 이철필은『팔자제요』에서 생일과 생월의 120가지 경우를 정리하여 용신론을 발전시켰다. 그 외에 사주의 감정에서는 위천리韋千里가 이름을 떨쳤다.

일본에서는 阿部熹作이 이름을 드러냈고, 加藤大岳이 10신과 12운성을 중심으로『추명학이해推命學理解』라는 책을 남겼으며, 板井祖山이『사주추명학입문四柱推命學入門』이라는 저서를 남겼다. 일본은 명리학이라는 개념 대신에 추명학이라는 용어를 사용하고 있음을 알 수 있다. 이 무렵에 일본에서는 수상과 관상에 관한 연구도 활발하여 동양과 서양의 수상과 관상에 대한 이론을 종합하여 정리하는 성과를 내기도 하였다.

오늘날 널리 쓰이고 있는 명리학의 이론 계보는 원천강袁天綱 − 이허중李虛中 − 서자평徐子平 − 유기劉基 − 서대승徐大升(서균徐鈞)으로 전해진 맥임을 알 수 있다.

우리나라의 경우는 일찍이 신라시대에 당나라에 유학한 인물 중에서 김암金巖은 『둔갑입성지법遁甲入成之法』을 남겼다고 전하고, 도증道證이 천문도를 가져오고, 도선道詵이 일행一行으로부터 풍수설을 배웠다고 하지만 사실여부는 알 수 없다. 반면에 고구려는 일찍부터 천문과 역법에 매우 뛰어나 정교한 천문도를 남기고 있고, 찬란한 사신도四神圖를 그렸으니 천문과 역법 및 음양오행에 대한 연원을 부정할 수 없다. 고려도 소격전昭格殿을 두어 천문과 역법을 관장하도록 하여 중국과 인도의 이론까지 수용한 내용이 있다. 또한 『고려사』에는 「천문지天文志」 「역지曆志」 「오행지五行志」 등이 있어 이 분야에 대한 오랜 전통이 있음을 알게 한다. 더 유추하면 삼국시대와 그 이전의 역사서에도 이와 같은 기록이 있었을 가능성이 있지만 김부식이 『삼국사기』를 저술하고서 그 이전 우리의 역사서를 모두 불태운 관계로 인하여 그 내용을 확인할 수는 없는 실정이다.

조선시대에 이르면 『조선왕조실록』에 태종의 사주에 대한 이야기가 등장하고, 관상감觀象監을 설치하고 소격전을 낮추어 소격서昭格署를 두어 음양陰陽과 재초齋醮 등의 일을 주관하게 하였으며, 과거시험에서는 음양과陰陽科를 두어 명과학命課學으로 인재를 뽑았다. 음양과에서는 1차 시험인 초시初試에서 명과命課 4명, 천문天文 10명, 지리地理 4명을 선발하고, 2차 시험인 복시覆試에서 명과 2명, 천문 5명, 지리 2명을 최종 선발하였다. 이들은 왕실을 보좌하면서 각종 국가적 제례의 택일과 왕실의 묘지나 태실지 등을 선정하고 왕비나 세자빈의 간택에서 사주를 감정하거나 하는 등의 일을 담당하였다.

흔히 야사에 사람의 관상을 잘 보았다거나 사주를 잘 감정한 이야기 그리고 풍수에 뛰어난 이야기들이 전하고 있지만 사주에 뛰어난 인물에 대한 정식 기록은 찾아보기 힘들다. 조선 중기의 화담 서경덕과 그의 제자 토정 이지함이 상수역과 천문 그리고 명리학에 상당한 조예가 있었다는 정도는 널리 알려진 이야기이다. 그러나 사실『토정비결土亭秘訣』은 이지함의 저술이 아니라는 것이 거의 정설이다.

1894년 갑오경장으로 인하여 조선의 과거제도는 역사 속으로 사라졌다. 이로써 잡과에 속한 과거인 명과학도 폐지되었다. 그리고 기록상으로는 우리역사에서 명리학의 맥은 한동안 단절되었다. 그 후 1919년에 박건회朴健會가『사주길흉자해법四柱吉凶自解法』이란 책을 간행하였으나 그로부터 30년간은 맥을 잇는 사례가 없었다. 1950년대에 신태삼申泰三이『사주복서관상법四柱卜筮觀相法』이란 책을 출판하여『주역』의 64괘와 사주 그리고 관상법 등을 종합적으로 서술하였다. 그 뒤로 박재완이 대만의 위천리 이론을 보강하여『명리사전命理事典』을 간행하고, 최영철은 백령관白靈觀이라는 필명으로『사주정설四柱精說』을 1963년에 저술하여 무려 29판이 넘도록 간행함으로써 명실상부하게 명리학 공부의 교과서로 인정받게 되었다. 그 외에 최윤석은『명리학전서命理學全書』를 발간하고, 본명이 최병주이면서 변만리邊萬里라는 예명으로 더 알려진 인물은 그의 저서들을 제자들이 간행하여『만리천명萬里天命』『만리의학萬里醫學』등 다수의 저서를 출판하여 명리와 한의학을 결합한 독특한 체계를 수립하였다. 그리고 부산의 박도사로 알려진 박제현도 영통에 의한 사주 감정으로 명성을 얻었다.

그러나 실로 이 분야에서 현대 우리나라에서 가장 특출한 업적을 남긴 인물은『우주변화의 원리』를 저술한 한동석과『사주첩경』을 저술한 이석영이라고 필자는 생각한다. 앞의 책은 1966년에 출간되었고, 뒤의 책은

1969년에 출간되었다.

한동석은 한의사로서 나름대로 곡절이 많은 삶을 살았지만 뛰어난 예지력으로 우주론과 명리학에 자질을 드러냈다. 그의 저서 『우주변화의 원리』는 사연이 있는 책이지만 현재까지 이 분야에서는 우리나라에서 가장 이해하기 어려운 도서로 알려져 있다. 그의 이 책을 해설하는 방송의 특별 프로그램이 수십 회에 걸쳐 방영된 것으로 알고 있지만 나는 도대체 무슨 말을 하고 있는지 이해할 수 없었다. 실제로 그의 저술은 별로 어렵지 않은 내용으로 잘 설명되어 있다. 다만, 나와 의견의 일치를 보지 못하는 부분이 있기는 하다.

이석영은 사주의 감정에서 타의 추종을 불허하는 독보적인 경지에 오른 인물로 평가받는다. 그는 수많은 임상 결과를 토대로 6권의 방대한 저술인 『사주첩경四柱捷徑』을 집필하였는데, 크게 보면 원론편과 임상편 그리고 임상의 결과를 통해 스스로 터득한 감정법을 정리한 통변편 등으로 정리된다. 그가 생전에 사주를 감정한 사람이 정확히 얼마나 되는지 알 수 없지만 당대에 그가 누렸던 명성으로 본다면 그는 이 분야의 1인자라고 할 수 있을 것이다.

위에 거론한 인물들 중에서 어느 누구도 특이한 일화를 남기지 않은 사람은 없다. 그리고 1990년대 이후 한동석의 뒤를 잇는 분야의 저술은 상대적으로 훨씬 적었지만 명리학에 관한 저술은 홍수처럼 쏟아졌다.

이 시대는 명리서의 범람시대가 되었다고 하여도 과언이 아니다. 또 그만큼 스스로 명리학의 달인이라고 자부하는 사람도 부지기수이다. 우리사회는 연간 약 5조원 이상이 지하경제의 한 분야라고 할 수 있는 인간의 운

명과 관련한 영역으로 흘러들어가는 것으로 알려지고 있다. 무엇이 그렇게 궁금한가? 실제로 돈을 들인 만큼 효험을 보았는가? 운명을 바꾸었는가? 액운을 피했는가? 액운을 길운으로 바꾸었는가? 그러면 그 액운은 어디로 갔는가?

세상이 화와 복이 정해져 있다면 나의 화를 복으로 바꾸게 되면 그 화는 누구에게로 가는가? 세상의 그 어떤 학문도 정신과 육체를 건전하고 건강하게 하는 것이 아니라면 모두 거짓이다. 건강한 신체에 건전한 정신이 깃든다. 건전한 정신과 건강한 육체는 삶을 풍요롭게 한다. 인간 운명의 비밀을 탐구해보자.

사주팔자

인간의 삶에서 가장 중요한 결정 요인은 '언제 어디에서 누구의 자식으로 태어나서 무엇을 먹고 무엇을 하면서 사는가?'라는 것이다.

그러나 언제 어디에서 누구의 자식으로 태어나게 되는지는 상식적으로 내가 스스로 결정하는 것이 아니다. 그렇다고 나의 존재가 자아와 아무런 관련 없이 그야말로 우연히 만들어지는 것일까? 특정한 정자와 난자의 결합은 그 수많은 경우의 수 중에서 어떤 인연으로 이루어질까? 그리고 무엇을 먹고 무엇을 하며 살 것인가를 결정하는 것은 나의 순수한 자유의지인가? 사람은 태어나면서부터 잘 먹는 것이 있고 잘 먹지 못하는 음식이 있다. 어느 곳에 사는가에 따라서 쉽게 먹을 수 있는 음식이 있고 그렇지 못한 음식도 있다.

육식을 위주로 하느냐 채식을 위주로 하느냐 또는 생식을 주로 하느냐 화식을 주로 하느냐에 따라서 인성이 달라지기도 한다. 열대지방에 사느냐 한대지방에 사느냐 또는 건조한 곳에 사느냐 습한 지방에 사느냐에 따라서 삶이 확연히 바뀌는 것은 당연하다. 가만히 생각해보면, 내가 하는 생각이나 행동 중에서 순수하게 나의 의도로 하는 것은 얼마나 될까? 사람은 보통 항상 '오만 가지' 생각을 하고, 자기도 모르는 사이에 무의식적인 행동을 끊임없이 하고 있다. 내가 하고 싶은 일만 하고 사는 사람은 아무도 없다.

> 내 자신의 생각도 행동도 사실 내 마음대로 하는 것도 되는 것도 별로 없다. 그렇다면 그런 것이 관연 나의 생각과 행동인가?
>
> 물론 의지가 강한 사람이 있다. 의지라는 말에서, '지志'는 인간의 생각과 행동이 궁극적으로 이루고자 하는 마음의 목적지를 뜻하고, '의意'는 그 목적에 도달하기까지 옆길로 빠지는 생각과 행동을 단속하는 마음을 뜻한다. 사람마다 다른 운명과 의지력의 차이는 어디서 오는가?
>
> 이런 물음에 답하는 방식은 여러 가지가 있다. 그 중에서 명리학은 그 답을 '사람은 태어난 시각에 맞추어 우주의 에너지를 받아들여 인간의 운명이 결정되고, 시간의 변화에 따라 바뀌는 우주의 에너지와 내가 태어날 때 받은 우주의 에너지가 상호작용하는 과정에서 운명도 변한다.'는 원리에서 구한다.

그 도식을 그림의 형태로 표시하면 다음과 같다. 양력으로 2021년 3월 16일 11시 50분에 출생한 남자아이의 사주와 운세의 변화를 나타낸 것이다.

시운	일운	월운	세운	대운	시	일	월	년	구분
정관	비견	편인	편인	편인	정관	기준	편인	편인	6신
무 오	계 해	신 묘	신 축	신 묘	무 오	계 해	신 묘	신 축	간 지
편재	겁재	식신	편관	식신	편재	겁재	식신	편관	6신
병기정	무갑임	갑을	계신기	갑을	병기정	무갑임	갑을	계신기	지장간
절	겁재	장생	관대	장생	절	제왕	장생	관대	12운성
천상화 도화 육해 천희신 현침살	대해수 역마 급각살 음양차착	송백목 재살 장성 문창성 천부귀인 학당귀인 현침살	벽상토 월살 암록 조객 삼재 현침살 곡각살	송백목 재살 장성 문창성 천부귀인 학당귀인 현침살	천상화 도화 육해 천희신 현침살	대해수 역마 급각살 음양차착	송백목 재살 장성 문창성 천부귀인 학당귀인 현침살	벽상토 월살 암록 조객 삼재 현침살 곡각살	신살
1세 : 신묘, 3.6세 : 경인, 13.6세 : 기축. 23.6세 : 무자, 33.6세 : 정해 순서로									대운
* 월령 ; 乙 * 오행 : 목 1, 화 1, 토 2, 금2, 수 2 * 운강/중화/체강 * 오운 : 무계 화 * 오행의 생극제화 * 삼합과 방합 * 형충파해 : 묘오 파, 축오 해/원진 * 공망 : 진사(년) 자축(일)									통변 요인

이 표에서는 현대인의 정서에 맞게 모든 표기를 한글로 하였다. 그러나 사실 사주 감정에 필요한 모든 용어는 한자어이므로 한자로 된 용어에 대한 공부가 절실히 필요하다.

사주란 태어난 연월일시 네 가지 시점의 간지를 말하고, 팔자란 그 간지가 모두 8개의 글자로 되어 있다는 말이다. 사주의 감정은 우선 각 천간과 지지의 오행을 살피고, 태어난 날의 천간 즉 일간日干을 기준으로 나머지와의 관계를 오행의 생극제화로 표시하여 먼저 6신(10신이라고도 함)을 표시하고, 각 지지의 지장간을 드러내고서 태어난 달의 지지 즉 월지月支에서 태어난 날에 해당하는 천간 즉 월령月令을 찾아낸다. 그리고 각 지지의 12운성을 찾아 표시하고 형충파해 등의 관계를 살피고서 신살神煞을 찾는다. 신살에서는 우선 납음오행을 찾고 나머지 기본 신살과 그 외의 신살들을 찾는다. 그리고는 천간의 오운과 지지의 삼합과 방합 등을 살피며, 공망과 대운의 년수를 계산한다.

10년마다 바뀌는 대운은 인생의 큰 전환점이라는 의미를 가지며, 해마다 변하는 운세는 세운이라고 하여 당해 연도의 갑자로 감정하는데 사실은 대운보다 큰 작용을 한다. 더 세분해서는 매월마다의 간지로 월운을 살피고, 매일의 운세는 날마다의 간지로 계산하며, 매 시간마다의 운세도 그에 해당되는 간지로 운세를 살핀다.

간단하다면 간단한 것일 수도 있고 복잡하다면 복잡한 것일 수도 있는 이와 같은 경우의 도식을 찾는 일은, 예전에는 순수하게 전문가의 계산에 의해서만 가능한 일이었다. 각각의 경우에 해당하는 계산법이 그만큼 복잡하기 때문이다. 그러나 오늘날 그러한 계산법은, 원리를 이해한다는 측면에서 한 번쯤 살펴볼 필요는 있지만 그런 계산법을 실제로 적용하는 사례는 거의 없다. 컴퓨터나 스마트폰에 앱만 설치하고 생년월일을 정확히 입력하면 공식에 따라 잘 계산된 결과를 쉽게 얻을 수 있기 때문이다.

그래서 누구나 사주에 나타나는 여러 가지 감정에 필요한 요소들을 쉽게 얻을 수 있지만 그것들 사이에서 일어나는 변화를 정확하게 읽어내어 운명의 흐름을 얼마나 잘 살필 수 있는가 하는 문제는 사람마다 다르다.

흔히 원숭이띠로 태어난 사람과 5월의 오화午火에 태어난 사람 및 일간에 무토戊土를 타고난 사람 그리고 시주에 갑목甲木과 인목寅木을 타고난 사람이 이 분야에 능력을 발휘하는 경우가 많다. 큰무당은 범띠가 많다고 한다.

사주의 명식에서 드러나는 여러 경우의 신살을 두고서 온갖 복잡한 변화를 어떻게 짧은 시간에 쉽게 판별할 수 있겠는가? 그러므로 어떤 분야이든 마찬가지이지만 타고난 소질을 가진 사람이 있는 것이고, 명리학으로 사주를 보는 것이나 무당이 점을 보거나 풍수가 터를 살피는 것도 일차적으로는 선천적으로 타고난 촉각이 있는 당사자의 감각에 와 닿는 느낌이 중요하다. 사주를 보다 보면, 어떤 사람의 사주는 보는 순간 눈에 확 들어와 그 사람의 생김새와 삶의 여정이 한 눈에 보이는 경우도 있는 반면에 어떤 사람은 아무리 보아도 자세한 내용은 보이지 않고 그저 형식적으로 사주감정법에 의한 해석밖에 할 수 없어 30% 내외의 적중률을 보이는 경우도 있다.

사주를 보는 사람과 특정한 사주를 가진 사람 사이에도 생극제화의 관계가 성립되어 적중률에 차이가 있을 수밖에 없는 것이다.

어떤 가족의 이야기

중간에 몇 년 전업으로 특정 연구원에서 일을 한 기간을 제외하면 나는 지금까지 거의 25년쯤 대학에서 강의하는 것이 주업도 아니고 부업도 아닌 듯이 살아왔다. 전문대학에서부터 지방의 사립대학과 내가 졸업한 국립대학 그리고 노인대학과 시민대학에 이르기까지 다양한 강의 이력을 가지고 있다. 게다가 족히 수천 번도 넘는 각종 외부특강도 직업 아닌 직업이었다고 할 수도 있다. 어떤 시즌에는 1주일에 43시간의 강의도 한 경우가 있다. 그러다 보니, 사람들은 아무도 기억하지 못하지만 예전에는 라디오나 TV 등의 언론매체에도 종종 등장하기도 하였다. 그래서 서부경남의 중소도시에서는 얼굴과 이름이 아주 조금이지만 알려진 측면도 있고, 다양한 연령대의 제자들이 있다.

그런 와중에 우연히 제자가 된 어떤 기혼여성 한 사람이 몇몇 다른 제자들과 더불어 차를 마시는 자리에서 당시 중학생으로 엄청난 말썽꾸러기였던 딸에 대한 고민을 털어놓았다. 딸의 사주를 보고서 "남자로 태어나야 할 아이가 여자로 태어나서 그런 것 같다"고 웃으면서 말하였다. "어쩌면 좋겠습니까?"라고 묻기에, "타고난 사주대로 살면 되지!"라고 하였는데, 정말 심각하게 그 방법을 알려달라고 하였다. 그래서 이름을 물어보고 분석해보니 그것조차도 사주와 맞지 않았다. 그래서 이름을 바꾸고 나니 그 딸의 태도에 확연한 변화가 나타나 비로소 책도 조금씩 보기 시작하였다. 대학에 진학할 무렵에는 모 대학 교수로 있는 나의 의제에게 맡겨서 항상 잘 지도하도록 조처하기도 했는데, 그 아버지와 어머니 등이 함께 찾아와 술을 대접하며 고마움을 표하기도 하였다. 또 그 딸의 오빠인 아들이 대학을 갈 때에는 어떤 대학을 어떻게 해서 지원하면 좋을 거라고 조언했는데, 그 말이 적중하여 제법 이름난 국립대학에 입학하였고 출신 고등학교에서는 매년 장학금도 받기로 되었다.

　세월이 흘러 그 아들과 딸이 대학을 졸업하게 되어 취업을 하고자 하는데, 아들은 해양경찰공무원이 되기를 원하고 딸은 취직을 알선한다고 하여도 하지 않고 자신의 일을 하겠다고 고집하였다. 나는, 아들은 자기가 원하는 것을 하는 것이 바람직하며 딸은 디자인의 능력과 세심한 손재주를 살려서 일하는 것이 좋겠다고 조언하였다. 아들은 시험에 떨어지고 딸은 여러 가지 자격증을 취득하느라 1년을 보냈다. 그 다음해가 되자 신년초에 그 제자가 전화로 연락을 해서는 올해 우리가족의 신수를 보아달라고 하였다. 그 가족 모두의 사주를 알고 있던 나는 그것을 살펴보고서 "남편은 승진하겠고, 본인은 정규직이 되겠으며, 아들은 시험에 합격하고, 딸은 결혼을 하겠다."고 하였는데, 그 제자는 '얼토당토 않는 소리'라고 하였다. 아들이 시험에 합격하는 것이야 그럴 수 있지만, 경찰공무원인 남편은 승진할 생각이 없고, 다문화 관련 일을 하고 있던 본인은 무슨 일이 생겨서 정규직이 될 것이며, 딸은 나이도 아직 어리고 일을 위해서 공방을 개설할 생각인데 결혼이 무슨 말이냐고 하면서, 이제 보니 교수님은 완전히 엉터리라고 하였다.

　아들에게는 시험 준비를 어떻게 하면 좋겠다고 조언하여 그대로 공부하였지만 5월인지 6월인지에 있었던 채용시험에 또 낙방하였다. 그러니 내가 완전 엉터리로 증명이 된 셈이었다. 그런데 갑자기 가을에 예정에 없는 특별시험이 생겼고 이에 응시하여 보기 좋게 합격을 한 것이 아닌가! 곧이어 제자로부터 연락이 오더니 딸의 공방을 준비하여 곧 개업식을 할 것이었는데, 열애 중이었던 딸이 축복을 받아 갑자기 결혼을 해야 하니 그 날을 잡아달라는 것이었다. 그 결혼식은 아마 12월 1일로 기억되는데 그 일이 있고 얼마 안 되어 다시 연락이 오더니 자리가 하나밖에 없어 남편이 승진을 양보하고 있었는데 그 자리가 갑자기 하나 더 늘어나 경감으로 승진이 되었다는 것이 아닌가! 또 그 무렵에 문재인 정부에서 추진한 비정규직의 정규직 전환 정책에 따라 본인도 새해부터는 정규직으로 전환되게 되었다는 것이었다. 처음 완전히 엉터리였던 나의 예언이 백 퍼센트 맞아떨어진 셈이 되었다.

그 아들은 지금 즐겁게 근무하면서 열애 중이고, 그 딸은 이미 두 딸의 어머니가 되어 있으며, 그 부부는 요즘 양가의 늙은 부모님들로 인하여 몸과 마음의 고생은 많지만 성실하고 보람된 일상을 보내고 있다. 아직도 그 아들의 결혼 날짜와 그가 낳을 애들의 이름도 다 나의 몫으로 남아 있다.

우연히 한 가정의 멘토가 되어 그 가족이 살아가는 모습을 유심히 살펴보는 것도 명리학을 하는 사람으로서 하나의 재미다. 그런데 또 다른 한 가정에서도 나를 멘토로 생각하여 일이 있을 때마다 자문을 구하지만 그 가족은 나의 말을 반은 듣고 반은 듣지 않는다. 그리고는 시간이 지난 후에 늘 투덜거린다. 참고로 나는 나의 가정과 가족에 대해서는 절대로 그런 것을 보고 말하지 않는다. 나는 한 가지는 분명히 알고 있기 때문이다. 일주가 무술 괴강인 나와, 을미 백호인 내 아내는 절대 서로의 말을 듣지 않는다는 사실을!

사주/운명/건강

명리학에서는 사람이 모태의 자궁으로부터 벗어나 이 세상으로 나와 첫 울음과 함께 대기를 호흡하는 순간에 운명이 결정된다고 본다.

물론 어떤 이론에 따르면, 부모의 결합으로 태아가 모태에 자리 잡는 순간이 중요하다고 하는 경우도 있기도 하다. 그러나 기본적으로 자궁 속의 태아는 탯줄을 통하여 어머니로부터 영양을 공급받아 인간의 모습을 갖추면서 성장하지만 아직 그 자신의 운명으로 살지는 않는다고 본다. 자궁은 자연계의 그 어떤 기운과도 단절되어 태아를 완전히 보호하고 있는 철옹성인 것이다.

사람은 태어나면서 왜 울음을 터뜨릴까? 생리학적으로 말하면, 양수와 그 외의 이물질이 코와 입속에 들어 있어 스스로 호흡이 곤란하므로 울음을 통하여 그러한 장애물을 제거한다는 의미도 있을 수 있다. 그러면 웃음을 터뜨리는 것은 그러한 기능을 하지 못할까? 사람은 누구나 죽기 싫어한다. '개똥밭에 굴러도 이승'에서 살고자 한다. 왜 사람은 삶에 그렇게 집착할까? 그러면서 태어나면서는 왜 웃지 않고 울음을 먼저 터뜨릴까? 삶은 고해苦海 즉 고통의 바다가 아닌가? 살아 있는 순간 중에서 기쁨과 즐거움의 순간보다 슬픔과 괴로움의 순간이 얼마나 더 많은가? 많은 슬픔과 괴로움의 시간에서 잠시 잠깐 맛보는 기쁨과 즐거움이 너무나 큰 행복으로 다가오기에 사람은 삶에 집착하는가?

불경佛經에서는 사람의 삶을 다음과 같이 비유하고 있다. 어떤 사람이 벌판에서 성난 코끼리를 만나 쫓기게 되었다. 한참을 달리다보니 큰 나무가 한 그루 서 있고, 그 아래 우물이 있어 그 속으로 뛰어 들었다. 우물 가운데로 나무의 뿌리가 드리워져 있어 그 뿌리를 타고 내려가 코끼리를 피할 수 있었다. 정신을 가다듬고 주위를 살펴보니 위의 나무에는 큰 벌집이 있어 수많은 벌들이 날고 있어 위로 올라갈 수 없었고, 주위를 둘러보니 우물의 사방 담벼락에는 독사들이 우글거리며 혀를 날름거리고 있었다. 아래를 내려다보니 깊이를 알 수 없는 깜깜한 우물물에 악어가 입을 벌리고 있었다. 다시 위를 보니, 무성한 나뭇잎 사이로 가끔씩 햇살이 들어와 주위를 밝히는데 자세히 보니 자신의 몸을 의지하고 있는 나무뿌리를 흰쥐와 검은 쥐가 번갈아 갉아먹고 있지 않은가! 곧 끊어질 나무뿌리를 붙잡고 절망에 빠져 입을 벌리고 있는데 어느 순간 입속으로 달콤한 것이 떨어졌다. 나무에 있는 벌집에서 떨어진 벌꿀이었던 것이다. 그 순간 그는 자신이 처한 위험과 고통을 모두 잊고 황홀경에 빠졌다. 그렇게 그는 그 위험하고 고통스런 상황에서 어쩌다 가끔 입속으로 떨어지는 벌꿀을 맛보면서 잠깐씩의 희열을 느끼며 지내다가 결국은 낮과 밤의 상징인 흰쥐와 검은 쥐가 나무뿌리를 다 갉아먹는 순간 지옥의 나락으로 떨어지게 되는 운명인 것이다.

울음과 함께 세상에 태어난 인간은 이미 고통스런 운명을 스스로 알고 있는 것은 아닌가? 후천세계 약육강식弱肉强食의 현장에서는 무엇 하나도 풍족하게 주어지는 것이 없다. 열에너지를 보충할 음식은 물론이거니와 생명의 원천인 물과 공기조차도 태어난 지역에 따라 이미 과불급의 조건 아래에 놓여있다. 부모의 사랑도 형제간의 우애도 필요하고 충분할 만큼 누리고 사는 사람도 있는 반면 그 반대인 사람도 훨씬 많다. 부모와 자식도 웬수일 수가 있고 형제자매도 오랑캐처럼 대할 수도 있는 것이다. 반면에 전혀 모르는 타인으로부터 사랑과 물질적 도움을 받으며 살 수도 있다.

> 이와 같은 운명은 누가 어떻게 결정하는 것인가? 내가 스스로 결정한 것인가? 부모가 결정하는가? 아니면 제3자인 누가 결정한 것인가? 그냥 편하게 조물주가 결정한 것이라고 할까? 이에 대한 답을 찾는 방법 가운데 하나가 바로 명리학이다.

사람이 태어나서 살다가 늙고 병들어서 죽는 것은 자연스러운 이치이지만 이 모든 과정이 우연인지 필연인지 아니면 인연법인지 정답을 알 수는 없다. 태어나자마자 요절하는 경우도 있고, 태어나면서부터 불치 또는 난치병을 가지고 나서 한 평생 고통 속에서만 살다가 죽는 경우도 있다. 건강한 사람이 어느 순간 사고를 당해 목숨을 잃거나 중상을 입는 경우도 있고, 남 보기에 행복하게 살다가 어느 순간 불행이 겹쳐 고통의 나락으로 떨어지는 경우도 있다. 인간이 가장 고통스럽게 느끼는 삶의 순간은 부귀하게 살다가 빈천으로 추락하는 상황이 되는 탈영脫營과 빈천하게 살다가 갑자기 부귀한 신분으로 상황이 변하는 실정失精이라고 한다. 시종 부귀하게 살거나 빈천하게 사는 것은 고통을 많이 느끼지 못한다. 그러나 부귀하게 살다가 갑자기 빈천한 신세가 되면 마음의 병이 그 상황을 이기지 못하여 화병으로 목숨을 잃기 쉽고, 빈천하게 살다가 졸지에 부귀하게 되면 본성을 잃고 방탕하게 되어 스스로 몸을 망쳐 나락으로 추락하게 되기 쉽다는 것이다.

사람이 한 평생 큰 고통도 큰 기쁨도 느끼지 못하고 그저 안온하게 사는 것만을 행복이라고 할 수 있을까? 고통과 괴로움을 겪어야 그러한 삶이 행복이라는 것을 느낄 수 있는 것이고, 순간의 쾌락과 기쁨도 곧이어 그것이 고통이었다는 사실을 확인하는 데는 그리 오랜 시간이 필요하지 않은 법이다.

인류의 역사에서 성인으로 추앙받는 사람들은 한결같이 평생 부귀를 누리며 살지는 않았다. 마음의 평온을 최고의 가치로 여겼다. 중용과 중도 그리고 자비와 인의를 삶에서 실천해야할 최고의 덕목으로 꼽았다. 후천세계에서 느끼는 부족함을 채울 수 있는 최고의 가치와 덕목이라는 것이다.

노자老子는 태어나자마자 바로 죽은 아이가 오히려 가장 장수한 사람이라는 말도 했지만, 그 말은 세속에서의 삶이 그만큼 고통스럽다는 의미를 역설적으로 표현한 말로 이해할 수도 있을 것이다. 대부분의 사람들은 마음의 평안이 행복에 더 가깝다는 것을 알지만 그들은 또 마음의 평안은 물질적 풍요로부터 온다고 확신하는 경우가 많은 것이 현실이다. 물질적 풍요는 경제적 여유로움으로 대변되고 이를 통해서 거의 모든 것을 얻을 수 있다고 착각한다. 물질적 풍요 속에서 살던 사람도 어느 순간 건강을 잃게 되면 그때서야 물질적 풍요가 아니라 육체적 건강이 더욱 중요하다는 사실을 깨닫게 된다.

물질적 풍요와 육체적 건강은 어떤 관계일까? 어떤 경우에도 인간이 모든 물질을 풍요롭게 소유할 수는 없다. 물질적(육체적) 풍요는 반드시 온전한 조화를 이룰 수 없다. 육체적 건강은 물리적 조화에서 비롯된다. 인간의 경우, 그 기본은 바로 오장육부의 조화로운 작용이다.

건강한 신체에 건전한 정신이 깃드는 법이다. 동양의학은 오랜 전통을 가지고 있다. 명리학은 그 발전 과정에서 한의학과 밀접한 관련을 가졌었고 또 뛰어난 한의학자들이 동시에 명리학에도 밝았다는 것은 누구나 잘 아는 사실이다. 또한 한의학은 도교의 내단과 외단 수련과도 밀접하게 연결되어 최고의 도교수련자들에 의해서 최고의 한의서들이 집필되었다는 것도 주지의 사실이다. 오랜 시간 동안 동양의학과 인간의 심신수련 그리고 명리학은 하나로 연결되어 서로의 발전을 촉진하였던 것이다.

명리학의 목적이 인간 운명의 내용을 알고서 화를 피하고 행운으로 인도하는 것이라면, 동양의학은 병든 사람을 치료하여 고통 받는 육신을 건강하게 돌리고자 하는 것이고, 동양철학의 수양과 수련 그리고 수행은 인간의 삶을 완성으로 이끌고자 하는 것이다. 이 세 가지는 서로 불가분의 관계이다.

삼음삼양

한의학에서 말하는 오장육부의 기능과 명리학에서 말하는 오행과 오장육부의 대응 그리고 이들을 연결하는 12경맥과 주역의 12벽괘를 묶어서 설명하는 방식이 바로 삼음삼양三陰三陽(육음육양이라고도 함) 이론이다.

보통 건강한 사람에게 병이 찾아오는 것은 사주의 오운육기와 시간의 변화에 따른 세월의 오운육기 사이에 불균형이 있게 되어 특정한 오운육기에 과불급이 초래되기 때문으로 본다. 특정한 해의 육기는 그 흐름의 순서가 6년을 주기로 바뀐다. 원래 寅과 申의 해에는 동짓달의 중기부터 소음군화로 시작하여 두 달을 단위로 태음습토 소양상화 양명조금 태양한수 궐음풍목 순서로 진행하게 된다. 즉 당해 연도의 정기가 그 해의 3번째 기운으로 자리하게 된다는 말이다. 그러나 이것은 반드시 해당 연도와 6기의 순환에서 계절의 어그러짐을 초래할 수밖에 없는 구조로 되어 있다. 그래서 계절과 맞지 않는 6기의 순환은 6음으로 작용하여 기의 부조화를 일으키게 되어 있다. 이때 건강하지 못한 신체를 가진 사람이거나 특정한 오장육부가 약한 사람은 그 장기와 관련한 병증을 일으키게 된다는 말이다. 특히 인체의 육기가 외부의 육기(육음六淫)와 충돌을 일으켜 조화가 깨어지면서 오장육부 중 특정 장기에 이상 현상이 발생하게 되는 것이 바로 병이라고 보는 것이다.

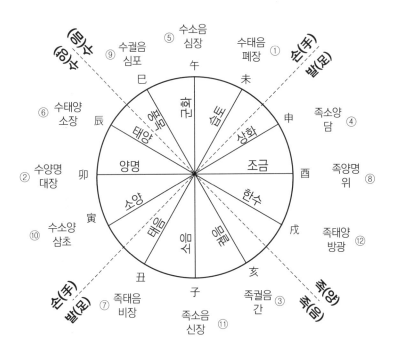

〈그림 17〉 6기와 삼음삼양도

* 경락유주순서 : 폐 – 대장 – 간 – 담 – 심 – 소장 – 비 – 위 – 심포 – 삼초 – 신장 – 방광 → 폐

삼음삼양이란 해자축 삼음과 사오미 삼양의 상충相沖작용을 말하는 것이다. 명리학에서도 중요한 감정법의 하나가 바로 충沖이다.

그런데 이 충을 보통은 충衝으로만 이해하여 서로 부딪혀서 충돌을 일으키는 것으로만 보는 경향이 많다. 그러나 원래 沖이란 '공허하다' '가운데' '깊다'는 뜻을 가진 말이다. 그러므로 이 충은 서로 상반되는 두 가지 의미로 나누어서 감정해야 한다.

두 가지의 대응으로 '일이 허사로 돌아가다'는 의미와 '일이 중화를 이루어 관계가 깊어지다'라는 뜻을 가진다. 명리학에서나 한의학에서나 이 두 가지가 서로 충돌하는 것인지 아니면 서로 상부상조하는 관계인지를 정확히 살피는 것이 매우 중요하다.

삼음삼양은 해자축과 사오미의 음실양허陰實陽虛의 삼음과 인묘진과 신유술의 양실음허의 삼양으로 체와 용의 관계가 된다. 삼음은 수극화이므로 수水가 체體이고 화火가 용用이 된다. 삼양은 수생목에서 양기가 중심이 되어 목木이 체이고 금金이 용이 된다. 그러므로 체에 이상이 있으면 용에는 바로 영향이 있게 되고, 용에 이상이 있으면 체에는 서서히 작용한다. 한쪽에 이상이 생기면 대칭성의 원리에 따라 균형이 파괴된다. 음과 양의 관계에서 오는 충은 서로 다투는 이해관계로 볼 수 있기 때문이다. 그러나 그 반대로 한쪽이 실하고 강하면 다른 한쪽의 허하고 약한 부분을 보완할 수 있는 균형도 가능하므로 치료법에서는 이 방법을 사용하면 효과적이다. 이러한 이론을 가장 잘 정리하고 있는 사람이 바로 변만리이고 『만리의학』이라는 책에 자세히 설명하고 있으므로 이를 요약해 본다.

強 ☳亥(闕陰)：肝　⇔　☴巳(風木)：心包

- 이 병은 간의 냉증과 심포의 열증이 교차하는 증세를 보인다.
- 간의 이상증세는 바람으로부터 생기고, 심포가 나쁘면 간도 나빠진다.
- 이 병은 12벽괘에서 나타내듯이 음양의 극으로서 음의 정과 양의 기가 고갈되는 병이다.

中 ☵子(少陰)：腎　⇔　☲午(君火)：心臟

- 하나의 양이 다섯 음을 통솔하니 양기를 보강해야 하고,
- 하나의 음이 다섯 양을 제어하는 것이니 정기를 보강해야 한다.
- 신장은 피를 정화하는 기능을 하고, 심장은 피의 공급을 맡는다.
- 과도한 양기 소모로 심장이 손상되기 쉽고, 정기의 부족으로 신장이 나빠지기 쉽다.

弱 ☷丑(太陰)：脾 老陰　⇔　☷未(濕土)：肺

- 미토의 6월에 건조증으로 인한 폐 건강을 조심해야 하고,
- 인슐린 분비로 흡수 기능을 수행하며 영적 기능을 가진 노음老陰의 비장은 12월에 조심해야 한다.

약 ☶寅(少陽)：三焦　⇔　☷申(相火)：膽

- 삼음삼양의 조화이지만 인은 지천 태괘의 큰 변화이고, 신은 천지 비괘의 안정 추구이다.
- 소양의 인은 화산의 불과 같이 땅 속에 있으나 수시로 분출하는 형상이며,
- 상화의 신은 체온을 가진 생명체의 불로서 금화교역 이후의 열기를 나타낸다.

- 인은 정의파이며 변화를 추구하고 자신보다 남에게 관심이 많다.
- 신은 현실적이고 안정을 추구하며 무엇보다도 자신을 우선으로 생각한다.
- 삼초는 도교의 연단원리로 쓰이며, 상초 중초 하초는 정기신과 연계되어 각각 빛에너지 운동에너지 열에너지와 관계한다.

중 ☳卯(陽明) : 大腸　⇔　☴酉(燥金) :胃

- 음과 양이 가장 왕성한 상태로 남성과 여성의 성적 능력이 가장 강한 상태이다.
- 물을 싫어하는 토끼와 닭의 습성이 있지만,
- 정력이 강하고 색정이 강한 남녀로서 토끼의 번식력과 닭의 정력을 상징한다.
- 사창가의 여자와 많은 암탉을 거느리는 수탉의 습성과 유사하다.
- 지혜를 갖추고 재주가 뛰어난 경우가 많다. 대장기능과 위 기능은 정력과 밀접하다.

강 ☳辰(太陽) : 小腸　⇔　☶戌(寒水) : 膀胱

- 음기의 탕진과 양기의 소멸을 나타낸다.
- 수와 화를 얻으려고 탐하지만 늙은 상태이므로 물욕으로 나타나 욕심이 많다.
- 진술 사주의 여자는 무정하고 물욕으로 부부금슬이 나빠 독수공방의 운세가 많다.
- 태양의 진은 드러내기를 좋아하여 남자는 밖은 화려하지만 속은 곤궁하다.

- 한수의 술은 속 깊은 곳의 자존심을 세워주지 않으면 구두쇠가 되기 쉽다.
- 진술의 궁합은 마음이 아니라 이해관계이므로 오래가기 어렵다.
- 한의학에서 말하는 상한증傷寒症은 여기서 발생하는 경우가 많다.
- 속은 뜨겁고 겉은 차거나 겉은 뜨겁고 속은 찬 경우로 열을 잘 다스려야 한다.

인체의 오장육부를 위의 도식에 의해서 월별로 정리하면, (음력으로) 1월은 삼초, 2월은 대장. 3월은 소장, 4월은 심포, 5월은 심장, 6월은 폐, 7월은 담, 8월은 위, 9월은 방광, 10월은 간, 11월은 신장, 12월은 비장에 해당한다. 해달 월별로 그 오장육부의 기능이 가장 왕성하지만 오히려 그와 상대되는 장기와의 대칭적 균형을 잃게 되면 병을 얻기가 쉽다는 말이다. 오장육부의 기능이 왕성해지면 인간의 심리현상도 그에 대응하여 작용한다. 생리현상에 따른 감정의 기복은 인간의 행동과 사유를 지배하게 되고, 그 결과는 이성적인 사고와 행위에 부정적으로 작용하게 된다. 그러므로 계절별로 오장육부의 균형을 조절할 수 있는 섭생을 통한 건강관리가 필수적이다.

위에서는 삼음삼양에 대해서 간단하게 정리하였지만 사실 이 부분은 매우 복잡하고도 중요하다. 명리학을 연구하는 사람이라면 이에 대해서 깊은 관심을 가지고 신중하게 검토할 필요성이 절실하다.

오장육부와 12경맥

　인간의 육체는 한의학적으로 보면 경락으로 연결되어 있는데 12정경과 기경팔맥 그리고 15낙맥으로 구성되어 있다. 이것이 잘 통하면 고통 없이 건강한 삶을 사는 것이고, 이것에 이상이 생기면 어느 부위에 통증이 오게 되고 병의 원인이 된다. 흔히 말하는 통즉불통通則不痛 불통즉통不通則痛 즉 잘 통하면 아프지 않고, 통하지 않으면 아프다는 말이다.

　여기서는 한의학의 복잡한 내용들을 다룰 수 없으므로 인체의 기본 장기라고 할 수 있는 오장육부와 연결된 12정경과 오장육부의 기능과 보양법에 대해서 기본적인 내용만 살펴본다. 이런 기본적인 내용만 숙지하고 있어도 일상생활 속에서의 건강관리에 많은 도움이 될 수 있다. 앞의 도식에서 본 삼음삼양에서 수삼음의 맥은 가슴에서 손으로 연결되어 있고, 수삼양의 맥은 손에서 머리로 연결되어 있다. 족삼양의 맥은 머리에서 발까지 연결되어 있고, 족삼음의 맥은 발에서 가슴으로 연결되어 있다. 이러한 맥의 구조에서 가장 중요한 혈자리가 몇 개씩 있는데 이것들의 위치를 알아두면 평소 약한 장기의 기능을 활성화 할 수도 있고, 강한 장기의 기능을 중화시킬 수도 있다.

　12정경의 명칭과 해당되는 오장육부 및 중요한 치료부위 그리고 핵심적인 혈자리를 나열해보면 다음과 같다.

1. **폐 – 수태음경** : 폐와 대장 그리고 위를 치료하며, 중심 혈자리는 열결 혈이다.

2. **대장 – 수양명경** : 위장과 피부를 치료하며, 중심 혈자리는 합곡이다.

3. **간 – 족궐음경** : 간 기능을 다스리며, 중심 혈자리는 태충이다.

4. **담 – 족소양경** : 쓸개와 간의 기능을 다스리고, 중심 혈자리는 양릉천이다.

5. **심장 – 수소음경** : 심장의 기능을 조절하며, 중심 혈자리는 극천혈이다.

6. **소장 – 수태양경** : 위장과 비장 및 순환기를 다스리며, 중심 혈자리는 소해이다.

7. **비장 – 족태음경** : 비장과 위장을 다스리며, 중심 혈자리는 삼음교이다.

8. **위장 – 족양명경** : 머리부터 발까지 관계되며, 중심 혈자리는 족삼리이다.

9. **심포 – 수궐음경** : 심장과 고혈압을 다스리며, 중심 혈자리는 노궁혈이다.

10. **삼초 – 수소양경** : 열병과 머리부위의 경락순환 및 소변을 조절하며, 중심 혈자리는 내관 외관이다.

11. **신장 – 족소음경** : 원기보양과 신장 폐 생식기 등을 조절하며, 중심 혈자리는 용천혈이다.

12. **방광 – 족태양경** : 비뇨생식기를 관장하며, 중심 혈자리는 위중혈과 오금혈이다.

오장과 육부의 중요한 기능은 다음과 같다.

〈표 17〉 오장육부의 기능

오장 : 정기 저장		육부 : 음식 통로	
심장	혈맥	삼초	물
폐	위기	위	음식
간	혈기	담	담즙
비장	영기	소장	찌꺼기
신장	정기	방광	소변
심포	심기	대장	대변

심장은 피가 잘 소통하도록 해야 하며, 폐는 호흡을 통하여 위기를 잘 흡수해야 하고, 간은 피를 저장하여 몸 속에 들어오는 독소를 해독해야 하고, 비장은 영기를 잘 간수하여 인간의 존엄성을 지켜야 하고, 신장은 선천후천의 정기를 잘 간직하고 조절하여 에너지의 보급원이 되어야 하고, 심포는 마음의 기운을 잘 다스려서 흩어지지 않도록 해야 한다. 심포(심뽀)가 나쁘면 다툼이 많아 남을 해치는 언행이 많아져서 결국은 스스로를 해치게 된다.

육부는 무엇인가가 지나가는 통로이며 또한 외부로부터 들어온 음식으로부터 영양을 흡수하여 에너지를 보충할 수 있도록 하는 기능을 수행한다. 삼초는 물의 통로라고 하였지만 나누어서 비유적으로 말하면 상초는 맑은 수증기와 같은 물로 신기神氣를 정화하는 작용을 하고, 중초는 상수도와 같은 물로 운기를 정화하는 작용을 하고, 하초는 하수도와 같은 물로 정기를 정화하여 그 찌꺼기를 배출한다. 위는 음식을 받아들여 분해해서 내려 보내는 역할을 하고, 담은 간이 생산한 담즙을 분비하여 외부에서 들어온 음식의 독소를 제거하는 기능을 한다. 소장은 음식물이 소통시키면서 영양분을 흡수하는 역할을 한다. 방광은 그러한 과정에서 충분한 역할을 하고 더러워진 물을 모아서 배출한다. 대장은 음식의 찌꺼기에서 마지막 영양분을 흡수하고 나머지를 배출한다.

오장의 기능에 대해서 조금 더 보충하여 설명하고, 각 기능들을 잘 보양하기 위한 기본 방안들을 약간만 제시해보면 다음과 같다.

1. 심장은 사람의 몸에서 임금과 같은 역할을 한다. 오늘날의 의학은 사람의 마음이 대체로 두뇌의 작용이라고 보고 있지만 고전의학에서는 심장의 작용이라고 보았다. 그래서 옛날 한자의 마음 심心이라는 글자는 ♆ 으로 썼다. 바로 인간의 심장을 상형문자로 표시한 것이다. 현대의학은 심장이식수술도 시행한다. 그런데 놀랍게도 심장을 이식한 사람은 많은 경우에 감성이 변한다고 한다. 원래 그렇지 않았던 사람이 비가 오는 날이면 매우 감성적으로 변하는 경우와 같은 것인데, 이는 심장을 기증한 사람이 평소에 느끼던 감성과 같은 마음이 된다는 것이다.

그래서 한의학에서는 심장을 신명神明으로 보고 정신과 혈맥을 주관한다고 규정한다. 심장의 건강을 유지하기 위해서는 혈압을 잘 조절해야 하므로 마음을 비우고 고요한 상태(虛靜)로 유지하는 것이 중요하다. 적당한 시간 동안 낮잠을 자는 것도 좋으며 손바닥의 노궁혈과 발바닥의 용천혈을 수시로 마사지 하면 좋다. 심기를 다스리기 위해서는 인삼이나 계피 연지 같은 음식이 좋고, 심혈을 다스리기 위해서는 용안 대추 연지 등의 음식이 좋다고 알려져 있다. 이러한 음식은 심장의 기능이 왕성한 여름에 보양하는 것이 아니라 봄에 미리 잘 섭생하는 것이 중요하다. 또한 심장은 신장과 대응하는 장기이므로 신장을 잘 보양하여 그 기능이 잘 작동하도록 하는 것도 중요하다. 심장이 편안하면 기가 화평하게 된다는 것이다. 바꾸어 말하면, 수승화강水昇火降 즉 물의 기운은 올라가고 불의 기운은 끌어내려야 심신이 온전해진다는 것이다. 불 기운인 심장이 타오르기만 하고 물 기운인 신장이 아래로만 내려앉으면 머리는 뜨거워 미치게 되고 아랫도리는 차가워 전혀 힘을 쓸 수 없게 되는 이치이다.

2. 간은 사람의 몸에서 장군과 같은 기능을 수행하는 장기이다. 간을 이식받은 사람은 입맛이 달라진다. 원래 자기의 입맛을 버리고 이식해준 사람의 입맛으로 변하게 된다는 말이다. 간肝은 글자 그대로 사람의 몸 중에서 기둥을 상징한다. 먹는 음식에 따라서 사람은 다른 특징을 나타내게 된다. 보통 한 지역에 모여 사는 사람이나 하나의 환경 속에서 사는 하나의 민족은 음식으로 인하여 공통적인 특징을 지니게 되는 것이다. 음식은 그 사람의 성격적 특징을 관장한다. 보통 사람도 간 기능의 활성도에 따라 먹고 싶은 음식과 먹기 싫은 음식이 달라진다. 어떤 음식을 좋아하는지를 잘 살피면 그 사람의 특징을 쉽게 알 수 있다. 자신이 예전에 즐겨 먹던 음식이 입에 맞지 않고 다른 음식이 입에 맞는 경우가 생긴다면 몸의 특정 부분에 이상이 생긴 것이며 당연히 성격에서도 변화가 나타났다는 말이 된다. 그 변화는 긍정적일 수도 있고 부정적일 수도 있다. 섭생의 변화를 잘 살피는 것이 중요할 뿐만 아니라 다른 사람이 무슨 음식을 좋아하는지를 잘 살피는 것도 매우 중요하다.

한의학에서는 간의 기능을 지혜와 책략 그리고 분노의 표출 등으로 보며 인체에서의 역할은 피를 저장하고 근육을 주관하는 것으로 본다. 간 기능을 보양하기 위해서는 조급증을 없애야 하며 담백한 음식을 섭취하는 것이 좋다. 일을 줄이고 뜻을 일관되게 하며 잠을 충분히 자고 과로를 피하며 무엇보다도 화를 내지 않는 습관을 기르는 것이 좋다. 음식은 담백하고 약간 싱겁게 먹고 채소와 과일을 많이 섭취하는 것이 좋다. 특별히 약재로 도움이 되는 음식물은 구기자와 당귀 아교 그리고 다른 동물의 간이 좋은데 음기를 많이 지니고 있는 돼지의 간이 아주 좋다. 그러므로 돼지간구기자탕이나 구기자대추계란탕 단삼대추탕 등이 좋다고 알려져 있다. 간은 봄을 상징하는 장기이므로 겨울에 미리 간을 보하는 음식을 섭취하는 것이 바람직하다. 간은 눈과도 깊이 관련되어 있으므로 간 건강은 눈 건강과 직결된다. 녹색음식과 푸른 자연을 많이 접하는 것도 좋은 방법이다.

3. 폐는 사람의 몸에서 재상과 같은 역할을 하는 장기이다. 필자가 본 바로는 폐는 가슴의 양쪽으로 분포되어 크게 보면 두 개로 되어 있으나 사실은 다섯 개로 이루어져 있지만 사람의 생존에서는 약 15%의 기능만 살아있어도 문제가 없음을 확인하였다. 사람이 죽음에 이르는 경우는 의학적으로 두 가지 경우를 말한다. 하나는 뇌사이고 다른 하나는 심장사이다. 그러나 이 두 가지도 그 원인은 결국 숨을 쉬지 않는 것에서 비롯한다. 그래서 모든 사람의 사망원인은 일차적으로 폐렴에 의한 호흡의 정지이고 이로 인해서 심장도 뇌도 기능을 멈추게 된다. 호흡여부가 삶과 죽음의 갈림길인 것이다.

생존에 필수적인 요소는 태양의 빛에너지와 호흡을 통한 운동에너지 그리고 음식을 통한 열에너지의 흡수이다. 폐의 기능은 호흡을 통한 운기 즉 운동에너지의 흡수이다. 폐는 체액을 맑게 하는데, 폐肺는 그 글자가 의미하는 바와 같이 인체에서 시장과 같은 역할을 하면서 위기의 운반을 담당한다. 피부와 모발을 관장하며 대장의 기능과도 밀접하게 연결되어 있다. 폐의 기능이 많이 좋지 않은 사람이나 폐암에 걸린 사람들은 대장이 제 기능을 발휘하지 못하여 음식물을 통한 에너지를 제대로 흡수하지 못하게 되며 피부가 하얗게 변하고 힘이 없이 흐물흐물해지고 머리카락이 가늘어지면서 빠진다. 오늘날은 폐의 기능이 특히 중요하다. 매연과 황사 그리고 미세먼지 등에 많이 노출되어 건강을 위협하고 있기 때문이다. 폐의 건강을 위해서는 느리고 깊은 호흡과 즐거운 마음을 갖는 것이 중요하다. 폐는 슬픔을 주관하는 장기이므로 슬픈 영화나 드라마를 보고서 눈물을 흘리는 것은 폐의 건강에 좋지 않다. 우울증이나 조울증을 초래할 염려가 크다. 흰쌀밥과 피망 그리고 배가 좋고 도라지와 더덕은 폐와 기관지에 특히 좋은 식품이다.

4. 비장은 인체에서 후천에너지의 창고와 같은 기능을 하는 장기이며 체내에 깊이 자리 잡고 있어 지혜의 보고와 같은 역할을 하는 책사策士와 같은 장기이다. 족태음비경과 수태음폐경은 육기의 흐름에서 대칭의 위치에 있어 하나의 장기에 병이 오면 다른 것으로 전이되는 경우가 많다. 그리고 그렇게 온 병은 치료가 극히 어렵다. 비장은 철분을 많이 함유하고 있는 장기이다. 그러므로 어지럼증을 많이 느끼는 사람은 비장이 좋지 않은 경우가 많으면서 음식의 맛을 잃는다. 비장의 기능이 왕성한 사람은 어떤 음식이든지 잘 먹고 먹는 양도 많다. 비脾는 비裨의 뜻 즉 돕는다는 의미를 지니고 있어 위의 기능을 도와 피를 생산하고 백혈구를 생산하여 저항력을 기르는 역할을 한다. 흙 기운의 정미함으로 만물을 기르는 역할도 맡고 있다. 소화와 흡수를 돕는다는 말이기도 하다. 음식으로 섭취된 영양을 피로 만들어 순환을 촉진시키는 일을 한다,
비장은 맑은 기운은 상승시키고 탁한 기운은 하강시켜 인체의 기능을 조화롭게 한다. 비장의 건강을 위해서는 과식을 피해야 한다. 속이 더부

록할 때는 가슴과 복부의 맛사지를 통하여 기운을 모아 풀어준다. 비장의 건강을 보양하기 위해서는 죽을 종종 먹는 것이 좋은데, 특히 연자죽 강낭콩죽 율무죽 산약 등이 들어간 죽이 좋다. 비장에 좋은 음식은 노란색을 띄는 것이 좋다.

5. 신장은 인체에서 선천에너지의 창고 역할을 하는 수송대와 같은 장기이다. 몸을 순환하면서 탁해진 피를 걸러서 맑게 해주며 그 과정에서 생기는 노폐물을 소변으로 배출시키는 역할을 한다. 내단수련에서는 이 신장의 기능이 가장 중요한데 소음군화라는 육기의 관계로 보아도 선천의 빛에너지를 보존하고 있는 장기로서 뼈와 골수를 보충하는 기능을 가지고 있다. 선천에너지에 의한 창조력과 타고난 힘 그리고 재능을 담당한다. 당뇨병을 앓게 되면 신장의 기능이 무너진 것이다. 신장이 기능을 잃으면 실제로는 인간다운 생활을 영위하지 못하게 된다. 신장을 이식한 사람은 어떤 경우에도 본래적인 자신의 건강을 회복할 수는 없다. 자신의 몸에 맞는 선천에너지를 회복할 수 없기 때문이다. 그래서 신장이 망가지면 제대로 정력을 사용할 수 없다.

신장을 건강하게 유지하기 위해서는 무엇보다도 정욕을 자제해야 한다. 신장은 자수子水에 해당하므로 태초의 얼음이 오화午火인 군화君火의 힘을 받아 생명의 기운을 서서히 발산시킬 수 있는 물로 녹아내리는 과정을 형상한다. 이 물에서부터 만물은 생명을 시작할 수 있게 된다. 그러므로 신장의 기능은 번식을 담당하고 있다. 그러나 과도한 정욕으로 번식에 몰두하면 그 물은 금방 고갈되어 더 이상 생명의 싹을 틔울 수 없게 된다. 쥐는 번식력이 뛰어나고 그만큼 정욕에 몰두한다. 따라서 신장은 늘 따뜻하게 유지하는 것이 중요하다. 전통적으로 신장을 위해서 치아를 마찰하는 방법을 많이 사용하였다. 하단전의 안마가 신장의 건강에 좋으니, 내단수련의 단계에서 가장 중요한 시점이 자시라는 사실을 염두에 두고 명상과 호흡의 조절을 해야 한다. 밤에 해야 할 일과 낮에 해야 할 일을 잘 구분하는 것도 중요하다. 음식은 호두 구기자 대두 검은콩 참깨 등이 좋은데 특히 검은색을 띤 음식이 좋다. 신체의 기능 중에서 귀의 청력과 밀접한 관련이 있어 신장 기능이 좋은 사람은 총명聰明하게 된다. 말이 많거나 눈이 밝거나 냄새를 잘 맡는 것보다는 귀가 밝은 것이 훨씬 지혜로운 법이다. 신장이 건강하면 끈기가 있고 재물을 모으는 재주가 있다.

사주와 오장은 밀접한 관련이 있다. 태어난 계절과 태어난 달은 오장육부의 특정한 장기와 관련되어 있다. 나에게 넘치는 에너지는 다소 줄이고 부족한 에너지를 그만큼 보완하는 건강관리가 중요하다. 많은 사람들이 부자가 되고 싶고 높은 자리에도 오르고 싶고 명예로운 이름도 얻고 싶어 한다. 그러나 처음부터 나에게 없는 것을 얻고자 하는 것은 허황된 욕심일 뿐이라는 사실을 아는 것이 중요하다. 노력으로 어느 정도 보충하거나 보완하는 것은 가능할 것이지만, 그것을 넘는 욕심은 인체 오장육부의 균형과 마찬가지로 반드시 과불급을 초래하게 되어 과유불급過猶不及 즉 지나친 것은 오히려 모자라는 것만도 못하게 된다.

오장육부의 균형을 잘 조절하여 건강하게 사는 것과 같이 건강도 명예도 돈도 위엄도 절대 권력도 적당한 선에서 만족할 줄 알아야 한다. 그러나 사람들은 그 적당한 선을 알려고 하지 않는다.

사상의학

자신의 출신 성분이 미천하여 무과에 뜻을 두어 이름을 남기려고 하여, 스스로 호를 '동국제일의 무예를 지닌 자'라는 뜻으로 동무東武라고 했던 이제마李濟馬는 뜻밖에도 한의학에 몰두하여 사상의학四象醫學이라는 분야를 창시한 천재적 인물이다. 갑자기 찾아온 각기병 증세로 무과를 포기해야 했던 이제마는 자신의 병의 원인을 찾고자 하는 노력의 와중에서 같은 병이라도 사람마다 증세가 다르고, 또 어떤 사람에게는 잘 걸리는 병이 다른 어떤 사람에게는 잘 걸리지 않는다는 사실을 알게 되었다. 이것으로부터 사람마다 체질이 다르며, 체질이 다르면 걸리는 병도 다르게 되고, 병마다 증세도 다르다는 사실도 임상적으로 확인하였다. 물론 그의 생전에 사상의학의 체계를 완전히 수립한 것은 아니지만 그 기초를 닦은 것만은 확실하며 그것은 한의학에서 하나의 혁신이었다.

한의학에서는 병의 증상을 팔강변증八綱辨證으로 구분하는데 사상의학에서는 이를 더욱 깊이 고려한다. 병증을 음양陰陽과 한열寒熱 그리고 표심表深과 허실虛實로 나눈다. 음과 양에서 나타나는 병과 추위와 더위로 나타나는 병 그리고 피부와 속에 나타나는 병 및 허증과 실증으로 나타나는 병 등으로 나눈다는 말이다. 이에 대한 치료법은 땀을 흘리게 하거나 토하게 하는 방법(한토汗吐)과 대소변으로 내리게 하거나 조화를 시키는 방법(하화下和) 그리고 따뜻하게 하거나 차갑게 하는 방법(온청溫淸) 및 덜어내거나 보충하는 방법(소보消補)을 쓴다. 네 가지의 서로 상반되는 증세에 따라 네 가지의 서로 상충적인 치료법을 쓴다는 말이다.

일찍이 『포박자抱朴子』에서는 사람의 건강을 위하여 12가지를 적게 할 것을 말하고 있다. 이른바 십이소十二少가 그것이다. 생각(思)도 적게 하고. 염려(慮)도 적게 하며, 욕심(欲)도 적게 가지고, 일(事)도 줄이고, 말(言)도 적게 하고. 웃음(笑)도 적게 웃고, 근심(憂)도 줄이며, 즐거움(樂)도 줄이고, 기쁨(悅)도 적게 하고, 성냄(怒)도 줄이고, 좋아함(好)도 적게 하고, 싫어함(惡)도 줄이라는 것이다. 그러나 이는 사실 줄이라는 것이라기보다는 어느 한 쪽으로 지나치게 하지 말라는 뜻으로 보아야 한다. 이것들은 한 가지가 지나치면 다른 한 가지는 반드시 모자라야 하는 것이기 때문이다. 그러므로 무엇이든 적당히 하는 중도의 도가 건강에도 좋다는 뜻을 담은 말이다.

오늘날 사상의학은 다양한 양상으로 발전하여 한국한의학의 뚜렷한 특징으로 자리 잡았다. 그렇지만 또 한의학자들 사이의 서로 다른 견해로 인하여 서로 다른 학설을 제시하고 있기도 하다. 그러므로 이에 대한 면밀한 검토를 통하여 자신의 관점과 맞는 이론을 채택하여 올바로 공부할 필요가 있다.

사상의학이란 『주역』의 사상이론에 기반하여 이름을 붙인 것이다. 사람의 체질을 네 가지 즉 태양인 소음인 소양인 태음인으로 나누었다. 무극에서 태극으로 진화하여 태극에서 음양의 양의로 나뉘며 이것이 다시 사상으로 나뉘는데(○ － ☯ － ━ ‥ － ☰☷☵☲), 사람의 체질을 크게 네 가지로 분류하여 그 특징과 그에 따른 병증을 분석하여 치료에 응용하고 있는 것이다.

사상의 체질을 가장 쉽게 구별할 수 있는 방법은 감기의 증세를 통해서이다.
태양인이 감기에 걸리면 입안에 건조증이 심해진다.
소음인은 가장 먼저 소화기관에 이상이 생겨 소화가 안 된다.
소양인은 열이 나고 잇몸 등 약한 부위에 염증이 생긴다.
태음인은 온 몸에 근육통이 생겨 조금만 만져도 근육이 통증을 느낀다.

또 평소의 성격을 통해서도 구분할 수 있는 방법이 있는데, 예를 들어 술집에 갔다가 맛있는 안주가 많이 남았을 경우에 하는 행동이 다음과 같이 다르다.

태양인은 아무리 좋은 안주라도 그런 것을 집에 가져가는 것은 남자의 자존심으로는 할 수 없는 일이라고 생각하고, 누군가가 아깝다고 말하면 사나이가 좀스럽다고 하면서 대장부인양 행동한다.

소음인은 그 안주가 아깝기는 하지만 차마 가져가겠다고 말을 하지는 못하고, 나중에 조용히 주인에게 부탁하여 포장해서 가져갈 수 있는 용기를 달라고 하여 담아간다.

소양인은 큰소리로 주인을 불러 맛있는 안주가 많이 남아 아까우니 집으로 가져갈 수 있도록 좀 포장해달라고 한다.

태음인은 맛있는 안주를 남겨놓고 가는 것이 이해가 안 되고 아깝지만, 말도 못하고 있다가 누군가가 그에게 가져가서 먹으라고 하면 두말하지 않고 주는 대로 가져간다.

사상인의 체질별 병의 증세와 이에 대한 처방법을 살펴보면 다음과 같이 정리할 수 있다.

태양인 폐 기능이 강하고 간 기능이 약하다. 음양의 기호로는 양이 두 개 겹쳐 있는 것이어서(⚌) 하체와 상체 모두 열기가 가득함을 나타내고 있다. 그러므로 그 열기는 모두 위로 솟구칠 수밖에 없어 천재형 인간이 많다. 언제나 위엄 세우기를 좋아하며 가진 것이 없어도 남 앞에서 허세를 떠는 경우가 많다. 열이 위로 치밀어 오르는 증상이 나타나서 신체의 하부로 기와 혈액이 잘 통하지 않는다. 평소에 트림과 구토가 많으며 명치 부근이 그득함을 잘 느낀다. 하지의 근육이 빈약하고 각기병 즉 근육무력증에 걸리기 쉽다. 이러한 병이 오는 원인은 주로 열이 많은 음식인 쇠고기나 국수 등 밀가루 종류를 섭취하기 때문이다. 입에 침이 흐르거나 거품을 물게 되면 증세가 위급한 상황이다. 평소에 서늘하고 신맛의 음식을 주로 먹는 것이 도움이 된다. 동물로 비유하면 뿔이 발달한 사슴이나 소와 같다고 하겠다.

소음인 신장 기능이 강하고 비장의 기능이 약하다. 음양의 기호로는 아래에 양이 있고 위에 음이 있는 모양으로(☳) 하체는 튼실한데 비해 상체는 약하고 살이 많은 체질이다. 여자는 몸매가 아름다운 미인형이 많고 성격은 매우 소심한 편이다. 하체가 튼튼하지만 상체가 커서 허리에 무리가 생기게 되므로 디스크 환자가 많은 체질이기도 하다. 위장과 비장의 기능이 약하여 소화기능에 장애가 발생하기 쉬워 체질에 맞지 않는 음식을 먹으면 잘 토한다. 위장과 관련한 질병에 걸리기 쉬워 위하수 위염 복통 위산과다 등으로 인하여 자주 식욕부진을 겪는다. 병의 원인은 비장의 기능이 약한 만큼 혈액이 부족하고 더구나 체질적으로 소변을 자주 보기 때문이다. 그러므로 땀을 과도하게 흘리게 되어 양기를 잃게 되거나 설사를 만나 힘이 빠지는 증세가 오면 위험한 상태가 된다. 평소에 달고 따뜻하고 짜고 매운 음식을 자주 섭취하는 것이 좋다. 한국인에게 가장 많은 체질로서 한국인이 가장 좋아하는 음식인 파 마늘 고추 쑥 옻닭 꿀 등이 좋고, 추어탕과 대추차 등이 특히 몸에 맞다. 동물로 비유하면 돼지나 캥거루와 같다고 하겠다.

소양인 비장의 기능이 강하고 신장의 기능이 약하다. 음양의 기호로는 아래는 음이고 위에 양이 있는 모양으로(⚌) 하체가 약하고 상체가 발달한 체질이다. 양기가 위로 몰려서 말이 많고 잘 나서니 한마디로 오지랖이 넓은 인간이다. 하체가 약한데 상체가 발달하였으니 평소 하체운동을 충분히 해야 한다. 앉아 있을 때 다리를 자주 꼬게 되면 좌골신경통이 오기 쉬운 체질이다. 위장과 비장의 기능이 강하여 음식의 소화능력이 뛰어나며 대신 신장이 약하여 정력에 문제가 생길 가능성이 높다. 땀을 많이 흘리는 체질이라 몸 속의 수분이 부족해서 소변을 자주 보지 않고 더불어 변비로 고생하는 경우가 많다. 성격이 괴팍하여 결벽증이 있으며 입이 잘 마르고 소변이 탁한 경우가 많다. 신장 요도 방광 등에 이상이 생기기 쉬워 비뇨생식기병에 약하다. 변비로 인하여 대변이 통하지 않게 되면 위험한 상황에 처하게 된다. 평소 짜고 쓴 음식을 자주 섭취하는 것이 좋은데, 그렇게 하면 물을 많이 마시게 되므로 문제를 예방할 수 있기 때문이다. 가려서 먹어야 하는 음식이 많고, 복분자 구기자 지골피 등이 좋다. 동물로 비유하면 호랑이나 표범과 비슷하다고 하겠다.

태음인 간 기능이 발달하고 폐 기능이 약하다. 음양의 기호로는 아래와 위가 모두 음이어서(⚏) 살이 찐 사람이 많다. 보기보다 세심하여 한 분야의 연구에 몰두하는 경우도 많아 성공하기도 한다. 간 기능이 강하여 어떤 음식이든 잘 먹고 많이 먹어도 소화를 잘 시킨다. 특히 알콜을 분해하는 효소가 몸 속에 있으면 밤

새도록 술을 마셔도 끄떡없는 체질의 소유자가 된다. 반면에 폐 기능이 약하여 대장과 말초계가 허약하고 피부질환이 많다. 이러한 원인은 혈액이 탁하기 때문이다. 병이 오게 되면 땀을 흘려야 하는데 땀을 흘리지 못하면 위험한 상황에 처하게 된다. 운동으로 열을 내어 땀을 발산하면 건강에 아주 좋지만 많은 경우 몸 움직이는 것을 싫어하는 경향이 있다. 따뜻하고 매운 음식을 자주 먹는 것이 크게 도움이 된다. 태음인은 여간 매운 음식은 맵다고 느끼지 못한다. 성격이 여유롭지만 한 번 화가 나면 물불을 가리지 않는다. 동물로 비유하면 몸집이 큰 코끼리나 하마와 비슷하다고 하겠다.

병이 들어 치료를 위한 약이 아니라 평소 몸을 보하기 위해 보약을 먹는 경우에도 태양인 소양인과 같은 양인들은 기가 강한 반면 정이 약하기 때문에 보정탕補精湯 종류를 먹는 것이 좋고, 태음인 소음인과 같은 음인들은 정은 강한데 기가 약하므로 익기탕益氣湯을 먹어야 한다. 또한 각 체질별로 평소에 몸을 관리하기 위한 보약으로 자기 체질에 맞는 한약재로 음식을 종종 해서 먹는 것도 좋지만, 가미팔미환 육미지황환 연령고본단 경옥고 등등을 잘 처방받아 가끔씩 복용하는 것은 건강은 건강할 때 지켜야 한다는 원칙과 부합한다.

사상체질의 감별법은 여러 곳에서 제공하는 자료를 통해서 할 수 있다. 그러나 체질의 감별은 절대 자기의 체질을 스스로 감별해서는 안 된다. 반드시 편견이 개입하기 때문이다. 자기를 잘 아는 가족이나 친구의 도움을 받아 감별해야 정확도가 높아진다.

무엇보다도 사상체질 전문 한의사의 진단으로 체질을 알아두는 것은 매우 중요하다. 음식의 섭취와 생활 습관 그리고 건강을 위한 운동법은 체

요즘은 티비를 보다보면 사람들이 오직 먹기 위해서 사는 것이 아닌가
하는 생각이 들 정도이다. 방송마다 이른바 '먹방'이요, 개인의 SNS에서
도 '맛집'과 '많이 먹기 시합'과 같은 것이 대세를 이루고 있는 느낌이다.
그만큼 살기 좋아지고 먹을 것이 넉넉해졌으며 수출과 수입을 통해서 예
전에는 꿈도 꾸기 어려웠던 식재료를 쉽게 구해서 먹을 수 있는 시대가
되었다는 말이기도 하다. 그러나 '먹고 살려고' 먹는 것이 아니라 '먹고
죽으려고' 먹는 것처럼 행동하는 것은 이치에 합당하지 않다. 스스로 자
신의 목숨을 재촉하는 일이야 자초한 일이니 그렇다고 하더라도, 그로 인
해 병이 들어 자신뿐 아니라 주위의 사람들마저 고통 받게 하는 것은 옳
지 못하다.

많은 사람들이 착각하고 있다. 자기의 입맛에 맵고 달고 짜고 쓴 자극적
인 음식들을 '맛있다'고 한다. 맛이란 무엇인가? 나의 입과 몸에서 자극
적인 느낌을 받는다는 말이다.

왜 자극적인 느낌을 받을까? 나의 체질과 맞지 않기 때문이다. 마약이나
도박이 자극적인 이유와 같은 것이다. 내 체질에 맞는 음식은 별로 맛을
느끼지 못하는 음식이다. 그러나 자극적이지 않으므로 무심결에 수저가
자주 가게 된다. 그런 음식이 내 몸에 도움이 되는 것이다. 내 입에 자극
적인 음식 중에서 내 체질에 맞는 음식은 거의 없다.

사상의학은 그러한 지혜를 알려주고 있다. 내 몸에서 강한 기운은 조

금 줄여주고, 약한 기운은 보충해주어 건강을 유지하도록 하는 방법이기 때문이다. 그래서 체질별로 먹어서 좋은 음식과 먹으면 나쁜 음식들을 분류하고 있다. 몸에 좋은 음식을 많이 먹는 것보다 더욱 중요한 것은 몸에 나쁜 음식을 먹지 않는 것이다.

사상의학은 체질별로 병 없이 건강하게 사는 방안을 제시하고 있다. 태양인은 평소 소변을 시원하게 많이 보면 건강한 상태이다. 수승화강의 상태를 유지하기 때문이다. 윗부분의 열을 충분히 식힌 수분이 다시 아래로 내려와 소변으로 배출되는 현상이기 때문이다. 소음인은 평소 소화에 이상이 없으면 건강한 상태로 본다. 차가운 음식이나 추운 곳에 노출되어 체온을 잃게 되면 음식을 소화시키지 못하고 토하거나 속이 불편하게 된다. 항상 따뜻한 음식과 위장을 따뜻하게 유지해야 한다. 소양인은 대변을 잘 보면 건강한 상태이다. 변비로 고생하거나 아니면 하루에도 몇 번에 걸쳐 조금씩 변을 보는 경우가 될 수 있는데, 두 경우 모두 건강에 이상이 있는 것이다. 가벼운 등산이나 운동을 통하여 하체의 근력을 기르면 그러한 증세를 고칠 수 있다. 태음인은 땀을 잘 흘리면 건강한 상태이다. 운동을 통하여 땀을 흘리는 것이 최선이지만 그렇지 못할 상황이면 찜질방이라도 가서 땀을 흘리는 것이 좋다. 태음인에게 변비가 있는 경우는 성격적으로 욕심이 많아서이다. 태음인은 무엇이든지 기쁜 마음으로 남에게 베푸는 습관을 길러야 건강에 좋다.

서양의 속담에 "토마토가 익으면 의사의 얼굴은 파랗게 변한다."는 것이 있다. 토마토가 사람의 건강에 그렇게 좋다는 말이다. 토마토가 익는 계절에는 사람들이 병원에 갈 일이 없어진다는 것을 비유해서 만든 속담이다. 인간이 먹는 대부분의 음식은 사실 독성도 있다. 그러나 오랜 세월 동안 섭취하면서 면역력이 생겼고 또한 간의 해독 기능으로 나머지 독성을 제거하기 때문에 열에너지 보충에 도움이 된다. 봄에 돋아나는 연한 나뭇잎은 독성이 없어 누구나 먹을 수 있지만 시간이 지나면서 그 잎이 더욱 진한 색을 띠는 이유는 스스로를 보호하기 위하여 독성을 가지게 되기 때문이다. 그러나 인간은 또 그러한 독성을 극복하는 방법을 찾아내어 재료들을 익히거나 굽거나 아니면 다른 재료와 섞어 법제하거나 하는 방법으로 그 재료들로부터 나의 에너지를 흡수한다.

인간에게 가장 좋은 음식으로 알려진 것이 몇 가지 있다. 토마토 마늘 생선 녹차 브로콜리 블루베리 와인 땅콩 같은 것들이다. 그러나 그것들이 누구에게나 좋다는 것은 아니다.

날것으로 먹어서 좋은 체질이 있고 익혀서 먹어야 좋은 체질도 있다. 바다생선이 좋은 체질도 있고 민물생선이 좋은 체질도 있다. 젊어서 먹어야 좋은 음식도 있고 나이 들어서 먹어야 좋은 음식도 있다. 술은 특히 체질에 맞는 것을 찾아서 적당히 마셔야 약이 된다.

한의학의 12경맥과 인체 오장육부의 기능 그리고 사상의학으로 인간의 건강을 관리하는 기본에 대해서 살펴보았다. 명리학에서 가장 중요한 것이 인간의 건강을 살펴서 건전하고 건강한 생활을 누릴 수 있도록 도우는 일이라고 생각하기 때문이다. 동양의학에서는 치료보다는 예방의학을 강조하고, 치료에서도 과한 것은 줄이고 부족한 것은 보충하는 방법을 사용하기 때문에 섭생과 운동을 중시한다. 앞으로 서술할 명리학 부분에서는 이 문제에 대하여 깊이 있게 논의를 병행할 여유가 없다. 이상의 서술을 통하여 스스로 자각과 이해가 필요한 부분이다. 어느 정도의 주의를 기울이면 누구나 그 원리를 터득할 수 있을 것이라고 생각한다.

사업가 이야기

같은 아파트에 거주하다가 자식들 때문에 나와 호형호제하는 사이로 가까이 지내는 사람의 사주가 기유년 병인월 을축일 무인시이다. 나와 잘 어울리는 첫 번째 이유는 둘 다 술을 좋아하기 때문이고, 두 번째 이유는 가끔씩 골프를 함께 치기 때문이며, 세 번째 이유는 어느 날 이후로 그가 하는 사업의 자문역을 내가 맡고 있기 때문이다. 나는 선천적으로 운동체질이 아니다. 그런데도 상당한 수준인 그와 컨디션이 그나마 좋은 날 겨우 보기bogey 게임이나 하는 내가 같이 골프를 치는 것은 그가 강하게 권유해서이지만 사실은 술을 마시기 위한 핑계인 경우가 대부분이다.

그가 하는 중심 사업은 조경업이다. 젊어서 전국의 현장을 다니면서 많은 고생을 하고 겨우 기반을 잡아 정착했으나 사업이 뜻대로 되지 않았다. 그런데 그는 사람 복이 많다. 우연한 기회에 뜻밖의 사람으로부터 권유를 받아 싼 값으로 땅을 사기도 하고, 다른 사람이 보면 땅 짚고 헤엄치는듯하게 사업이 확장되기도 한다. 20년도 더 이전에 그는 우연한 기회에 선배의 권유로 국내 100대 그룹에 속하는 재벌그룹 회장을 만나게 되어 정말로 거짓말 같은 사연으로 인연이 되어 지금까지 그 그룹의 모든 조경을 담당하는 협력업체로서 일하고 있다. 금년부터는 국내의 100대 건설사에 속하는 업체와도 협력업체 계약을 체결하고 조경 분야 일을 하고 있기도 하다.

그의 조경업이 침체기에 있던 수년 전 어느 날 나에게 전화를 해서 대뜸 "형님, 이번에 회사를 정리해서 법인을 새로 하나 만들려고 하는데 이름을 좀 지어주십시오."라고 하였다. 그래서 이런저런 내용을 알아보고서 그 날 당장 '○○조경'이란 이름으로 결정하였다. 그 기념으로 만나서 한

잔 하면서 "내년부터 일이 잘 풀릴 것이니 미리 준비해라. 아마 뜻밖의 사람으로부터 도움을 받게 될 테니 이리저리 대처하면 좋을 것이다."라고 하였다. 그 다음해 봄 어느 날 전화를 하더니 시큰둥한 목소리로 "한 잔 합시다."라고 해서 만났는데, "오늘 입찰 결과가 나왔는데 10원 차이 때문에 2등해서 떨어졌습니다. 그래서 기분을 전환하기 위해서 한 잔 하고 싶었습니다."라는 것이었다. 그 순간 나는 그의 뒤에서 어슴푸레한 후광 같은 기운을 볼 수 있었다. 그래서 "내가 보기에 그 사업은 자네가 하게 될 것이니 좀 기다려 보게"라고 하고서 그 날의 술을 마셨다. 다음날 같은 시간에 또 전화가 오더니 기운이 가득한 목소리로 "형님, 오늘도 한 잔 합시다."하였다. 나는 직감적으로 무슨 일이 있었는지 알 수 있었고 만나자마자 "형님, 어제 그 입찰 1등 낙찰자가 서류가 하나 잘못된 것이 있어서 오늘 2등한 우리가 다시 낙찰을 받게 되었습니다."라고 하였다. 그날 이후로 그 해 봄에 이래저래 일이 쏟아지는데 바빠서 정신을 차리지 못할 지경이 되었다. 그런 과정에서 나는 종종 일의 추이와 대처요령을 조언하면서 둘이 박자를 맞추어 나갔는데 그로부터 수년이 지난 지금까지 대단한 정도는 아니지만 사업이 나날이 성장하는 모습을 지켜보고 있다. 그 중간 중간에 있었던 여러 이야기들은 여기서는 접어두기로 한다. 사업과 얽힌 이 친구의 재미난 에피소드도 참으로 많다.

다른 한 이야기는 나와 아주 가까운 사람의 사돈에 관한 것이다. 두 집은 초등학교 동기인 아들과 딸이 결혼하여 사돈의 인연이 되었다. 나와 가까운 사람이 딸의 부모였고 저쪽이 아들의 부모였다. 자식들이 결혼하여 딸을 낳으니 내가 이름을 짓게 되어 둘째를 아들 낳게 하는 의무를 지게 되었다. 그 딸의 이름을 짓고 나니 처음에는 모두들 너무 생소하다고 하더니만 요즘은 그렇게 좋은 이름이 없다고 나에게 고마워한다. 아무튼 둘째는 아들이 태어 낳고, 그 아들의 사주를 보고 또 내가 이름을 지어주면서 "이 놈의 사주를 보니 나중에 못되어도 장관은 되겠다."고 하였더니, 그때부터 그 아이의 별명이 '○장관'이 되었다. 저쪽은 사업을 하고 있는데, 이런저런 일이 있을 때마다 나에게 자문을 종종 구했는데 대체로 잘 맞았던 것 같다. 어느 날 갑자기 연락이 와서는 모시러 자식을 보낼 터이니 좀 와달라고 하였다. 차를 타고 도착하니 산자락에 넓은 터가 있고 다양한 건설장비들이 있었다. 그 위쪽에 아담한 황토집을 짓고서 낙성식을 겸하여 조촐한 술자리를 장만하였다고 하였다. 맛있는 음식을 대접받고 술이 거나하게 취하여 차가 있는 곳으로 작은 실개천이 흐르는 옆길을 따라 내려오는데 저쪽의 사모님이 내 뒤를 따라오고 있었다. 조금 내려오다가 내가 돌아보며 말하기를 "맛있는 음식을 대접받았으면 그에 대한 보답을 해야겠지요?"라고 하니, 쑥스러운 듯 웃고 있었다. 내가 손가락으로 한 곳을 가리키면서 "여기가 가장 좋겠습니다."라고 하니, "그렇습니까? 알겠습니다."라고 하였다. 다시 내가 "크기는 얼마 정도로 하고 깊이는 얼마 정도로 하며 구조는 이렇게 만들어 필요할 때 물을 쉽게 뺄 수 있도록 하면 더욱 좋겠지요?"라고 하였다. 나중에 들으니, 그 아들을 독촉하여 다음날부터 바로 공사에 착수하여 며칠 만에 작은 연못 아니 웅덩이를 하나 멋지게 완성하였다고 하였다. 그 웅덩이가 완성되자마자 뜻하지 않은 공사발주가 들어오게 되었고, 저쪽의 사모님은 그것이 모두 나의 덕이라고 한다는 것이었다. 그 사모님은 참으로 부지런하고 재주가 많다. 그 아들도 3년 전부터 직장을 그만두고 사업에 뛰어들어 잘 유지하고 있다. 그 부부와 그 아들 부부에 얽힌 인생이야기도 흥미로운 내용이 많다.

사주의 명식

앞에서 살펴본 대로 사주의 명식은 생년 생월 생일 생시의 간지를 기본으로 하여 일생의 전체적인 운명을 감정하는 것이다. 그리고 여기에 더하여 10년마다 바뀌는 운세 즉 대운을 포함시켜 십년 주기의 운세를 감정하고, 또 매년 해마다의 운세 즉 세운을 더하여 살핀다. 그리고 더 세분하면 매월마다의 운세도 감정하고, 매일의 운세도 감정하며 매 시간마다의 운세도 살펴볼 수 있도록 되어 있다. 그 각각에 육신과 12운성 그리고 각종 신살 등등을 찾아서 길흉을 판단하고 어떤 변화가 어디에 찾아올 것인지를 감정한다.

사주의 기본 명식은 전통적인 방식에 따라 다음과 같이 표시한다. 여성의 사주이다. 이 사람 사주의 가장 큰 특징은 자신의 삶에서 절대로 남의 말을 듣지 않는다는 것이다.

시	일	월	년
정 해	경 인	갑 인	계 해

보통 사주의 감정에서는 년주를 통하여 초년운을 보고, 월주를 통하여 청년운을 보며, 일주를 통하여 장년운을 보고, 시주를 통하여 노년운을 본다. 또 년주에서 조부모를 살피고, 월주를 통하여 부모 형제를 살피며, 일주를 통하여 부부관계를 살피고, 시주를 통하여 자식을 살핀다. 그러나 육친六親을 살피는 일은 육신六神의 위치에 따라 판별에 차이가 생긴다.

명리학은 운명론이다. 천간과 지지의 결합으로 만들어지는 육갑과 특정한 사람의 생년월일시가 어떤 원리로 인하여 불가분의 관계로 맺어진 것인지는 알 수 없지만 알려진 바로는 당나라 이래로 이 분야는 하나의 이론체계로 자리 잡았다. 송나라와 명나라를 거치면서 비약적인 발전을 거듭하였다. 어찌 보면 춘추전국시대에 다양한 사상의 출현이나 후한시대의 『주역』과 도교이론의 획기적인 발달 그리고 당나라 송나라 시대의 유불도 이론의 폭발적 발전과 사상적 융합을 가져온 것과 비슷한 현상을 보인 것이라고 할 수 있다.

명리학의 발전 과정에서 각종 새로운 기법들이 생겨나고, 새로운 신살들이 천간과 지지 사이에서 일어나는 다양한 생극제화의 이론에 따라 만들어지고 해석에 부가되었다. 그리하여 명리학도 유파가 갈리게 되고 자신의 설만 옳다고 하고 다른 사람의 설을 배척하는 경우도 생겨났다. 오늘날에는 '명리학사전'이란 유형의 이름을 붙였거나 '사주감정법'이란 유형으로 이름 붙인 책도 그 수를 헤아리기 어려울 정도로 많이 출간되었고 그 분량도 방대하다. 뿐만 아니라, 수많은 재야와 심지어 학계의 학자들까지 자신의 독특한 이론이나 보다 완벽한 감정법이라는 명목으로 간행한 책의 수량은 가늠하기조차 어려울 정도로 많다. 물론 이 책도 그 중의 하나이다.

사주를 정확하게 감정하기 위해서 만약 이러한 책들을 모두 읽고 이해한 다음 그 원리들을 다 적용하여야 한다면 과연 누가 그런 일을 할 수 있을까? 한 사람의 사주를 감정하기 위해서 한평생이 걸릴지도 모르는 일이다.

명리학은 운명을 다룬다. 운명運命이란 무엇인가? 단순하게 생명이 그 삶을 이어가는 과정인가? 그리고 그 과정은 이미 정해져 있는 것이고, 이 것을 잘 살피는 것이 명리학인가? 이미 정해져 있는 것만을 단지 잘 살피는 것이라면 그것은 어떤 의미를 가지는가? 명리학은 그런 것만이 아니다. 명리학은 운과 명을 다루지만 실제로 그 속에는 많은 부분이 포함되어 있다. 사주의 기본 구성에서 운명은 다음과 같은 의미를 갖는다. 남자의 사주이다. 여복女福이 많은 사주일까? 아니면 여난女難이 많은 사주일까?

시	일	월	년		
무 술	신 묘	병 인	기 묘	운	오행, 오운. 정신적 특징
				명	오행, 육기, 육체적 특징

사주에서 천간은 오감의 대상이 아닌 정신적 특징을 나타내고 있고, 지지는 오감의 대상이 되는 물질적 특징을 드러내고 있다. 그것이 어떤 오행이냐에 따라서 그 오행에 해당되는 특징을 드러내는 것이다. 운으로 정신적 건강을 살피고, 명으로 육체적 건강을 살핀다.

사주의 감정에서 대체적으로는 연주에서 초년운과 조부모를 살피고, 월주에서 부모형제와 청년기의 운을 살피며, 일주에서 자신의 특징과 부부의 운 그리고 장년기의 운을 살피며, 시주에서 자식운과 직업운 그리고 노년기의 운을 살핀다. 그런데 여기서 가장 중요하게 보는 것이 바로 일간이다. 일간이 사주 중에서도 나를 대표하는 특징으로 간주하는 것인데, 태어난 날의 천간이 나의 운세 판단의 기준이 된다는 것이다. 그러나 사실은 육신의 배치에 따라 나의 인간관계가 다시 해석된다. 이 부분은 육신편에서 다시 논의한다.

그러나 보통의 경우 사주는 대운과 세운 그리고 용신까지를 포함해서 살피게 된다. 용신에 대한 자세한 내용은 다시 다루겠지만, 일생의 용신으로 사용하게 될 것과 일정 기간에 사용하게 될 용신으로 구분한다. 용신이란 이를테면 직업과 같이 한평생 나의 삶을 길운으로 이끌기 위한 방편이고 나아가서는 취미와 같이 삶에서 얻는 스트레스를 주기적으로 풀어줄 수 있는 방편과 같은 것이라고 이해하면 쉽다.

사주의 명식은 다시 다음과 같이 정리할 수 있다.

용신 戊	용신 丙	용신 丙				神	천간, 빛에너지
세운	대운	시	일	월	년		
신 축	기 미	을 해	기 미	계 축	임 인	운, 氣	천간, 운동에너지
						명, 精	지지, 열에너지

『궁통보감』에 따르면, 이 사람은 병과 갑술을 용신으로 사용하면 좋다. 나의 운은 기토가 움직이고, 명은 축토가 움직이니 물에 젖은 땅이라

젊은 시절에는 열심히 일하여 돈을 벌었을 것이나 나이가 들면서 점차 움직이기 싫어하고 관절에 많은 무리가 올 것이다. 남자의 사주에 음이 많으니 활동성이 부족하고 고집이 강하다. 56세 대운인 기미는 자신의 일주와 같으며 체강(신약)한 사주이니 이 때의 용신은 역시 병화丙火를 쓰면 되겠고, 신축년의 세운에서는 무토戊土를 쓰면 좋겠다. 용신은 일간과 월지의 연장선인 시주 위에서 드러나고, 그것은 직업이나 취미와 같은 활동으로 삶의 방향을 좋은 방향으로 인도한다. 물론 일반인이 자신의 삶에 대한 반성 없이 쾌락을 쫓게 되면 흉신이 용신이 되어 인생을 망치는 경우도 허다하다. 그러므로 사주를 감별하여 용신을 잡을 때는 신중을 기해야 한다.

사주에서 천간은 운運을 관장하는 기氣(오행, 오운)로 구성되어 있고, 지지는 명命(생명)을 관장하는 정精(오행, 육기)으로 이루어져 있다. 그리고 삶의 방향키로 작동하는 용신은 변變을 주관한다. 인간은 빛에너지와 운동에너지 그리고 열에너지의 조합으로 살아간다. 인간의 삶속에 정기신이 모두 갖추어져 있는 것이다. 그 각각의 에너지 크기 중에서 어떤 것이 어느 시기에 더 강하게 작용하는가에 따라서 삶은 굴곡이 생긴다.

사주에서 대운과 세운을 함께 살피고, 일생의 용신과 대운 세운 연간의 용신을 따로 감별한다. 이때 중요한 점은 사주의 감정에서는 일간이 기준이 되지만 월지도 그에 못지않게 중요하다는 점이다. 일간은 나의 운을 관장하고, 월지는 나의 명을 관장하기 때문이다. 월지는 나의 어머니를 상징하기도 하지만 그보다 우선적으로는 나의 육체적 조건을 나타내고 있다. 나의 육신은 내 어머니의 몸을 빌어서 세상에 나왔으므로 육신의 관점에서는 하나로 볼 수 있다. 『궁통보감』의 용신법도 이 원리 때문에 일간과 월지를 기본으로 하고 있다.

그리고 흔히 신강과 신약으로 나누는 것도 사실 일간과 월지를 중심으로 나머지 간지의 에너지를 조금씩 고려하여 감별한다. 그러나 기본은 일간과 월지이다. 신강과 신약이라는 용어보다 나는 운강, 중화 그리고 체강으로 써야 한다고 주장한다. 일간을 비롯한 천간의 기운이 강하면 정신적 변화의 에너지가 크므로 운강이 되고, 월지를 기준으로 지지의 기운이 강하면 육체적 변화의 에너지가 크므로 체강이 되며, 그 둘이 적당히 조화를 이루면 중화가 되는 것이다.

이것이 사주를 감정하는 기본이지만 실제로 중요한 것이 하나 더 있다. 보통의 경우 이 방법을 사주 감정에 이용하는 사람은 거의 없는 것으로 알고 있다. 인간이 태어나는 것은 우연히 하늘에서 떨어지거나 땅에서 솟아나는 것이 아니다. 무수하게 많은 정자sperm가 가끔씩 난자egg와 만날 수 있는 기회가 있지만 수정이 되어 사람으로 태어날 확률은 극히 적다. 남자와 여자가 서로 맞지 않아 결합이 되지 않을 수도 있으며, 어느 한쪽의 건강이 좋지 않아 수정되지 않을 수도 있고, 또 수정되었다가도 여러 가지 이유로 인하여 유산되는 경우가 허다하다. 겉보기에는 건강하고 아무런 문제가 없어 보이는 부부라도 자식을 얻지 못해 마음고생을 하는 경우를 우리는 많이 접한다. 그런 반면에 우연한 단 한 번의 교접으로도 아이가 태어나는 경우도 있고, 심지어 좋지 않은 상황에서의 강간으로 태어나는 아기도 있다.

인간의 출생은 어찌 보면 인간의 의지가 별로 개입되지 않는 것으로 보일 때가 있다. 어떤 남녀가 어떻게 만나 자식을 갖기 위한 노력으로 결실을 맺는지 그 사이에 인간의 자유의지가 얼마나 개입하는지 알기 어렵다. 어떤 특정한 사람과 사랑에 빠지기도 쉬운 일이 아니고 결혼하기도 쉽지 않으며 나아가 자식을 얻는 것도 쉽지 않다. 아들을 원한다고 아들을 마음대로 낳을 수 있는 일도 아니며 딸을 원한다고 그렇게 되기도 쉽지 않다. 부부가 노력하여도 왜 하필이면 그 어떤 특정한 시점에 임신이 되는 것일까? 오늘날은 많은 경우에 임신의 시기를 의도적으로 조율하는 것도 가능하지만 100% 마음대로 되는 일은 아니다. 시험관 아기의 경우도 마찬가지다.

그렇다면 생명의 탄생에는 무엇인가 또 다른 힘이 작용하고 있는 것이 아닌가? 그렇다! 바로 에너지의 흐름이다. 세상의 모든 변화는 에너지의 흐름이다. 어떤 에너지가 어떤 시점에서 어떤 끌림에 의해서 하나의 생명을 만드는가? 여기에는 빛에너지와 운동에너지 그리고 열에너지가 함께 작용하는 것처럼 보인다. 생명의 탄생에는 원인으로서의 에너지가 작용하고 있는 것이다.

나의 정확한 사주 명식은 다음과 같이 정리할 수 있다.

용신 壬				변變, 신神	용신, 신
시	일	월	년		
갑 인	무 술	병 오	임 인	운運, 기氣	정신, 기
				명命, 정精	육체, 정
			원신 丙	화化, 신神	원신, 신

인간의 탄생에는 특정한 시점과 특정한 에너지의 상호작용이 있는 것이다. 자연계에서 생명의 탄생은 대체로 격세유전의 법칙을 따른다고 한다. 인간의 출생에서 바로 이 원신을 찾으면 격세유전의 비밀을 알 수 있게 된다. 인간은 동기감응이라는 풍수적 의미에서는 증조부모의 영향을 많이 받고, 유전적으로는 할아버지와 할머니의 영향을 가장 많이 받는 것으로 알려져 있다. 년주의 간지 관계를 살피고 다시 일간과 월지와의 관계 속에서 원신을 찾을 수 있다.

앞에서 살펴보았듯이, 세상은 변하고 그 변화의 주체는 에너지이다. 이 에너지는 오행 상호간의 힘의 관계에서 밀고 당기는 법칙이 작용한다. 인간으로 태어나서 자신을 완성시켜 가는 과정을 변變이라고 하고, 그 생명을 다하고서 다른 어떤 것으로 되는 것을 화化라고 한다. 인간으로 살았던 에너지가 다시 인간으로 되는 과정에는 격세유전의 법칙이 가장 강하게 작용한다.

우리가 흔히 사주를 보아도 잘 이해할 수 없는 어떤 인간의 특수한 사고방식이나 행동은 그 조부모의 특징을 살피면 이해할 수 있는 경우가 많다는 사실을 인지해야 한다.

년주의 간지와 월지 사이의 관계에서 원신을 찾아 그 인간의 숨어 있는 특징을 살핀다. 다시 말하면, 원신을 찾으면 곧 그 사람의 전생을 알 수 있게 된다.

일간과 월지 사이의 관계와 시주의 간지를 계산하여 용신을 찾는다. 용신으로 바람직한 인생을 설계할 수 있는 지침을 제공하는 것이다.

사주의 감정에서 중요한 것은 단순히 사주팔자를 나열하여 육신과 12 운성 그리고 각종 신살들을 살펴서 한 사람의 운명을 해석하는 것이 아니다. 그 사람의 원신을 찾아 숨어있는 특징을 살펴서 바람직하지 않은 생각과 행동의 원인을 구명하고, 용신을 찾아 삶의 네비게이션navigation을 제시하여 삶에서 허황된 것들을 쫓아가는 망상의 길에서 벗어나도록 하는 것까지가 더 중요하다.

사람은 육제의 정과 마음의 기 그리고 신령의 신으로 이루어져 있다. 인간의 삶은 마음이라는 기사가 육체라는 수레를 운전해가는 것이다. 그리고 여기에는 내 생명의 원천인 원신도 숨어 있고, 내 삶의 올바른 지침으로 쓸 수 있는 용신도 있다.

건전한 마음이 건강한 육체를 이끌고 가야 한다. 운은 혼자 갈 수 없고 반드시 명을 끌고 가야 한다. 명은 운의 운행을 돕기 위해 건강한 상태를 유지해야 한다. 무엇보다도 인간은 자신의 원신을 숭상하고 용신을 아끼고 잘 따라야 한다.

원신 이야기

　사람뿐만이 아니라 모든 생명체는 그냥 우연히 이 세상에 태어나는 것이 아니다. 불교식으로 말하면 다 인연이 있고 때가 되어야 생명으로 탄생한다는 말이다. 그런데 사람의 경우 흥부와 같은 부부는 스치기만 하여도 애가 생겨서 자식이 줄줄이 사탕이지만, 우리가 생각하는 바와는 달리 자식이 생기지 않아서 고민하는 부부가 의외로 많다. 생명 탄생의 비밀에서 가장 중요한 점은 격세유전의 법칙이다. 이것을 사주에서 보면 년주의 명식과 월지 그리고 일간의 함수관계에서 년지의 아래에 표시할 수 있는 것이 바로 원신이다. 년주는 기본적으로 조부모를 상징하는 명식이고 월지는 나의 어머니이자 나의 육신을 나타내며 일간은 나의 성격 즉 운을 나타낸다. 이것은 용신이 시주를 기본으로 하여 일간과 월지의 함수관계에서 찾아지는 것과 대비되는 관점이다.

　어떤 잠재적인 천간의 기운에 의해서 나의 몸이 세상에 태어나게 되었는지를 밝히는 것이 원신을 찾는 일이다. 그런데 인간의 경우 자녀를 간절히 원하지만 뜻대로 되지 않는 부부가 많기에 기도를 통하여 그 기운을 모아 자식을 갖는 일이 흔히 있다. 사주를 보면 그렇게 태어난 사람을 판별할 수 있다. 그에 얽힌 이야기를 두 가지만 풀어보겠다.

　10년 쯤 전의 일로 기억된다. 초여름의 어느 날 내가 그런 방면에 다소의 관심이 있다는 사실을 알고 있었던 제자로부터 문자를 받는데, "선생님, 저의 어머니가 많이 아파서 고생이 심한데 어떤 음식도 먹지 않으며 어떤 약도 효과가 없고 병원에서도 아무런 이상이 없다고 하는데 어떻게 좀 살펴봐주실 수 없겠습니까?"라고 하였다. 내가 평소에 많이 아끼고 기대가 큰 제자였기에 "혹시 어머니의 사주를 아는가?"라고 하니, 태어난 시간은 모른다고 하면서 생년월일을 육갑으로 보내왔다. 그 사주가 정확히 기억나지는 않지만 갑진년 생이었는데, 내가 바로 "너의 어머니 몸에 살이 조금이라도 있는가? 그리고 너의 어머니 형제는 어떻게 되는가? 너의 어머니가 태어나기 전에 어디에서 치성을 드려서 태어나게 되었는지 아는가?"라고 물었다. 그러니 "아니 선생님, 우리 어머니 몸에 살이라고는 전혀 없는 것을 어떻게 아십니까? 어머니의 몸은 젓가락과 같습니다. 그리고 어머니는 무남독녀 외동딸로 태어났고 외할아버지에게 자식이 없어 절에서 치성을 오래 드려서 어머니가 태어났다고 들었습니다."라고 하였다. 나의 짐작이 맞았던 것이다. 그 어머니의 원신은 정화丁火였고 칠성당에 기도를 드려 태어났던 것이다.

내가 다시 "예전에 너의 어머니에게 신줄이 내려 고생한 일이 없느냐?"라고 하니, "선생님, 그 사실을 어떻게 아십니까? 어머니는 지금까지 두 번이나 신줄이 내려 그것을 떼어내려고 고생을 한 적이 있습니다."라고 하였다. 내가 "너의 어머니는 지금 아픈 것으로는 절대 죽지 않을 것이니 걱정하지 말라, 너의 어머니가 평소에 아마도 소고기에 독한 술을 가장 좋아했을 것이다. 지금은 그것조차 먹지 않을 것이니 걱정이겠지만 ○○○를 구하여 구워서 먹게 하고 더불어 ○○○을 구하여 우려서 차로 만들어 물처럼 수시로 마시게 하면 효과가 있을 것이다."라고 하니, "선생님, 우리 어머니는 평소에 그것을 절대로 먹지 않았습니다. 지금 드려도 먹지 않을 텐데요!"라고 하였다. "이놈아, 시키는 대로 해보기나 해라. 그런데 중요한 점은 너의 어머니가 지금 고생하는 것은 아무 것도 아니고 사실은 앞으로 3년 뒤에 정말 같은 일로 심한 고생을 할 것이니 그때에는 신줄을 받을 것인지 말 것인지 심각하게 고민을 해야 할 것이란 사실을 명심해두어라"고 하였다. 그리고 한동안 연락이 없다가 가을이 되어 제자를 만날 기회가 있어서 "네 어머니 건강은 어떠시냐?"고 물었더니, "그동안 연락을 못 드려서 죄송합니다. 선생님 말씀대로 그것을 드렸더니 '이것이 이렇게 맛있는 것이었나? 정말 맛있네.' 하면서 그 우려낸 물과 함께 잘 드시고 곧 좋아졌습니다. 요즘은 산에 밤 주우러 다닙니다."라고 하였다. 그 해 추석에 제자가 인사하러 오면서 참기름을 큰 병으로 한 병 가져다주면서 아버지가 '정말 감사하다'는 말씀을 꼭 전해드리라고 했던 것이 생각난다. 그리고는 그 일을 까맣게 잊고 지냈는데 3년 뒤 어느 날 그 제자로부터 다급한 전화가왔다. "어머니가 정말 위독한데, 아버지께서 선생님이 아니면 어머니를 살릴 수 없으니 꼭 연락을 드려서 도움을 요청하라"는 연락이 왔다는 것이었다. 내가 "벌써 3년이 지났나? 어머니 아버지와 의논하여 신줄을 받을 것인지 받지 않을 것인지 결단을 하라"고 하니, "이미 신줄은 받지 않기로 가족들이 합의를 했습니다."고 하였다. 내가 "어느 약국에서 제조한 어떤 약을 3통 보내 줄 테니 아침저녁으로 반드시 청주를 중탕해서 함께 복용하라. 그러면 몸이 회복될 것이고 앞으로는 다시 이런 일로 고생하는 상황은 오지 않을 것이다."라고 하였고, 그 약을 다 먹고서는 몸이 온전히 회복되었다.

후일담을 하나 이야기 하자면, 그 제자는 호기심이 매우 많아 자신에게 그런 신줄이 오면 좋겠다고 하면서 그럴 가능성은 없겠느냐고 나에게 물었던 적이 있다. 그 제자는 몸이 매우 건강하고 체격도 건장하여, 내가 "이놈아, 귀신도 자기가 부려 먹을 상대를 잘 골라서 붙는 법이다. 너같이 건강한 놈에게 귀신이 붙을 까닭이 없으니 그런 생각일랑 꿈에도 하지 말라"

고 했었다.

　　다른 하나의 이야기는 어떤 일로 잘 알게 된 동생과 관련된 것이다. 작년 어느 때 다른 후배로부터 연락을 받았는데, 그 친구가 갑자기 미쳐서 전혀 모르는 다른 사람의 목소리로 헛소리를 하고 매우 폭력적인 행동을 한다는 것이었다. 그러던 중 어떤 일로 그들과 함께 1박2일로 워크샵을 가게 되었고, 나를 만난 그 친구는 평소와 다름없이 멀쩡하게 행동하였다. 그날 밤 술을 마시고 잠이 들었다가 아침에 일어나니 다른 후배가 그 친구는 숙소에서 잠을 자지 않고 밤새 돌아다니면서 이상한 행동을 하였고 새벽에 자기 차에서 잠이 들었다는 것이었다. 조금 있으니 숙소로 왔는데 나를 보고서는 또 멀쩡하게 행동하는 것이었다. 그러다가 돌아오려고 하는 와중에 갑자기 그 친구가 이상한 목소리로 다른 사람에게 헛소리를 심하게 하는 것이었다. 내가 "조용히 하고 돌아가자."고 하니, "미안합니다, 형님!" 하면서 운전을 하면서 돌아오고 있었다. 차 안에서 그의 사주를 불어보고 살펴보니 원신이 병화丙火로 잡혔다. 내가 "네가 태어나기 전에 어느 곳에서 치성을 드려서 태어났는지 아느냐? 내가 오늘 네가 살고 있는 집에 잠시 가볼 수 있나?"라고 하니. "형님, 제가 절에서 치성을 드려서 태어난 것을 어찌 아십니까? 제 위로 누나만 8명 있고 아들이 없어서 어머니가 집에서 조금 떨어진 절에 가서 치성을 드리고 나서 제가 태어났다고 합니다. 그렇지 않아도 오늘 형님을 제 집에 잠시 모셨다가 차를 한 잔 대접해 드리고 나서 가까운 식당으로 가서 저녁을 대접해 드릴 생각입니다."라고 하였다. 내가 "그 절이 지금도 있느냐?"고 하니, "잘 모르겠습니다."라고 하였는데, 나중에 그의 누나를 통해서 들으니 그 절은 이미 없어졌다고 하였다. 그의 집에 가서 살펴보니 그 친구의 침대가 정확하게 수맥 위에 위치해 있었다.

내가 "이사를 가든지, 아니면 침대의 위치라도 바꿀 생각이 없느냐?"고 하니, "지금 그럴 생각은 없습니다."고 하였다.

식당으로 가서 저녁을 먹고 나오니 그 친구가 그 식당에서 진열하고 있던 산더덕주를 한 통 사서 나더러 집에 가서 드시라는 것이었다. 그 친구가 운전하여 내 집까지 실어주고 갔는데 돌아가는 길에서부터 또 이상한 행동을 하면서 헛소리를 지껄이기 시작했다는 것이었다. 그러면서 계속하여 "내가 저 형님한테 이긴다. 내가 저 형님보다 세다"라는 말을 계속하면서 며칠간 그러한 증세를 강하게 보였다고 했다. 그런데 중간에 나만 만나면 멀쩡해져서는 아주 정상적인 사람으로 돌아오곤 하였다. 나중에 안 일이지만 그는 어려서부터 매우 험난한 가정사가 있었고 가정에 불행한 일이 겹치며 살아왔던 것이었다. 여기서 말할 내용이 아니라서 생략하지만 그의 원신은 그 절에서 비롯한 것이었고, 그 절에는 내 추측이 맞다면 이러저러한 우여곡절의 사연이 있었을 것이다. 그 증세가 심할 때 주변의 사람들이 나에게 도움을 요청하였지만, 그가 전혀 시키는 대로 할 것이 아니었기에 나는 "그 친구의 증세는 순간적인 발작이니 며칠만 지나면 나을 것이다. 그냥 두고 보라"고 하였고, 사소한 사고를 친 이후로 그 증세는 나아졌고 지금은 일에 열중하면서 살고 있다.

육신(육친)

사주를 감정할 때 보통 가장 먼저 찾는 명식이 바로 육신六神이다. 이 육신의 특징으로 사주의 기본이 되는 몇 가지를 판단한다. 가장 먼저 가족 관계를 판단하고 다음으로는 성격의 특징 그리고는 직업운 및 건강상태 등을 살핀다. 육신은 열 가지의 이름을 가지므로 십신十神이라고도 한다. 육신의 명칭과 구성 원리는 일간의 음양과 오행을 중심으로 나머지 일곱 개의 천간과 지지에 대하여 음양과 오행의 생극제화 원리에 따라서 정한다.

〈표 18〉 육신의 명칭과 구성 원리

육신 명칭	구성 원리
비견比肩	일간과 같은 음양과 오행의 간지(일간이 甲木이면 갑목 또는 寅木)
겁재劫財	일간과 같은 오행의 음양이 다른 간지(갑목이면 乙木 또는 卯木)
식신食神	일간이 생하는 오행의 음양이 같은 간지(갑목이면 丙火 또는 巳火)
상관傷官	일간이 생하는 오행의 음양이 다른 간지(갑목이면 丁火 또는 午火)
편재偏財	일간이 극하는 오행의 음양이 같은 간지(갑목이면 戊土 또는 辰戌土)
정재正財	일간이 극하는 오행의 음양이 다른 간지(갑목이면 己土 또는 丑未土)
편관偏官	일간을 극하는 오행의 음양이 같은 간지(갑목이면 庚金 또는 申金)

정관正官	일간을 극하는 오행의 음양이 다른 간지(갑목이면 辛金 또는 酉金)
편인偏印	일간을 생하는 오행의 음양이 같은 간지(갑목이면 壬水 또는 亥水)
정인正印	일간을 생하는 오행의 음양이 다른 간지(갑목이면 癸水 또는 子水)

육신은 또 육친六親이라고도 하는데, 바로 부모 형제 배우자 자녀 등 가장 가까운 혈족을 나타내고 있기 때문이다. 그런데 상식적으로 생각해 보아도 이 육친의 관계는 남자와 여자가 조금 다르게 나타나는 것이 이치에 합당하다. 그래서 육신의 육친 배당은 다음과 같이 구분한다.

〈표 19〉 육신의 육친 배당

육신	남자 육친	여자 육친
비견	형제	자매
겁재	여자 자매, 의형제	남자 형제, 의자매
식신	외조부, 사위, 손녀	딸, 외조부,
상관	손자, 할머니	아들, 손자며느리
편재	아버지, 첩(애인)	아버지
정재	아내, 삼촌	삼촌
편관	아들	남편의 삼촌, 정부(애인)
정관	딸, 손자며느리, 외조모	남편. 외조모
편인	이모, 할아버지, 의부	이모, 손녀, 할아버지
정인	어머니	어머니, 손자

이러한 도식은 기본적으로 나의 어머니는 정인(인수)이고, 여성의 경우 자신의 아들은 상관이 되고 자신의 딸은 식신이 되며, 아내는 정재로 보고, 남편은 정관으로 보며, 비견과 겁재는 형제와 자매로 본다는 원리에 따라 그 관계를 계속적으로 확대해서 계산하면 나오는 결과이다. 재미있는 이야기지만, 보

통의 경우 남자들은 대부분 '딸바보'가 된다. 딸이 남자의 육친에서 정관에 해당하니 당연한 결과가 아니겠는가? 반면에 아들과 살갑게 친근한 남자는 많지 않다. 칠살인 편관이 바로 아들에 해당되기 때문이다. 아들과 살가운 남자의 사주는 독특할 수밖에 없는 것이다.

남자의 사주에서는 편인과 상관이 년주에 들고, 편재나 비견 또는 겁재가 월간에 들며, 정인이 월지에 들고, 정재가 일지에 들며, 정관과 편관이 시주에 드는 것을 가장 이상적인 경우라고 할 수 있다. 반면 여자의 경우는 편인과 상관이 연주에 들고, 편재와 정인 또는 비견과 겁재가 월주에 들며, 정관이 일지에 들고, 상관과 식신이 시주에 드는 것이 이상적이라고 본 것이 전통적인 사주의 간명법이었다. 조부모와 부모 그리고 형제자매 및 자식이 제 위치에 잘 배치되었기 때문이다.

사주에서 육신이 어느 위치에 있느냐에 따라 감정에 많은 영향을 미친다. 남자의 경우 일지에 정재가 오면 정숙하고 살림 잘하는 아내를 만나 함께 살게 된다고 보지만 만약 여기에 편재가 오게 되면 첩이나 애인과 함께 살 확률이 높고, 인수가 오게 되면 어머니의 품에서 벗어나지 못하고 한 집에서 살 운명이 강하다는 식으로 판단한다. 또 남자에게 편관이나 정관이, 여자에게 식신과 상관이 월지에 들게 되면 나의 자식들이 나의 부모님이나 형제에게 의지하며 살게 될 확률이 높다는 풀이도 가능하다.

육신의 위치에 따라 육친의 인간관계가 어떨 것인지를 살필 수 있다. 남자에게 아내는 재물과 같은 의미로 보아 정재를 아내로 보고, 여자에게 남편은 벼슬아치 같은 존재로서 정관을 남편으로 본다.

물론 오늘날에는 이를 좀 더 확대해서 전통적 방식과 다르게 해석할 필요가 있다. 여자의 사회활동이나 남자들의 직업 활동이 그만큼 커지고 다양

해졌기 때문이다.

전통적인 방법으로 감정하면, 정재가 월간에 있다면 동업자 같은 아내를 만나 함께 살기 어려울 수 있고, 정재가 시주에 있다면 아내가 자식과 함께 따로 살 경우가 있다. 정재나 편재가 없다면 재물을 모으기 힘들뿐만 아니라 아내복도 없게 된다. 다만, 이런 경우에는 지장간을 살펴서 숨어있는 육신을 찾아보아야 한다. 다른 육신도 같은 방식으로 해석하면 된다.

이 육신은 다시 사람의 성격이나 직업 그리고 인생행로의 특징을 드러내고 있기도 하다. 다만, 중요하게 고려해야 할 것은 운강(신강)이냐 체강(신약)이냐에 따라서 그 힘이 반대로 작용하는 경우가 많다는 점을 알아야 한다는 것이다. 다른 신살도 마찬가지이지만, 육신은 그 용어에서 이미 두드러진 특징을 드러내고 있으므로 한자어인 그 개념을 충분히 이해할 필요가 있다.

〈표 20〉 육신의 사주 감정상 특징

육신	사주 감정상 특징
비견	나와 같은 사람이 둘 또는 그 이상인 격으로 시기와 질투의 특성 형제, 동기, 친구, 동창, 동향, 동업자의 의미 여자의 경우는 남편의 첩을 의미하여 경쟁의 상대 체로 작용하면 사람으로 인하여 일이 실패하고, 용이 되면 사람으로 성공
겁재	나의 적이 나의 재물을 강탈하는 격으로 도둑이나 강도의 특성 이복형제, 투기, 도박, 재물욕심, 성격 대담, 직장 가지지 못함 남자는 재산 시비가 있어 재물을 손해보고, 여자는 남편에게 재물을 강탈당하는 상태 강도와 경찰 같은 관계로 체로 작용하면 흉하나, 용(월지)이면 재물과 출세에 길함

식신	끼니 걱정이 없다는 의미로 순하고 후덕하고 착한 성격에 소원 성취의 의미 행동이 느리고 여유로우며, 살이 찐다. 식신이 둘 이상이면 수입은 많지만 나가는 것이 많아 남지 않음 여자에게는 딸을 의미 일간이 약하고 체가 되면 성격이 순하여 유혹과 함정에 쉽게 넘어감 일간이 강하고 용이 되면 길한 운으로 작용
상관	글자 그대로 출세를 막는 운으로 열매를 맺지 못하는 꽃과 같음 총명하고 신경이 날카로우며 세련된 태도와 매너를 가짐 정의감과 의리로 비판적이고 반항적이며 앙심을 품기 쉬움 법관이나 혁명가의 기질 재능에 비해 얻는 보상이 부족한 사주 체가 되면 직선적이며 안하무인이 되고, 용이 되면 길한 운
편재	글자 그대로 정상적인 수입의 재물이 아니라 투기성 재물 남자에게는 부양하는 여자(첩), 부하나 고용인 또는 이해관계인 사람 재주와 언변이 좋으나 물려받는 재산이 없음 타인을 이용하여 속임수를 잘 쓰고, 증권 같은 투기성 재산 체가 되면 흉하고, 용이 되면 길한 운
정재	남자에게는 현숙한 아내와 근면성실로 번 재물 근면하여 생산업에 종사하면 수익이 좋음 정재와 편재가 사주에 같이 있으면 무산됨 용이 되고 비견과 겁재가 없으면 길하지만, 체가 되면 흉한 운
편관	글자 그대로 임시직이나 별정직의 벼슬로서 이해타산과 무정한 특성 불의와 부정을 참지 못하며 애정이 부족하고 인재 양성에는 엄격 성질이 급하고 진취적이나 독선적이며 설득력이 좋고 강한 정신력 소유 철학자, 법관, 정치인, 단체의 지도자 운이지만 풍운아와 문제아의 특성 체가 되면 사나운 기질을 가지고, 용이 되면 합리적 군자
정관	관직으로 출세하는 운으로 크게 귀하게 될 특성 상관이 사주에 같이 나타나면 크게 실패하나 재성이 있으면 대길 내가 부양하는 사람을 의미하여 남편과 자식 그리고 아버지를 상징
편인	정인(어머니)과 대립하는 신이니 계모의 특성을 많이 가짐 시작은 있으나 끝이 없음, 장애물로 인하여 용두사미, 소화기 장애 눈치, 재치, 잔꾀, 아첨, 음기응변, 애정 고갈, 무정한 스승의 상징 종교 역학 철학 등에 창의성을 나타냄

	상관이 편인을 만나면 식신으로, 정재를 만나면 편인이 사라짐 식신이 편인을 만나면 패가하고 여성은 낙태할 운 편인이 용이 되면 정인으로 변하고, 관성이 왕성하고 편인이 용이면 대성
정인	어머니 같은 신이니 식록과 편안한 환경에서 학문에 정진할 특성 호의호식, 강한 체력, 좋은 스승, 인격과 덕망, 소화기능 왕성 종교 철학 등의 학문탐구와 성취 특히 편재를 만나면 돈과 여자의 유혹으로 패가하기 쉬움 정인과 관성이 있고 재성을 만나면 대길 관성이 없으면 나태하여 목적의식 상실하고 허랑방탕함 용이 되어야 길하고, 관성을 만나야 성공

이 표에서는 육신의 특성과 사주 감정에서의 작용을 기본적으로만 살펴보았다. 사주의 감정에서 가장 중요한 부분이 바로 이 육신과 12운성이다. 육신에서는 재성과 관성 그리고 정인(인수)이 그 자리를 잘 잡아 고루 분포되는 것이 매우 좋다.

일지에 재성이 들면 처복이 있고 재물을 모을 수 있으며, 여기서 다시 재생관(재성이 관성을 낳아)하여 시주에 관성이 들면 출세할 사주가 된다. 그리고 더 나아가 관생인(관성이 인수를 낳아)하여 월주에 정인(인수)이 들면 건강한 신체와 학문적 두뇌까지 가지게 되므로 길한 사주라고 할 수 있다.

더하여 연주나 시지에 식신까지 들게 되면 조상의 유덕으로 생계에 부족함이 없게 되니 최상의 사주라고 하겠다. 그러나 이와 같은 사주는 현실적으로 불가능하다. 정관과 정재 그리고 정인(인수)과 식신이 그런 방식으로 배치되는 것 자체가 사주의 음양오행 구성상 가능하지 않기 때문이다. 그래서 사람은 모든 것을 다 가질 수는 없는 것이다.

육신은 직업운을 판별하는 일차적 근거가 된다. 직업운은 보통 시주 특히 시간時干으로 판별하는 경우가 많다.

〈표 21〉 육신 기준 직업 판단

육신	직업 판단
비견	독선 독단 자립형, 용이 되면 주식투자 유리
겁재	투기 도박 모험 밀수 불법 탈법, 용이 되면 검찰 경찰 군인으로 출세
식신	의식주 안정, 희망하는 직업 가지기 쉬움, 내근직, 이자 수입
상관	시비분별, 법관 평론가 예술인 학술인 야당정치인
편재	금융투기, 자수성가형
정재	내근직 내무형 자산관리
편관	외근직 외무 법관 언론 군인
정관	행정공무원 내근직 내무직
편인	의식주와 무관한 자유직, 프리랜스 사교업
정인	교육직 행정직 의료직 식료품업 주택업 종교직

그러나 직업의 판단에서 고려해야할 필수적인 항목이 바로 용신이다. 앞에서 살펴본 바와 같이 사주의 감정에서는 원신과 용신을 찾아내는 것이 매우 중요하다.

> **직업은 시주로 판단하는 것이 일차적이지만 더 나아가서는 월지를 살펴서 나의 체질에 맞고 일간을 살펴서 나의 성격에 맞으며 시주에서 나타내는 직업운과 배합되는 용신을 찾아 선택하는 것이 가장 바람직하다고 하겠다.**

어떤 여성의 사주이야기

　　사주가 계묘년 병진월 병술일 정유시인 여성이 있다. 오행으로 보면 화火가 3개나 들어 기운을 이끌고 있다. 12운성으로는 월지에 관대가 들어 강하고 나머지는 목욕 묘 사로서 약하다. 년주에 도화살과 태극귀인 천의성이 들었으니 미모에 자존심이 강하여 집안의 기둥으로서 역할을 하려고 할 것이고 의료분야에 소질을 타고났음을 알 수 있다. 월주에 반안과 월살이 함께 하고 있으니 안정된 직업을 가지기는 하겠으나 일 때문에 고생은 하겠다. 일주에 12운성의 묘가 들었으니 결혼이 어렵거나 일찍 사별할 가능성이 높고, 또 천살이 들었으니 이것은 여자에게서는 자궁살이라고도 하는 것이므로 남자의 관심을 많이 받아 일찍이 깊은 사랑에 빠졌을 개연성은 높지만 결혼으로 이어지기는 어렵다고 하겠다. 더하여 병술 백호살이니 결혼한다고 하여도 부부금슬이 좋기는 틀렸다. 일주에 묘 천살 백호살이 함께 하고 있으니 결혼은 힘들 것이 분명하다. 시주에 충과 해가 들었고 재살과 육해를 겸했으니 노년에 고생이 따를 것이다. 용신은 임수를 사용함이 좋겠고, 종교를 가지고 늘 기도하는 생활이 도움이 되겠다. 원신도 계수가 묘목을 생하고 다시 묘목이 병화를 생하여 진토를 낳은 것이니, 병화가 원신이면서 다시 지금 나의 본운이 된다.

　　병화가 일간이고 진토가 월지이니 그것만으로도 화생토하여 체강(신약)한 사주로서 자기 고집대로 사는 사람이며 남의 조언은 듣지 않는다. 특히, 월지에 극양의 진토가 든 여성으로서 행복한 가정생활을 하는 경우를 나는 아직까지 한 번도 보지 못했다. 육친으로 보면 정관이 년간에 있으므로 남편이 멀리 있거나 아니면 조상을 남편처럼 섬길 것이고, 년지에 또

정인이 있으니 부모와 멀리 떨어져 살겠고 어머니가 묘에 들었으니 평생 건강에 조심해야 할 것이다. 월간에 비견이니 활동적인 성격이나 마음이 부모에게 가 있는 상태이다. 월지와 일지에 식신이 들었으니 의식 걱정은 없으나 부모형제와 나누어 쓰는 경우가 되겠고 실속이 적다. 시간에 겁재가 들었으니 나이 들어 남자형제로 문제가 있겠으며 시지에 정재이니 안정된 직업을 가지나 노년에 재살과 육해로 힘든 시간이 닥칠 것이다.

12운성으로만 보면, 목욕은 멋쟁이로서 호기심이 많은 성격이고, 관대는 한창 젊은 시절의 모습으로 건강하고 밝으며, 묘는 검소한 생활로 재산을 모으려는 성향이 강하고, 사는 종교나 철학적인 분야에 관심이 많다고 판단할 수 있다. 사주로 분석한 이 여성의 체질은 전형적인 소음인이다. 건강하면서도 여성으로서는 약간 체격이 크다.

실제 이 여성은 보건계통의 공무원으로 부모와는 멀리 떨어져 살고 있으면서 부모를 봉양하는 역할은 아들보다 많이 하고 있다. 일찍부터 어머니의 건강상 문제로 고민이 많았다. 본인이 말을 하지는 않지만 사랑의 깊은 상처가 틀림없이 있을 것이며 아직까지 독신으로 살고 있다. 검소하고 저축성이 높아 약간의 재산을 모았지만 아마도 끝까지 지키기는 어려울 것이다. 1년에 한두 번씩 휴가를 모아서 10일 이상 외국의 종교유적지 여행을 즐기고, 쉬는 날에도 집에 있기보다는 등산을 가는 등 활동적이다. 본인의 건강은 매우 좋으나 음식에 조금만 부주의해도 비장에서 즉시 반응하는 체질이므로 섭생에 주의를 기해야 한다.

12운성

우주는 돌고 있다. 그 어떤 것도 고정된 것은 없다. 우주라는 말이 뜻하는 것은 시간과 공간이다. 그래서 돈다는 것은 시간이 공간을 지나간다는 말과 같다. 그러나 사실 시간과 공간이라는 개념도 같은 뜻이다. 그런데 여기서 말하는 돈다는 개념은 다람쥐가 쳇바퀴를 도는 것과는 다르다. 엄밀히 말하면 다람쥐가 쳇바퀴를 도는 것도 고정된 공간에서 시간이 움직이는 것은 아니지만 그것보다는 훨씬 자유로우면서도 순환하는 고리의 움직임으로 도는 것이다.

지구는 스스로 자전하면서 동시에 태양을 중심으로 돌고 있지만 지축은 23.5도 정도 기울어져 있으며, 그 기울기도 언제나 일정한 것이 아니다. 또한 지구의 공전주기는 단 한 번도 정확하게 같은 시간이었던 경우가 없다. 태양계도 우리은하에서 2중의 공전을 하고 있으면서 점차 중심으로 빨려 들어가고 있다. 그리고 아마 우리은하뿐만 아니라 우주의 모든 은하들이 모두 어떤 중심을 두고서 돌고 있을 것이다. 돌고 있는 주기는 일정하지 않아 항상 변화가 일어나게 되고, 그러한 주기는 직선적이 아니라 나선형으로 순환하는 구조를 가진다.

지구에서 인간이 만든 기준에 의하면 하루는 12시진으로 나누어져 매일매일 반복되고, 지지의 순환은 12일로 반복되며, 달이 황도를 지나는 경로는 보통 1년에 12번의 주기로 교차한다. 그래서 1년을 이루고 1년은 다시 매년으로 순환한다. 인간의 삶도 마찬가지다. 또한 자연의 모든 사물뿐만 아니라 우주를 구성하는 모든 것들도 변화의 순환 고리에서 벗어나지 않는다. 사람의 경우로 말하면 생로병사의 네 과정을 좀 더 구체적으로 세분하여 12단계로 말하고 있는 것이라고 할 수 있다.

갓 태어난 젖먹이(장생長生)로부터 시작하여, 홀로 뛰놀 수 있는 어린아이의 시기(목욕沐浴)를 거쳐, 약관의 성인(관대冠帶)이 되고, 결혼하여 독립할 수 있는 시기(건록建祿)를 지나, 사회적으로 왕성한 활동을 펼치는 시기(제왕帝旺)를 지나서, 이제 은퇴하는 시점(쇠衰)을 맞이하게 되고, 이후에는 늙고 병들게 되며(병炳), 결국 죽음(사死)을 맞게 된다. 여기까지가 인생에서 변變의 시간이다. 그리고는 무덤에 묻히게(묘墓) 되며, 영혼과 육체가 단절되는(절絶) 시점을 지나서, 또다른 생명으로 부활하게(태胎) 되어, 이 세상에 다시 모습을 보이기 직전의 만삭 상태(양養)로 자라게 되는 것이다. 이 기간이 화化의 시간이다.

각 과정에는 그 시기에 맞는 운명이 작용한다. 사주의 감정에서는 그 시기에 부속되는 신살들이 좋은 운으로 작용하는 희신喜神인지 나쁜 운으로 작용하는 기신忌神인지에 따라 드러나는 차이점을 잘 파악해야 한다. 일간을 기준으로 사주의 각 지지를 오행의 원리에 따라 12단계로 구분하는 12운성은 그 에너지의 작용력이 강중약으로 구분된다. 강한 운성은 장생 관대 건록 제왕 등이고, 중간 운성은 목욕 묘 태 양 등이며, 약한 운성은 쇠 병 사 절 등이다.

그런데 이 12운성은 일간을 기준으로 하여 순서를 정하는데, 일간이 양간인 경우에는 그 순서가 12지의 자축인묘 순으로 순행하고, 음간인 경우에는 자해술유 순으로 역행하면서 차례가 정해진다. 전통적으로는 남자의 경우는 일간이 양이어서 12운성이 순행하는 것을 좋은 운으로 판단하며, 여자의 경우는 일간이 음이어서 12운성이 역행하는 것을 좋은 운으로 보았다. 일간은 그 사람의 성격적인 특징을 대변하기 때문이다. 남자는 양이고 여자는 음이므로 그렇게 본 것이다. 하지만 현대에서는 왕성한 사회활동을 하는 여자의 경우와 차분하게 수동적인 직업을 가지는 남자의 경우에는 굳이 이러한 전통을 따라 판단할 필요가 없다.

〈표 22〉 십이운성 순역표

	양간 순행					음간 역행				
	갑목	병화	무토	경금	임수	을목	정화	기토	신금	계수
장생	해	인	인	사	신	오	유	유	자	묘
목욕	자	묘	묘	오	유	사	신	신	해	인
관대	축	진	진	미	술	진	미	미	술	축
건록	인	사	사	신	해	묘	오	오	유	자
제왕	묘	오	오	유	자	인	사	사	신	해
쇠	진	미	미	술	축	축	진	진	미	술
병	사	신	신	해	인	자	묘	묘	오	유
사	오	유	유	자	묘	해	인	인	사	신
묘	미	술	술	축	진	술	축	축	진	미
절	신	해	해	인	사	유	자	자	묘	오
태	유	자	자	묘	오	신	해	해	인	사
양	술	축	축	진	미	미	술	술	축	진

12운성은 오행의 상생 원리에 따라 정해진다. 일간이 갑목이면 수생목水生木이 되므로 음양차착의 양수陽水가 되는 해수亥水가 장생이 되고,

일간이 병화면 목생화木生火가 되므로 양목인 인목寅木이 장생이 된다. 무토와 기토는 음양으로 작용만 하는 에너지이므로 화생토火生土의 원리에 따라 각각 양화陽火와 음화陰火를 따른다.

사주에서 년지에 장생이나 관대가 자리하고 월지에 건록이 자리하며 일지에 제왕이 자리하고 시지에 병이 자리하면 가장 바람직한 운세가 될 것이다. 어린아이 시기와 청년 시기 그리고 장년 시기 및 노년으로 구분되기 때문이다. 그러나 그러한 사주의 인물은 지극히 드문 것이 현실이다. 그래서 인생인 것이다. 무엇인가 불만이 있고 뜻대로 되지 않는 일도 있으며 심지어는 도둑이나 강도를 만나기도 한다. 젊어서 복이 있는 운이 있고 늙어서야 복이 드는 운도 있다. 12운성은 그러한 인생행로에서의 운세를 판단하고 또 같은 12운성이라도 어떤 지지인지에 따라 작용하는 힘의 내용과 방향이 다르다는 점을 기억해야 한다.

〈표 23〉 12운성의 사주상의 특징

12 운성	사주상의 특징
장생	젖먹이 일지나 월지에 들면 착하고 순하고 성격이 원만하고 얼굴이 곱다. 천시와 지리 그리고 인화가 조화롭다. 후견인의 도움으로 성공하고, 타인의 덕을 많이 본다.
목욕	어린아이, 패살운敗殺運 도화살이 많으며, 언행이 천방지축인 경우가 많다. 일지나 월지에 들면 시작은 있지만 끝이 없고 색난色難이 있다. 요령이 많고 능률적이며 결혼 중매에 능하고 연인으로 사귀기 좋다.
관대	약관의 성년, 육체는 성인이지만 정신은 청소년 상태 도량과 아량이 부족하고 고집과 오기가 많으며 독불장군의 성향을 보인다. 일지나 월지에 들면 시기와 질투가 많고 유아독존의 기질을 보인다. 결혼을 하거나 취업을 하거나 시험운이 있다.

건록	독립된 성인, 자립하지만 경험과 수완이 부족한 상태 일지나 월지에 들면 체력이 왕성하고 자립한다. 여자 사주에 들면 자수성가하지만 팔자가 사납다.
제왕	장년기, 최고의 시기 일지나 월지에 들면 능소능대하여 자수성가하지만 인덕仁德이 부족하다. 여자는 여걸로 일어나지만 남편을 부양하게 되고 가정의 행복이 부족하다. 어려운 미결문제를 해결하는 역량이 있다.
쇠	은퇴기, 초로의 시기 참을성과 타협성이 많고, 제왕이나 관대와 같이 들면 길운이다. 직장인으로 살면 좋지만 창업은 불리하다. 여자는 주부로서 최고의 사주이다. 일지나 월지에 들면 온화하고 친절하여 친구 사이에 인정으로 손해 보기 쉽다.
병	노년기 일지나 월지에 들면 다정다감하고 인정사정이 많다. 대화에 능하며 사회적 봉사를 잘한다. 환자와 인연이 많아 의사 약사 간호사 등의 직업에 유리하다.
사	변變하여 성취하는 상태, 죽음 육신은 죽었으나 정신은 살아있는 상태로 승진의 운이 있다. 학술 예술 의술 미술 종교 철학 역술에 조예를 보인다.
묘	무덤에 묻힌 상태 토지나 물질 또는 돈에 대한 욕심이 많다. 구두쇠의 특징이 있다. 오랜 노력이 결실을 맺는 격이다.
절	영혼과 육체가 분리되는 상태 기의 상태가 되어 자유롭고 개방적이지만 참을성이 없다. 자기중심적이고 사랑에 목말라하며 연상의 이성을 사랑하기 쉽다. 귀가 얇아 남의 말에 솔깃하며 사랑의 대상을 자주 바꾼다. 새로운 희망을 찾아 신규 사업을 하거나 전업이나 전직이 유리하다. 부동산에 대한 운이 좋다.
태	화化하여 새로 부활하는 상태, 수정란으로 새 생명을 가짐 평화주의자의 특징을 보여 자유와 평화를 갈망한다. 불안하고 초조한 성격으로 동성애자가 되기 쉽다.

	신용에 문제가 있으며 책임감이 부족하다. 죽을 고비를 넘기게 되고, 변화를 추구하여 재혼할 가능성이 높다.
양	자궁에서 만삭이 된 상태 혈육과 이별운이 있고 독립된 생활의 가능성이 높다. 재산운이 좋고 불안과 초조함이 없으며 자신만만함을 보인다. 양자의 운으로 재산상속의 복이 있다.

　　12운성도 육체적 건강판단의 중요한 기준이 된다. 특히 체강(신약)의 경우는 더욱 강한 특징을 보이고 운강(신강)일 경우에는 다소 약하게 작용한다. 대운과 세운 등에서도 12운성을 잘 살펴서 용신을 적절히 적용해야 악운을 약하게 하는데 도움이 된다.

대운/세운

　운명은 순환하면서 시간을 따라 나아간다. 시간의 굴레를 돌면서 공간을 이동한다는 말이다. 이를 행운行運이라고 한다. 사주의 감정에서는 매 10년 마다 운명의 큰 변화가 있다고 보는데, 이는 천간이 10년 단위로 되어 있음에서 비롯된다. 그래서 10년 단위로 운명의 변화를 살피는 것을 대운大運이라고 한다. 그러면서 매년 한 해 한 해의 운세도 달라지는 것이니 이를 세운歲運이라고 한다. 한 달의 운세는 월운月運이라 하고 매일의 운세는 일운日運이라 하며 매 시간의 운세는 시운時運이라고 한다. 대운은 사람마다 태어난 해의 천간을 기준으로 하여 월주부터 시작하는 방법으로서 사주에서 처음부터 정해지는 것이고, 세운과 월운과 일운 그리고 시운은 해당되는 연월일시의 육갑과 본인 사주의 일간을 대조하고 더불어 지지에 나타나는 12운성으로 감정한다. 그런데 대운과 세운을 감정하는 방법은 사람마다 다를 수 있다. 그러므로 각각 다른 몇 가지 감정법을 참고하여 경우에 맞는 해석을 하는 것이 중요하다.

　가장 다른 두 가지 방법 중의 첫째는 10년을 둘로 나누어 앞의 5년은 대운의 천간을 중심으로 해석하고, 뒤의 5년은 대운의 지지로 해석하는 방법이다. 둘째는 10년간을 천간과 지지를 함께 살펴서 해석하는 방법인데, 이를테면 천간으로 정신적 변화를 살피고 지지로 육체적 변화를 살피는 방법이다.

대운을 정하는 방법은 다음과 같다. 우선 대운에는 순운順運과 역운逆運이 있는데, 순운은 사주의 태어난 해의 천간이 양인 남자와 사주의 태어난 해의 천간이 음인 여자에 해당된다. 이와 반대로, 태어난 해의 천간이 음인 남자와 양인 여자는 역운에 해당한다. 순운의 경우는 첫 번째 대운인 월주의 육갑으로부터 다음에 바뀌는 대운 즉 교운交運이 천간의 바른 순서대로 전개되고, 역운인 경우에는 교운이 천간 진행순서와 거꾸로 나타난다. 태어나서의 대운은 월주이고 그로부터 첫 교운이 오는 기간을 계산하는 방법이 바로 순운과 역운에 따라 다르다. 순운은 태어난 날로부터 다음 달의 절기까지를 날짜와 시간 그리고 분까지 정확하게 계산하여 이것을 3으로 나눈다. 한 달은 30일이 기준이고 대운은 10년마다 바뀌므로 그렇게 하는 것이다. 반면에 역운은 태어난 날로부터 그 달의 절기까지 거꾸로 정확한 시간을 계산하여 3으로 나눈다. 그렇게 계산된 대운의 기간을 태어난 시간에서 정확히 더하여 첫 교운을 잡고 다시 첫 교운으로부터 매 10년 단위로 대운의 시점을 잡는다.

신축년의 경우에는 남자는 역운이 되고 여자는 순운이 된다. 남자는 태어난 날로부터 그 달의 절기까지 시간을 거꾸로 계산하여 대운을 찾고 여자는 태어난 날로부터 다음 달의 절기까지 시간을 계산하여 대운을 잡아야 하는 것이다. 사주에서는 매 달의 시작을 절기로 정하고 있기 때문이다. 신축년 4월에 태어난 경우 남자는 4월의 절기인 입하는 5월 5일 15시 17분이므로 거꾸로 정확하게 계산해야 하고, 여자는 5월의 절기인 망종이 6월 5일 19시 22분이므로 시간을 정확하게 계산해야 한다. 남자의 경우 시간을 계산하여 20일 6분이 나왔다면 이것을 3으로 나누면 6운 2/3 그리고 12시간이 되어 태어난 날로부터 6년 8개월 12시간

후부터 다음 대운이 교운으로 나타난다. 즉 신축년 4월의 월주는 계사이므로 다음 대운은 임진 신묘 경인 기축 무자 등으로 간지가 거꾸로 가면서 10년간의 대운이 적용되는 것이다. 전통적으로 남자는 순운이 좋은 사주이고 여자는 역운이 좋은 사주라는 설도 있었지만 오늘날은 그와 같은 주장을 하는 사람은 거의 없다.

대체적으로 대운의 길흉을 판단하는 방법은 다음과 같다.

- 천간과 지지가 비견 겁재로 나타나면 그 세력은 동등하게 본다.
- 천간과 지지가 서로 생하는 관계일 경우에도 그 힘은 같은 것으로 판단한다.
- 천간이 지지를 극하거나 지지가 천간을 극하면 극하는 쪽의 힘이 강하다.
- 천간과 지지가 모두 희신이면 10년간 길하다.
- 천간과 지지가 모두 기신이면 10년간 흉하다.
- 천간과 지지가 기신과 희신으로 나뉘면 5년은 길하고 5년은 흉하다.

세운은 당해 연도의 천간과 지지를 사주의 일간과 대조하여 6신과 12운성으로 헤아려서 길흉을 판단한다. 이 또한 천간으로 상반기를 보고 지지로 하반기를 보는 사람도 있고 전체를 다 살펴서 판단하는 경우가 있다. 월운과 일운 등도 같은 방식으로 판단한다. 일반적으로 대운의 힘은 매우 강하게 나타나는 것은 아니라고 본다. 그보다는 매 해마다의 운세인 세운이 훨씬 힘이 강하다고 본다.

오늘날은 컴퓨터나 스마트폰에서 앱만 설치하면 무료로 이에 대한 정보를 모두 확인할 수 있으므로 매우 편리하다. 다만, 그 원리를 알고 있느냐 그렇지 못하느냐의 차이가 있을 뿐이다. 원리를 알아야 보다 분명한 해석이 가능하기 때문이다.

운강(신강)/중화/체강(신약)

명리학에서 통상적으로 신왕身旺과 신약身弱이란 개념으로 쓰는 용어가 있다. 사주 감정의 기준이 되는 일간의 힘이 강한지 약한지를 나타내는 말이다.

그러나 필자는 그동안의 경험으로 이것을 신왕(신강)과 신약이라고 관습적으로 사용해온 개념이 아니라 운강運强과 중화中和 그리고 체강體强이라는 새로운 개념으로 바꾸어야 한다고 주장한다.

신왕과 신약을 판별하는 중요한 세 가지 기준이 있다. 첫째는 일간과 월지의 관계에서 일간이 월령을 얻었느냐 얻지 못했느냐를 보고, 둘째는 일간으로 보는 지지의 12운성이 강 중 약 중에서 어떤 것을 많이 얻었는지를 보고, 셋째는 일간이 오행의 생극제화 중에서 어떤 관계에 많이 해당되는지를 보는 것이다. 그 나머지는 각종 신살을 살펴서 강한 작용과 약한 작용으로 나타나는 것들을 보고 판단한다. 일간이 월령을 얻으면 강하고 반대로 월지의 극을 받으면 약하게 되며, 12운성의 강한 것들이 많이 나타나면 강하게 되고 약한 것들이 많이 나타나면 약하게 되며, 사주의 나머지 간지로부터 생함을 받거나 비화되면 강하게 되고 극함을 받거나 생하게 되면 약하게 된다는 논리이다.

오늘날 어떤 명리학 연구팀에서는 자체적으로 개발한 앱에서 신왕 신약을 숫자로 계량화 하여 수치로 표시하고도 있다. 그 수치는 아마도 위에서 제시한 몇 가지 원칙에 입각해서 산출한 것이겠지만 그 정확성 여부는 알 수 없고 또 수치에 의한 정밀한 감정이 가능한 것인지도 의문스럽다. 다만, 신왕과 신약 그리고 중화를 판별하는 일정한 기준으로는 활용할 수 있을 것이다.

> 필자가 이것을 운강과 중화 그리고 체강이라고 이름을 붙이는 데는 나름대로의 이유가 있다. 필자는 사주의 천간을 운동에너지로서의 기氣로 보고, 지지는 열에너지로서의 정精으로 보며, 필자가 독특하게 제시하는 원신元神과 사주 감정을 통한 운명의 네비게이션이라고 할 수 있는 용신用神은 빛에너지로서의 신神으로 본다.
>
> 그래서 천간의 중요한 작용은 정신적 활동으로 나타나고, 지지의 중요한 모습은 육체적 변화로 나타나는 것으로 본다. 기는 운運을 관장하고, 정은 명命을 관장한다.
>
> 따라서 사실은 운강運强과 명강命强으로 나누어야 맞지만 명은 신체를 뜻하는 말이므로 편의상 운강과 체강으로 호칭한다. 그래서 일간이 가지는 정신적 힘과 월지가 가지는 신체적 힘의 상관관계를 살피는 것이 바로 운강인가 체강인가를 판별하는 것으로 보기 때문이다.
>
> 필자는 월지가 나의 신체를 대변하는 것이라고 본다. 월지는 어머니이자 나의 육신이다. 나는 어머니의 육신을 빌려 세상에 나왔기 때문이다.

운강한 사주를 가진 사람의 특징은 자기주장이 강하지만 귀가 얇고, 체강한 사주를 가진 사람의 특징은 고집이 세고 남의 말은 듣지 않는다.

일간의 힘이 강한지 월지의 힘이 강한지 아니면 잘 조화되어 중화를 이루는지를 파악하는 것이 중요하다. 그리고 그런 점이 사주에서 어떤 특징으로 나타나는지를 잘 해석해야 한다.

사주의 감정법에서 중요한 기준들은 사주의 명식을 만들고 일간을 정확히 분석하여 정신적 특징을 알고, 월지를 살펴서 신체적 특징을 판단하고, 각 간지들의 오행상 생극제화를 분석하고, 6신을 판별하여 그 관계를 구분하며, 12운성을 살펴 강약을 찾고, 체용을 찾고 신살을 살펴 길흉의 작용을 분석하고, 운강과 체강을 살펴 성격과 건강을 판단하고, 격국을 찾아 용신을 적용하며, 희신과 기신의 작용을 구분하고, 공망에 해당되는 지지가 없는지를 살피고, 대운과 세운 등의 행운을 보아 종합적으로 해석하는 것이다.

몇 가지 사례이야기 1

임오년 경술월 경술일 경진시의 사주를 가진 여인이 있었다. 18세에 결혼을 하였고 30대에 신줄을 받아 무녀가 되었다. 내가 이 사주를 보고서 처음 "꽹과리 소리인지 방울소리인지가 난다. 말이 참 많고 그 말로 먹고 사는 사주이다"라고 하였는데, 이 사주를 가지고 온 사람이 사주의 주인공이 바로 꽹과리를 신물로 삼아 점을 치는 무녀라는 것이었다.

이 사주는 성격이 괴팍하고 오술의 화국 반합으로 부끄러움을 모르며 진술 충으로 자식과의 인연이 박하다. 원신이 경금庚金으로 파악되며 내 몸과 남편의 몸이 같은 술토로서 평생 말다툼이 끊이지 않는 부부운이다. 임수의 딸 하나는 멀리 외국에서 생활하고 있고, 진토 속의 계수인 아들 둘은 어머니를 원수처럼 대한다. 무녀로 돈을 많이 벌었으나 가정을 위하여 쓴 돈은 극히 적고 외간 남자들을 만나면서 그 돈을 다 썼다. 나이가 들어 신기가 약해지면서는 오히려 치매가 와서 정신줄을 놓는 현상이 일어나고 있다.

신축년 무술월 신사일 무술시의 사주를 가진 남자가 있다. 무술 괴강과 신축 신사로 이루어진 사주이다. 나는 이 사주를 보고서 "개나 뱀에게 물려서 고생을 한 적이 있을 것이다,"라고 했는데, 뱀에 물려 고생을 했다고 한다. 초년에 축토가 들었으니 병으로 고통을 받았을 것이며, 술토와 사화가 청년운부터 말년운까지를 이루고 있으니 넘치는 정력을 주체하지 못할 것이다. 일지가 일간을 극하므로 아내를 무척 겁내는데, 이것은 모두 본인의 바람기 때문이다. 한두 여자로는 만족하지 못하고 여러 여자와 바람을 피운다. 바람기는 부자유전으로 배다른 형제가 있다. 직업은 사업가인데,

사우디아라비아에서 원단공장을 운영하고 있다.

정축년 정미월 정미일 신해시의 사주를 가진 여자가 있다. 축미충에 해묘미의 목국 반합이다. 비견이 주를 이루고 편인이 둘이다. 일찍 집을 떠나 멀리 가는 운이다. 시지에 역마와 지살을 겸했으니 자의든 타의든 멀리가서 직업을 구해 돈을 모으는 사주이다. 목국을 이루었으니 공무원이 직업이 될 것이다. 미국으로 건너가서 뉴욕시청의 공무원으로 근무하였다. 편인운이 강하니 친모가 일찍 세상을 떠났다. 일지와 월지가 같으니 남편이 친정 부모와 인연이 깊다. 한국으로 돌아와서 남편과 같이 친정아버지를 모시고 살면서 형제들에게도 도움을 주고 있다.

사주 감정을 위해서는 많은 사주를 대상으로 임상적인 연습을 해보는 것이 매우 중요하다. 실제로 사주를 보면서 통변에 일가견을 갖는 것은 얼마나 많은 대상을 연구해 보았는가가 관건이다. 통변의 기본은 대동소이하기 때문이다.

공망

사주에서는 공망空亡이라는 내용도 중요하게 생각한다. 공망이란 육갑을 나열할 때 천간과 지지의 결합으로 갑자 을축 병인 정묘 무진 기사경오 신미 임신 계유 등 순서대로 열 개를 한 묶음 즉 일순一旬으로 나열하면 10개인 천간은 모두 사용되지만 12개인 지지는 술과 해 2개가 남게되는데, 이런 경우를 갑자순에서는 술과 해가 공망이 된다고 하는 것이다. 한자에서 순旬이란 10개를 하나의 단위로 묶은 것을 말한다. 그래서한 달 즉 30일을 상순 중순 하순으로 구분하고, 술자리에서 술이 한 순배돌았다고 하는 말은 각각 10잔씩 마셨다는 말이다. 그 다음 계속해서는갑술 을해 병자 정축 등의 순서로 진행되어 신과 유가 갑술순에서 공망이된다고 한다. 이런 식으로 육갑을 10개씩 나열하게 되면 공망은 다음과같이 나타난다.

> **갑자순 : 술해, 갑술순 : 신유, 갑신순 : 오미**
> **갑오순 : 진사, 갑진순 : 인묘, 갑인순 : 자축**

사주에서는 갑자 갑술 갑신 갑오 갑진 갑인 등으로 시작하는 묶음에 함께 속한 육갑을 한 가족으로 간주한다. 갑자를 아버지로 보고 을축을 어머니로 보며 나머지 8개를 4남4녀로 보는 것이다. 그래서 실제로 가족들의 사주에서 태어난 해의 육갑이나 태어난 날의 육갑이 같은 묶음 즉 동순同旬에 속하면 화목한 가정을 이룬다고 본다. 반면에 동순에 속하지 않거나 특히 갑자순이 많은 가족에서 술 또는 해의 연주나 일주를 가진 가족이 있으면 화합하지 못하고 따로 놀게 된다고 판단한다.

남녀의 궁합은 일주를 기준으로 하므로, 일주가 동순인 궁합의 부부가 잘 어울린다고 감정한다. 반면에 배우자의 일지에 나의 공망이 들면 배우자로서의 기능이나 역할을 하지 못하게 된다는 판단이 되는 것이다. 성격이나 건강으로 인한 부부의 파탄이 초래될 가능성이 높게 된다. 특히 물질의 기준인 경제적으로 도움이 되지 않는 것이다. 공망의 가장 강한 작용이 바로 부부의 궁합에서 드러나기 때문이다.

> 공망에서 공空이란 양의 지지이고, 망亡이란 음의 지지이다. 양의 지지는 기氣의 성질이 강하고, 음의 지지는 물物의 성질이 강하다. 그래서 양의 지지는 공이라 하고, 음의 지지는 망이라 한다.
>
> 비유하자면, 공은 일을 하였지만 일당은 받지 못한 것이라 할 수 있고, 망은 일을 하고서 일당을 못 받은 것은 물론이고 오히려 내가 가진 돈까지 뺏긴 격이라고 하겠다.

이 공망의 판단에서는 또 진공과 반공으로 나누기도 한다. 진공은 양일에 태어난 남녀에게 양지의 공이 있고 12운성의 절과 태에 해당하는 경우와, 음일에 태어난 남녀에게 음지의 망이 있고 12운성의 절과 태에 해당하는 경우이다. 반공은 양일에 태어난 남녀에게 음지의 망이 있으면서 12운성의 건록과 제왕에 해당하는 경우와, 음일에 태어난 남녀에게 양지의 공이 있으면서 12운성의 건록과 제왕에 해당되는 경우이다. 이와 같을 때에는 진공의 경우는 그 영향력이 반공에 비해 2배 정도 크게 나타난다.

오늘날은 잘 만들어진 스마트폰의 앱에서 사주의 명식만 입력하면 다른 많은 것들과 함께 공망도 자동으로 나타내준다. 문제는 적절하게 잘 판단하여 해석하는지의 여부에 달려있을 뿐이다. 공망이 든 위치와 육신에 따라 그 기능은 일반적으로 다음과 같이 판단한다.

- 년지 공망 : 조상 또는 아버지의 복이 없다.
- 월지 공망 : 어머니 또는 형제의 복이 없다.
- 일지 공망 : 부부의 복이 없다.
- 시지 공망 : 자녀의 복이 없다.
- 정재 편재 공망 : 재물 복이 없고, 남자는 처복도 없다.
- 정관 편관 공망 : 벼슬 운과 직업 운이 없고, 여자는 남편 복이 없다.
- 식신 상관 공망 : 남자는 재능 발휘의 기회가 없고, 여자는 자식 얻기가 힘들다.
- 인수 편인 공망 : 어머니 복이 없고, 학문과 의식주가 부족하다.
- 비견 겁재 공망 : 형제자매의 복이 없고, 주위의 도움 얻기가 힘들다.

공망이 들면 그 운명을 고스란히 그대로 받아들여야만 하는가? 가만히 앉아서 모든 노력이 수포로 돌아가거나 오히려 내 자신이 가진 것까지 내어주어야만 하는가? 그냥 운명이라고만 받아들인다면 그렇게 당해야 할 것이다. 그러나 이런 경우에도 공망을 상쇄相殺하거나 약화시킬 수 있는 방안을 찾아야 하는 것이 명리학이 할 일이다. 용신을 잘 찾아서 적절하게 사용하면 그렇게 할 수 있는 것이다.

인생을 살다보면 많은 것이 뜻대로 되지 않는다는 사실을 뼈저리게 느끼게 된다. 사주 감정으로만 본다면, 옛날의 경우 인생을 한 갑자 즉 환갑을 맞이하는 60년 정도 산다고 보았을 때 적어도 3번의 큰 시련은 겪는 것으로 보았다. 이것을 월 단위로 줄여서 보면 매 5년마다 겪게 되고, 날 단위로 더 줄여서 보면 2달마다 겪게 되는 것이다. 그것이 바로 천지동天地同 천지합天地合 천지충天地沖이 되는 간지를 만났을 때이며, 간합지충이나 간합간충이 되는 경우에는 그 영향력이 절반 정도로 닥치는 것으로 본다. 이것은 일주를 기준으로 천간과 지지가 모두 같은 것이 오는 경우와 천간과 지지가 합이 되는 것이 오는 경우 그리고 천간과 지지가 충 즉 칠살七殺이 되는 것이 오는 경우를 말한다. 또 천간은 합이 되고 지지는 충이 되는 경우와 천간이 합이 되거나 충이 되는 경우를 가리킨다.

〈표 24〉 간합 간충 지합 지충표

간합干合	갑기화토, 을경화금, 병신화수, 정임화목, 무계화화
	* 상극관계의 음과 양의 합, 합의 상생순서로 토금수목화
간충干沖	갑경, 을신, 병임, 정계, 무갑, 기을, 경병, 신정, 임무, 계기
	* 칠살의 양과 양 및 음과 음의 만남, 오행의 상극관계
지합支合	자축화토, 인해화목, 묘술화화, 진유화금, 사신화수, 오미불변
	* 명리학적 지지의 합으로 세력은 미미
지충支沖	자오, 축미, 인신, 묘유, 진술, 사해
	* 오행의 상극관계, 육기의 작용으로 삼음삼양

천지동은 일주와 같은 대운이나 세운 및 월운 그리고 일진이 왔을 경우를 말한다. 일주가 갑자일 때 갑자가 대운이나 세운 등으로 드는 것이다. 이것은 한 집안에 주인이 둘이 있는 것과 마찬가지여서 갈피를 잡지 못하고 일의 방향을 정하지 못하는 형국이 된다.

천지합은 일주와 간합과 지합이 함께 드는 경우를 말한다. 갑자 일주의 경우 기축이 대운이나 세운 등으로 만나는 것이다. 이것은 집주인과 가장 잘 어울리는 벗이 찾아온 형국이어서 일은 하지 않고 주색잡기로 세월을 보내는 모양이 된다. 유혹과 함정 및 사기를 당하기 쉽다. 천지충은 일주와 천간 지지가 모두 충이 되는 경우를 말한다. 갑자 일주일 때 경오를 대운과 세운 그리고 월운 등으로 만나는 것이다. 이 경우는 남자와 남자가 만날 때는 적군과 같은 입장이 되지만 남자와 여자가 만나게 되면 정열적인 사랑에 빠지게 되기 쉽다. 사주에서 충의 의미는 충돌하는 뜻도 있지만 깊이 빠져들거나 화합한다는 뜻도 있기 때문이다. 양과 양이 만나면 충돌할 수밖에 없지만 양과 음이 만나면 깊이 빠져들 수밖에 없게 된다. 이 부분의 해석이 매우 중요하고 까다롭다.

간합지충은 천간이 합이 되거나 지지가 충이 되는 것으로 갑자의 경우 기축 기미 등이 오거나, 갑오가 오는 것을 말한다. 간합간충은 천간에만 합이 오거나 충이 오는 경우로서 천간에 기나 경이 오는 경우를 말한다. 이런 때에는 그 작용력이 절반 이하로 줄어드는 것으로 본다.

60갑자에서 천지동 천지합 천지충은 각각 한 번씩 오게 되므로, 세운으로 보면 60년에 3번의 큰 변화를 겪게 되고, 월운으로 보면 1년이 12월이므로 60개월은 5년이 되어 5년 중에 3개월 겪게 되는 것이고, 일운으로 보면 2달이 60일이므로 2개월에 3일의 어려운 날을 맞이한다는 논리이다. 살다보면, 자다가 날벼락을 맞는 경우도 있고, 뒤로 넘어져도 코가 부러지는 경우도 있으며, 국도 쏟고 발도 데이는 경우도 있고, 과부가 봉놋방에 누워도 고자 옆에 눕게 되는 경우가 있는데, 바로 이런 운을 만났을 때인 것이다. 반면에 그와 상반되는 경우를 만나면 자빠져도 금반지를 주워 일어나고, 마당도 쓸고 돈도 줍고, 누이 좋고 매부도 좋으며, 과부가 자빠져도 가지밭에 자빠지게 되는 일이 일어나는 것이다. 그래서 세상은 요지경이고 재미가 있는 것이다.

몇 가지 사례이야기 2

이런저런 사연으로 사주를 보다보면 참으로 재미있는 경우를 대할 때가 있다. 지금 그 사주의 명식은 잊었지만 독특한 운명이 기억나는 사례가 몇 개 있다. 어쩌다 처가 쪽의 먼 친척으로 조카뻘이 되는 사람을 사무적인 일로 인하여 알게 되었다. 대한민국에서야 누구든지 두세 다리만 건너면 다 아는 사람이므로 조심하며 살아야 하지만, 이 친구는 사업을 하는 사람이라 집안의 인연을 알고는 금방 친근감 있게 다가왔다. 얼마 안 되어 대뜸 "교수님, 사주를 잘 보십니까?" 하기에, 농담하는 기분으로 '그래, 잘 보지"라고 하니, 바로 자신의 생년월일을 메모하여 놓고는 다음에 설명을 좀 해달라고 하고는 자리를 떴다.

시간이 날 때 심심풀이로 사주를 보고서 다소 의아한 점이 있었는데, 며칠 뒤에 다시 찾아와서 만나자마자 "교수님, 제 사주가 어떻습니까? 돈 좀 벌겠습니까?"라고 물었다. 그래서 내가 "그게 문제가 아니라 자네 사주를 보고 궁금한 점이 있는데 혹시 자네 형제가 어떻게 되는가?"라고 물었다. 그러니 "그건 왜 묻습니까? 혹시 제가 쌍둥이라는 사실을 아신 것입니까?"라고 하였다. 그 순간에 의문이 풀렸다. 그 친구는 미리 나에게 이야기하지는 않았지만 사실은 쌍둥이 중의 동생이었던 것이다. 그리고는 내가 "자네 사실 지금 나에게 물어보고 싶은 것은 돈 좀 벌지 못 벌지의 문제가 아니라 다른 것이지? 자네 안사람 때문에 마음고생이 엄청 많지? 그런데 자네는 이혼을 하고 싶어도 58살이 되기 전에는 그것도 뜻대로 되지 않을 것이네"라고 하니, "정말 괴롭습니다. 정말로 그때까지는 이혼도 할 수 없습니까? 지금 상황이 꼼짝도 못하는 처지입니다. 그렇지만 58살이 되면 이혼이 가능하겠습니까?"라고 하소연처럼 이야기 하였다. 내가 "58살이 되면 이혼할 가능성이 훨씬 높아진다는 말이기는 하지만 장담하지는 못하겠네. 사람은 바뀌지 않는 법이네. 아무리 고쳐서 쓰려고 해도 안 되는 일이지. 자네는 지금까지 살면서 자네 자신을 얼마나 바꾸어보았나? 사람은 늘 자기 자신을 1%도 바꾸지 못하면서 항상 상대방을 바꾸려고 하고 상대방에게 바꾸라고 강요하지! 나 또한 그렇게 살아왔네. 그 문제는 자네 뜻대로 되지 않을 것이니 마음을 비우고 사업에나 전념하게. 사업은 부침이 많기는 하겠지만 그래도 전망이 좋은 편이네"라고 하니, "무슨 말씀인지 알겠습니다. 그런데 제가 정치로 나가면 어떻겠습니까?"라고 하기에, "자네 마음에 바람이 든 것이 그것이었군, 자네는 선거에 출마하는 정치인으로서는 어림도 없으니 그런 마음은 일찍 단념하게"라고 하니, "이번 선거에서 제가 출마하는 것이 아니고 누구를 도와서 참모로 역할을 하고 싶어서 그렇습니다."라고 하였다. "자네 마음에 바람이 들었으니 어쩔 수 없지만 결국은 배신당하고 후회하게 될 걸세, 알아서 하게"하였다.

이미 5년 전의 일이고, 그는 누구의 참모로서 선거를 돕다가 막판에 배신당하고서 손을 떼었다. 하는 사업은 동분서주하면서 조금씩 나아지고 있다. 이 친구는 해마다 정월이면 두세 번씩 연락하여 술을 마시자고 청한다. 그냥 "해가 바뀌면 교수님을 만나보아야 기분이 좋고 한 해 일이 잘 풀릴 것 같은 기분이어서 연락을 드렸습니다."라는 말을 해마다 반복한다. 어느 날은 이 친구가 자기 부인의 사주를 가지고 왔는데, 동갑이면서 이 친구보다 생일이 빨랐다. 두 사람 모두 부부의 인연이 좋지 않은 사주였고 마음은 콩밭에 가 있는 경우였다. 지금도 이들 부부는 거의 남처럼 지내고 있다. 혹시 남들은 모르는 둘만의 아름다운 사랑이 있는지는 모르지만!

나는 실마리 글에서 이미 밝혔지만 시내에서 '원방실'이라는 이름으로 4년 동안 명리학을 여러 사람들과 공부했었다. 수많은 사람들의 사주를 수업의 대상으로 가져와서 분석했는데, 세상에는 평범한 사람들이 이해하기 힘든 인생을 살고 있는 참으로 많은 사연을 가진 사람이 많았다. 어느날 한 중년 여자의 사주가 검토의 대상이 되어 칠판에 명식과 신살이 나열되었다. 나는 어떤 때 어떤 사람의 사주를 보면 한 눈에 그 사람의 생김새와 삶의 과정이 확 들어오는 경우가 가끔 있는 편이다. 그날 그 사주의 명식을 보고서 내가 대뜸 "이 여자, 결혼한 남자와 이혼하고 그 뒤로 다른 두 사람의 남자와 연이어 살다가 지금은 다시 첫 남편과 살고 있겠네."라고 했더니, 그 사주를 가지고 온 수강생이 "아니, 교수님! 그것이 한 번에 읽어지십니까?"라고 하였다. 그래서 "그 사주를 보는 순간 한 눈에 그렇게 보였는데 천천히 분석해보자"고 하고서 비로소 차근차근 분석하니 그와 같은 결론을 도출할 수 있었다. 그러나 사실 그와 같은 판단은 위험한 것이다.

사주를 보아달라고 하는 사람들 중에는 부부 간의 문제 때문에 해결책을 강구하기 위한 경우가 생각보다 훨씬 많다. 세상에 부부만큼 좋은 것이어디 있겠으며, 또 부부만큼 갈등이 많은 경우가 어디 있겠는가? 겉으로 멀쩡해 보이는 잉꼬 같은 부부도 실상은 앙숙이나 웬수가 부지기수라는 사실을 사주를 보다보면 알게 된다. 서글픈 일이다. 결혼이란 무엇인가? 답이 없는 문제다.

형/충/파/해/원진

　형/충/파/해/원진/지충/지합 등과 같은 것은 사주의 해석에서 사실 큰 힘을 갖지는 않는다. 그 원리 또한 강렬하고 필연적인 것이 아니기 때문이다. 사실 사주의 감정에서 온갖 해석이 등장하면서 논리적 타당성이 결여된 요소도 많이 보게 된다. 다만, 이와 같은 신살들은 천간 또는 천간과 지지와의 관계에서 나타나는 것이 아니라 지지들의 상호작용 사이에서 일어나는 것이므로 12운성이나 공망 그리고 기타 신살들과의 관계 속에서 때로는 강하게 나타날 수도 있고, 때로는 아주 미미하여 그 영향력을 느끼지 못할 정도로 나타날 경우도 있다. 지지는 물질적 육체적 특성을 가지고 있으므로 신체에 나타나는 변화를 일차적으로 살펴야 하는 것이다.

　이들의 원리와 작용력을 설명하기에 앞서 그 관계를 하나의 도표에 먼저 표시한다.

지지	자	축	인	묘	진	사	오	미	신	유	술	해
자		지합		삼형	삼합		충	원진 해	삼합	파		
축	지합				파	삼합	원진	삼형 충		삼합	삼형	
인						삼형	삼합		충		삼합	지합 파
묘	삼형						파	삼합		충	지합	삼합
진	삼합	파			자형				삼합	지합	충	원진
사		삼합	삼형						삼형 파	삼합	원진	충
오	충	원진	삼합	파			자형	지합			삼합	
미	원진 해	충		삼합			지합				삼형 파	삼합
신	삼합		충		삼합	삼형						해
유	파	삼합		충	지합	삼합				자형	해	
술		삼형	삼합	지합	충	원진	삼합	파		해		
해			지합	삼합	원진	충						자형

먼저 형刑에는 삼형三刑과 자형自刑이 있다. 형이란 말이 '형벌을 가한다.'는 것이니 더 이상 뜻을 설명할 필요는 없다. 12지를 삼합의 원리에 따라 나누면 사맹四孟 사생四生 사우四隅라고 부르는 인신사해와 사정四正 사왕四旺 사패四敗로 부르는 자오묘유 그리고 사고四庫 사묘四墓로 부르는 진술축미 등 세 부분이 된다. 삼형의 원리는 이 중에서 각각 '사혹십오四惑十惡'의 원리에 따라 하나의 지지로부터 순행하여 4번째 지지와 역행하여 10번째 지지에 해당되는 것을 형 한다고 보는 것이다. 순행하여 4번

째를 '혹'이라고 하니 이는 '미혹된다.'는 뜻으로 그 영향력이 크지 않지만, 역행하여 10번째는 '오'라고 하여 '미워한다.'는 뜻으로 그 영향력이 보다 크게 나타나는 것으로 본다.

인신사해의 부분에서, 인은 순행하여 4번째인 사를 형 하고, 사는 역행하여 10번째인 신을 형 한다고 보고, 해는 형 하지 않는 것으로 간주한다. 자오묘유의 부분에서, 자는 묘를 형 하고 묘는 역행하여 다시 자를 형하게 되어 이를 서로 형 한다(호형互刑)고 하며, 오와 유는 형 하지 않는다. 진술축미 부분에서, 미는 술을 형 하고 술은 역행하여 축을 형 하게 되며, 진은 형 하지 않는 것이 된다. 이 세 부분에서 서로 형 하는 것을 일러 삼형三刑이라고 한다.

여기서 인사신이 서로 형 하는 것을 '무은지형無恩之刑' 즉 '은혜를 모르는 형벌'이라고 하여 은혜를 원수로 갚는 성향이 있다고 본다. 미술축이 서로 형 하는 것은 '지세지형持勢之刑 또는 시세지형恃勢之刑'이라고 하니 바로 '자신의 힘을 믿고 거만하게 처신하는 형'으로 힘으로 이기려들지만 끝내 고독하게 되는 성향이 있다고 본다. 자오묘유의 부분에서 자와 묘는 서로를 형 하게 되는데 이를 '무례지형無禮之刑' 즉 '예의가 없는 형벌'에 해당되는 것으로 본다. 이 삼형의 이름에는 지장간의 원리와 지지상생의 원리가 내재되어 있지만 여기서는 생략한다.

이제 삼형에 속하지 않는 4개가 남게 되는데 이들을 '자형' 즉 '같은 것끼리 만났을 때 서로를 다치게 하는 것'으로 본다. 진오유해가 이에 해당되는데, 이들은 힘이 강한 것이면서 다시 똑같은 강한 것을 만나게 되면 서로 상하게 된다는 것이다.

지지상충에 대해서는 앞에서 삼음삼양을 설명하면서 기본적인 내용을 다루었다. 여기서는 명리학적 해석만을 다소 첨가하고자 한다. 충은 칠살七殺이라고도 하는 것처럼 해당 지지로부터 7번째로 오는 지지가 양과 양 또는 음과 음이 되면서 오행상 서로 상극이 되는 관계에 있는 것을 이르는 말이다. 사주에 이 충이 들면 그 위치에 따라 해석이 달라지고 또한 어떤 충이냐에 따라 그 내용이 달라진다. 즉 자오충은 수와 화의 충으로 일신이 항상 불안정하다고 보며, 묘유충은 목과 금의 충으로서 친한 사람을 배반하고 늘 불안한 정신을 가진다고 보는 것이다. 특히 여자의 사주에서 월지와 일지에 진술충이 들면 남편 복이 없이 외롭고, 일지와 시지에 진술충이 들면 늙어서 자식 덕을 볼 수 없어 외로운 신세로 해석한다. 여자의 사주에서 월지에 진토가 들면 십중팔구 홀로 살기 쉽다. 사주 판단을 기본적으로 알고 있으면 충을 해석하는 것은 별로 어렵지 않을 것이다. 몇 가지 예만 제시하면 다음과 같다.

- 년지와 월지의 천간이 같고 지지가 충이 되면 조상의 가업을 망치게 된다.
- 년지와 일지가 충이 되면 부모와 불화한다.
- 일지와 시지가 충이 되면 자식과 불화한다.
- 남녀의 사주에서 일지가 서로 충이 되면 불같은 사랑에 빠지기 쉽다.
- 사해충이 되면 성격이 다정다감하여 피해를 보기 쉽다.
- 축미충이 되면 모든 일에서 때를 놓쳐 손해를 보기 쉽다.
- 인신충이 되면 사랑과 증오의 감정이 교차하여 애정에 문제가 많다.
- 공망을 충하게 되면 오히려 좋은 운으로 바뀌게 된다.

파破는 말 그대로 '깨트린다'는 의미이다. 이 원리는 자오 축미 인신 묘유 진술 사해 등의 상충을 파한다는 것으로서 자는 유를 파하고 축은 진을 파하며 인은 해를 파하고 묘는 오를 파하고 사는 신을 파하며 미는 술을 파한다고 하는 것이다. 이를 그림으로 그려보면 그 원리를 알 수 있지만, 사실 인해와 사신은 서로 합이 되는 관계이기도 하므로 이 지지상파의 이론은 사주의 감정에서 중요하게 고려하지 않는 것이 일반적이다. 굳이 고려하게 될 때에는 어떤 지지가 어떤 지지를 파하는지를 분명하게 알아야 하는 점이 중요하다.

해害는 말 그대로 '방해가 된다'는 의미이다. 서로 대치하면서 싸운다는 뜻으로 은혜 속에서 원수가 되어 해를 일으킨다고 판단하는 것이다. 예를 들어 묘술은 합이 되지만 여기에 유가 들면 묘와 상충이 되어 술에게는 유가 해가 된다고 판단한다. 그리하여 지지에 육해가 있게 되니 바로 술유 해신 자미 축오 인사 묘진 등이 그것이다. 이를 독자들이 스스로 그림으로 그려보면 그 원리를 보다 분명하게 알 수 있다.

원진元辰은 지지를 상징하는 동물들이 서로 상대를 증오한다는 의미를 담고 있다. 이를테면, 범은 닭의 울음소리를 싫어하고, 소는 말이 놀고먹는 것을 싫어한다는 식이다. 그러나 근본 원리는 월지를 기준으로 하여 순운인 대운과 역운인 대운에서 순운의 경우는 지충이 되는 바로 앞의 지지를 말하고, 역운의 경우는 지충이 되는 바로 뒤의 지지를 가리킨다. 원진은 사주의 판단에서 흉신으로 작용하며 특히 재난과 화를 나타내는 것으로 판단한다. 원진은 자와 미, 축과 오, 인과 유, 묘와 신, 진과 해, 사와 술로 나타난다. 그런데 여기서 실제 사주를 감정하다 보면, 축과 오 원진의 경우 큰 사고로 생명이 위험하게 되는 일이 발생하는데 일간이 어떤 것인지에 따라 사고의 유형이 다르게 된다. 일간이 경이면 교통사고와 같은 경우에 해당하고, 일간이 갑이면 건물이 무너져 깔리게 되거나 폭력으로 사고를 당하게 되며, 일간이 병이면 큰 화상을 입을 가능성이 높고, 일간이 임이면 술이나 독극물로 인하여 목숨이 위험하게 될 수 있다. 반면에 인과 유는 서로 어울리지 못하고 많이 미워하는 정도로 보며, 사와 술은 못 잡아먹어서 안달하는 경우이고, 자와 미는 무관심한 경우이고, 신과 묘는 서로 비난하는 정도가 심한 경우로 판단되는 사례가 많다.

나의 친구 이야기

나의 친구 중에서 병신년 무술월 병인일 병신시의 사주를 가진 사람이 있다. 천간에 병화를 3개나 가지고 지지에는 인신 충이 있고, 인과 술의 화국 반합을 이루고, 월주에는 무술 괴강이요, 일주에는 병인 효신살이다. 12운성은 병 묘 장생 병으로 나열되고, 년지 일지 시지에 역마살이 있고, 시지에는 지살까지 있으니 떠돌이 인생이다. 월주는 무술에 화개살이 함께 하고 천희성이 있다. 년 일 시에 천덕과 월덕귀인이 함께 한다. 년과 시에는 현침살이 있고, 월지에는 과살이 있다.

이 사주를 보고서 독자들은 무엇을 읽어낼 수 있을까? 이 친구의 인생을 대략 이야기해보면, 제주도의 성산에서 군인인 아버지 밑에서 태어나고 자랐지만 큰집에 아들이 없어 양자로 들어갔다. 년주에 병신이니 지장간에 양자의 운이 있다. 가정형편상 공부를 충분히 하지 못하고 중학교 졸업 후 고생하다가 18살에 공군하사관으로 입대하여 공부를 하였고 평생을 군인으로 지내고 원사로 전역하였다. 1등 무공훈장을 받았고 국가유공자로 등록되어 있다.

천희성이 있어 성격은 낙천적이고 병화가 셋이니 무엇 하나 감추고 숨기는 것이 없이 다 드러내고 산다. 일지의 인과 년지 시지의 신이 충이 되니 아내가 시댁과 자식과의 관계가 원만하지 못할 것이다. 이 친구의 인생에서 가장 불행한 일이 여난이 심하다는 것이다. 일주에 효신살이 든 것으로 알 수 있지만, 첫 아내와의 사이에 1남1녀를 두었으나 이혼하고서 혼자 군부대의 정문 앞에 컨테이너 박스를 가져다 놓고 돌도 되지 않은 어린 딸을 그 속에 두고 쉬는 시간 틈틈이 우유를 먹이면서 길렀다. 이후로 여자에 대한 한 푼의 믿음도 없이 지내면서 이 여자 저 여자와 혼인신고를 하고 지내기도 하고 혼인신고도 없이 같이 살기도 했는데, 혼인신고를 한 여자만 6명이나 되고 그냥 동거만 했던 여자까지 합하면 10명이 넘는다. 중년에 나도 가끔은 이 친구가 또 어떤 여자와 살고 있는지 혼란스러운 때가 있었다. 최근에야 가족증명서에 혼인 기록을 남기지 않지만 얼마 전까지만 해도 배우자 란의 칸이 모자라서 다 써넣지 못하는 웃지 못하는 상황이었다.

친부모와는 오랫동안 사이가 좋지 못하였고, 시지가 병신이니 다시 양자를 들일 운으로 지금의 부인이 낳은 1남1녀를 자식으로 등재하고 있다. 현침살과 급각살이 있고 낙정관살도 있으니 분명 다리에 이상이 있을 것이다. 오랜 기간 통풍으로 고생하였다, 월주가 무술 괴강이니 체질적으로 말술을 이긴다. 그래서 나와는 오랜 기간 술친구로서 합이 맞다. 지지에 신이 2개나 들었으니 재주가 남다른 것이 있는데 특히 물고기를 잡거나 해산물을 채취하는데 뛰어난 재능을 보인다. 이것은 인과 술이 화국 반합을 이루어 몸에 열이 많으므로 선천적으로 물을 좋아하고 손발이 따뜻하기 때문이기도 하다.

요즘은 제주도의 본가와 사천의 부인이 살고 있는 집을 오가면서 천하의 한량으로 살고 있다. 낚시 시즌이 되면 제주에서 본인의 배를 타거나 남해안에서 방파제 낚시를 즐기고, 수시로 운동 삼아 산을 타기도 한다. 한시도 지긋이 가만있지 못하는 성격이고, 사람들을 집으로 불러 손수 맛있는 음식을 장만하여 접대하기를 매우 즐긴다. 덕분에 나는 그저 입만 가지고 가면 되는 호사를 많이 누린다.

신살

사주를 감정할 때 인간에게 일어났거나 일어나고 있거나 앞으로 일어날 각종의 세세한 변화를 살피는 핵심 요소가 바로 신살神煞이다. 신살은 흔히 발음이 같고 뜻이 비슷한 신살神殺로 쓰는 경우도 있지만 한자로 쓴다면 신살神煞로 쓰는 것이 보다 정확하다고 하겠다. 살殺에는 죽인다는 뜻만 있지만, 살煞에는 '총괄하다' 또는 '결속하다'는 의미까지도 포함되어 있기 때문이다.

그런데 이 신살들은 역사 속에서 온갖 원리를 만들어내면서 그 수가 너무나 많아졌다는 것이 문제이다. 기본적으로도 70개가 넘는 신살이 있고, 확대하면 450개에 이르는 신살로 늘어나며, 납음오행의 신살까지 합하면 이루 헤아리기조차 힘들 정도로 많아진다.

> 신살에는 먼저 길흉성이라 부르는 것으로서 생년 납음오행의 수화목금토로 살피는 길흉성이 있고, 생월의 지지와 대조하여 육갑의 간지에서 찾는 길흉성도 있으며, 생월의 지지와 생일의 지지를 대조하여 살피는 길흉성도 있고, 생월의 지지와 나머지 지지들 사이에서 찾는 길흉성도 있고, 생일의 천간과 사주의 각 지지 사이의 관계에서 찾는 길흉성도 있고, 생

년과 생일의 지지와 나머지 지지 사이의 관계에서 찾는 길흉성도 있으며, 삼기귀인三奇貴人과 같이 생월 생일 생시에 특정한 천간을 만나는 길흉성도 있다.

그리고 일반적으로 신살이라고 부르는 것으로는 생년의 지지를 기준으로 각각의 지지와 대조하여 찾는 신살이 있고, 생년과 생일의 지지 어느 것이거나 다른 지지와 대조하여 찾는 신살이 있으며, 생일의 천간과 각각의 지지를 대조하여 찾는 신살이 있다.

신살이란 신과 살이란 두 의미를 결합하여 만든 말이다. 즉 길신과 흉살이라는 말을 줄인 것이라는 뜻이다. 그러나 사주의 감정에서 길신이라고 하여 언제나 길한 운으로만 작용하는 것도 아니며, 흉신이라고 하여 언제나 흉한 운으로만 작용하는 것도 아님을 알아야 한다. 다른 구성 요소들과 대조하여 길운으로 작용할지 흉운으로 작용할지 판단해야 한다.

신살 중에서 가장 영향력이 큰 것으로 12신살을 꼽는다. 신살의 순서는 겁살 재살 천살 지살 년살 월살 망신살 장성살 반안살 역마살 육해살 화개살이다. 12신살은 년지와 다른 지지를 대조하여 찾는다. 년지가 지지삼합의 어느 국에 해당되는지에 따라 12운성의 원리와 대응하여 장생은 지살에, 제왕은 장성에, 묘는 화개에 해당되는 위치로 배치된다. 즉, 생년의 간지가 인이라면 다른 지지에 인이 있으면 지살이 되고, 오가 있으면 장성이 되고, 술이 있으면 화개가 된다는 식이다. 처음 하나의 신살만 찾으면 나머지는 12운성의 순서와 같이 배치하면 된다. 따라서 12신살의 해석은 12운성에 해당하는 것과 비슷하다고 보면 된다. 년지가 사라면 사유축 금국이 되고, 이 때는 다른 지지의 인이 겁재가 되므로 묘는 재살 진은 천살 등의 순서로 배치된다는 것이다. 이것을 각각의 합국에 따라 도표로 나타내면 다음과 같다.

〈표 26〉 12신살표

방국\합국		삼합목국 해묘미	삼합화국 인오술	삼합금국 사유축	삼합수국 신자진
방국 목	인	망신살亡身煞	지살	겁살	역마살
	묘	장성살將星煞	년살	재살	육해살
	진	반안살攀鞍煞	월살	천살	화개살
방국 화	사	역마살驛馬煞	망신살	지살	겁살
	오	육해살六害煞	장성살	년살	재살
	미	화개살華蓋煞	반안살	월살	천살
방국 금	신	겁살劫煞	역마살	망신살	지살
	유	재살災煞	육해살	장성살	년살
	술	천살天煞	화개살	반안살	월살
방국 수	해	지살地煞	겁살	역마살	망신살
	자	년살年煞	재살	육해살	장성살
	축	월살月煞	천살	화개살	반안살

사주의 년지가 목국인 해묘미 중의 하나라면 나머지 지지 중에서 인이 들면 망신살이 되고, 사가 들면 역마살이 되며, 해가 들면 지살이 되는 것이라는 말이다. 다른 지지삼합의 원리도 같다.

도표에서 알 수 있지만, 겁살 재살 천살은 오행의 왕상휴수에서 수囚에 해당하며 12운성의 절 태 양과 같은 뜻이다. 지살 년살 월살은 12운성의 오행의 왕상휴수에서 상相에 해당하며 12운성의 장생 목욕 관대와 같은 뜻이다. 망신살 장성살 반안살은 오행의 왕상휴수에서 왕旺에 해당하며 12운성의 건록 제왕 쇠와 같은 뜻이다. 역마살 육해살 화개살은 오행의 왕상휴수에서 휴에 해당하며 12운성의 병 사 묘와 같은 뜻이다.

이제 12신살의 의미와 기본적인 통변에 대해 알아본다.

① **겁살**은 절絶과 같으니 재물이나 사람 등 모든 것을 겁탈당하여 다 잃은 상태라는 뜻이다. 사주에 겁살이 들면 사업의 실패나 도난 또는 사람과의 이별 등 여러 가지로 손해를 보게 된다고 해석한다.

② **재살**은 태胎와 같으니 자궁에 태아가 형성되는 시기와 같다는 의미이다. 태아가 자궁에 갇힌 모습이 감옥에 갇힌 것과 유사하다는 의미에서 수옥살囚獄煞이라고도 하며 국가기관에 의한 재해를 의미하는 관재수官災數라고도 한다. 생명이나 명예와 관련한 변화가 생기게 된다고 해석한다.

③ **천살**은 양養과 같으니 출산을 앞두고 있는 만삭의 상태라는 뜻이다. 어머니의 보호로부터 벗어나야하기 때문에 천재지변과 같은 운을 당할 수 있다고 본다. 그러나 독립된 생명으로의 탄생을 앞두고 있으므로 나쁜 살이 겹치지만 않으면 위험한 것으로는 보지 않는다.

④ **지살**은 장생長生과 같으니 태어나서 젖을 먹고 자라는 유아기와 같은 뜻이다. 걸음마를 배우는 아기가 가만있지 못하고 사방팔방으로 궁금증을 해소하고자 철없이 나돌아 다니고자 하는 것과 같다. 역마살과 유사하지만, 역마살이 수동적으로 떠밀려 돌아다니는 것인 반면 지살은 능동적으로 스스로 새로운 환경으로의 변화를 꾀하는 것이라는 점에서 다르다.

⑤ **년살**은 목욕沐浴과 같으니 청소년이 어머니의 품을 벗어나 스스로 성인이 된 것처럼 착각하여 하고 싶은 것을 마음대로 하고자 하는 뜻이다. 그래서 성인의

나쁜 모습인 주색에 빠지는 것으로 스스로를 성인으로 인정하고자 하는 성질을 보이므로 다른 말로는 도화살桃花煞 또는 함지살咸池煞이라고도 한다. 사주에 이것이 있으면 주색에 빠지기 쉽고 멋 내기를 좋아하며 참을성이 없고 다른 사람과 불화하며 질투심이 많다. 결혼생활이 순탄하지 못한 경우가 많다.

⑥ **월살**은 관대冠帶와 같으니 갓 성인이 된 약관의 나이를 뜻한다. 몸은 성인이 되었으나 마음은 청소년과 같은 상태로서 아무 일도 제대로 이루는 것이 없는 상태이므로 고초살枯焦煞 또는 고갈살枯渴煞이라고도 한다. 월살은 묘지와 충이 되는 자리로서 자원을 고갈시키는 자리이다. 사리분별이 되지 않으면서 오직 힘만 믿고 일을 하니 실패하기 쉽다. 아집이 강하고 안하무인의 특징이 있다.

⑦ **망신살**은 건록建祿과 같으니 심신이 성숙하여 벼슬길에 나아가 녹봉을 받게 된다는 뜻이다. 그러나 아직 경륜이 부족하여 원리원칙만 주장하니 일 처리가 원만하지 못하여 실수가 많게 되므로 망신을 당하니, 다른 이름으로는 군대가 전투에서 패하는 것과 같다는 의미로 파군살破軍煞이라고도 한다. 사주에 망신살이 들면 이해타산적으로 판단하며 이로 인해 망신을 당할 가능성이 높다고 본다.

⑧ **장성살**은 제왕帝王과 같으니 사람의 일생에서 가장 득의만만한 시기와 같다는 뜻이다. 장성살은 권위와 위엄을 가지게 되고 뚜렷한 주관으로 과감히 행동하며 진취적이면서도 인내와 끈기가 있다. 남 앞에 나서기를 좋아하고 자존심과 고집이 강하며 겁이 없고 아부하지 못하는 성격을 가지게 된다. 삶에서 가장 왕성한 기운을 누리는 시기라는 의미로 해석한다.

⑨ **반안살**은 쇠衰와 같으니 인생에서는 최고 왕성한 시기를 지나 늙음으로 진입한다는 뜻이다. 이는 말안장에 올라탄 것과 같은 의미로 이제 편안한 노후를 보내게 된다는 시기에 접어들어 고집과 용맹이 줄어들지만 오히려 원만한 성격으로 인해 승진하고 진학하며 사업은 번창한 운으로 본다. 반안살은 교제가 원만하

고 꾸미는 것을 좋아하며 문장력이 좋고 외교나 접대에 능력을 발휘하며 지혜로운 사람이 많다.

⑩ **역마살**은 병病과 같으니 인생의 쇠퇴기를 통과하면서 몸이 서서히 병들기 시작한다는 뜻이다. 이 살은 말 그대로 이동살移動煞이라고 할 만큼 사방팔방으로 바쁘게 다니며 분주한 삶을 산다는 의미이다. 그러나 생장기인 지살에 비해 쇠퇴기인 지살은 바쁘기는 하지만 나의 의지가 아니므로 소득이 없다는 특징이 있다. 임기응변에 뛰어나고 다사다망한 삶을 살지만 성과는 적은 운이다. 다만, 삶에 변화를 주는 일을 찾거나 무역업 등에 종사한다면 오히려 유리하다.

⑪ **육해살**은 사死와 같으니 죽음에 이르렀다는 뜻이다. 이는 지지육해이므로 병에 시달리고 가족 간에 불화하고 부부 간에 이별하며 관재구설에 시달리면서 고독하고 천박한 삶을 산다는 의미로 해석한다. 양자로 가거나 종교인으로 빠지거나 여자의 경우 단산하거나 자식을 잃을 수도 있다. 눈치가 빠르며 스스로를 과장하기 좋아하고 신경이 예민한 경우가 많다.

⑫ **화개살**은 묘墓와 같으니 죽은 후에 무덤에 묻히는 뜻이다. 세상의 부귀영화를 덮고 고독한 삶을 택하는 운명이니 내면적 삶에 충실한 모습을 보이는 것으로 해석한다. 그러나 총명하며 다재다능하여 여러 방면에 능력을 발휘할 수 있다. 고독한 삶을 즐기고 정신적으로 이상적인 세계를 추구하여 학문 예술 종교 철학에 깊이 몰두하며 문장에 뛰어난 재능을 보인다.

아래에서는 그 외의 신살에 대해 중요하다고 생각되는 것들을 유형별로 도표로 정리하고 그 의미를 열거해 본다.

신살 \ 월지	수방국 해자축	목방국 인묘진	화방국 사오미	금방국 신유술
격각살隔角殺	축 인(일지)	진 사(일지)	미 신(일지)	술 해(일지)
하정살下情殺	자 오	인유 자축	사 술 해	축 신
장군살將軍殺	신 사 해	유 술 진	미 묘 자	축 인 오
심수살深水殺	미 해	인 신	미	묘 유
폭패살暴敗殺	인 묘 오	해 미 술	사 자 진	신 유 축
욕분살浴盆殺	축	진	미	술

태어난 달의 지지와 태어난 날의 지지를 대조하여 찾아내는 신살이다.

① **격각살**은 짐승의 뿔이 양쪽으로 갈라져 있는 것과 같다는 의미로, 가족과의 인연이 적고 고독하게 사는 경우가 많다고 본다. 또 뿔에 받히는 의미도 있다고 보아 형벌에 저촉되는 수도 있다고 판단하기도 한다.

② **하정살**은 정을 내려놓는다는 의미이니, 자신보다는 남에게 이익을 주는 인정이 많은 유형이면서 세상 물정에 두루 통한다는 뜻으로 판단한다.

③ **장군살**은 장군과 같은 기질을 가지고 있다는 의미이니, 용맹이 뛰어나고 진취적이며 과감한 성격에 인내와 끈기를 가진 사람으로 판단한다.

④ **심수살**은 깊은 물과 같다는 의미이니, 지혜와 재능을 타고났지만 그로 인해 성격이 오만하여 남의 말에 귀를 기울이지 않고 남의 아래서 일하기를 싫어한다고 판단한다.

⑤ **폭패살**은 폭삭 망한다는 의미이니, 자신을 너무 과신하고서 남의 말을 듣지 않고 저돌적으로 일을 추진하다가 실패를 자초하게 된다는 뜻으로 판단한다.

⑥ **욕분살**은 단지를 씻는다는 의미이니, 하지 않아도 될 일을 스스로 하여 그것을 자랑으로 삼아 오히려 다른 사람의 원망을 사게 된다고 판단한다. 의리와 인정은 매우 두터운 사람이지만 자존감이 강하여 독선적이다.

〈표 28〉 생월과 다른 천간과 지지를 대조하여 찾는 신살

월 지	자	축	인	묘	진	사	오	미	신	유	술	해
천덕귀인天德貴人	巳	庚	丁	申	壬	辛	亥	甲	癸	寅	丙	乙
월덕귀인月德貴人	壬	庚	丙	甲	壬	庚	丙	甲	壬	庚	丙	甲
천덕합天德合	申	乙	壬	巳	丁	丙	寅	己	戊	亥	辛	庚
월덕합月德合	丁	乙	辛	己	丁	乙	辛	己	丁	乙	辛	己

① **천덕귀인**은 하늘이 덕을 내린 귀인이라는 뜻이니, 남이 모르는 덕을 갖추고 있으며 어려움에 봉착하더라도 타인의 도움을 받아 피할 수 있다는 신으로 판단한다. 사주의 내용이 길하면 그 길운이 배로 되고, 사주가 흉하면 그 흉은 반감된다고 본다.

② **월덕귀인**은 달이 덕을 비추는 귀인이라는 뜻이니, 흉을 물리치고 선을 이루는 길신으로 판단한다.

③ **천덕합**은 천덕에 합한다는 뜻이니, 천덕귀인과 간합하는 신이다. 천덕귀인 또는 천을귀인과 비슷하게 판단한다.

④ **월덕합**은 월덕귀인에 해당하는 천간에 간합하는 천간이다. 월덕귀인과 같은 길신으로 판단한다.

〈표 29〉 생일의 천간과 다른 지지를 대조하여 찾는 신살

신살＼일간	갑	을	병	정	무	기	경	신	임	계
태극귀인 太極貴人	자오	자오	묘유	묘유	진술축미	진술축미	인해	인해	사신	사신
천을귀인 天乙貴人	미축	신자	유해	유해	축미	자신	축미	인오	묘사	묘사
복성귀인 福星貴人	인	축해	자술	유	신	미	오	사	진	묘
천주귀인 天廚貴人	사	오	자	사	오	신	인	오	유	해
천관귀인 天官貴人	미	진	사	인	묘	술	해	신	유	오
천복귀인 天福貴人	유	신	자	해	묘	인	오	사	축미	진술
문창귀인 文昌貴人	사	오	신	유	신	유	해	자	인	묘
무성귀인 武星貴人	가	미	사	미	사	미	해	축	해	축
절도귀인 節度貴人	사	미	사	미	사	미	해	축	해	축
양인 羊刃	묘	진	오	미	오	미	유	술	자	축
비인 飛刃	유	술	자	축	자	축	묘	진	오	미
암록 暗祿	해	술	신	미	신	미	사	진	인	축
금여 金輿	진	사	미	신	미	신	술	해	축	인
홍염 紅艶	신	오	인	미	진	진	술	유	자	신
협록 夾綠	축묘	인진	진오	사미	진오	사미	미유	신술	술자	해축
문창 文昌	사	오	신	유	신	유	해	자	인	묘

학당 學堂	해	해	인	인	인	인	사	사	신	신
효신 梟神	자	해	인	묘	오	사	진술	미축	신	유
고란 孤鸞	인	사		사	신			해		

이 신살들은, 유심히 살펴보면 오행 상호간의 작용과 관련되어 있으므로 그 관계는 태극귀인에서만 설명하고 나머지는 독자들의 연구에 맡긴다.

① **태극귀인**은 가장 원초적인 귀인이란 뜻으로, 조상의 은덕이 있으며 가문을 일으켜 빛낸다. 삶에 횡재와 복이 생기고 지도자가 되어 많은 사람의 존경을 받게 된다고 판단한다. 갑을목이 자오를 태극으로 하는 이유는 수 인수와 토 재성의 왕지旺地이기 때문이다.

② **천을귀인**은 태을太乙귀인 옥당玉堂귀인 천은天恩귀인이라고도 불리는 것으로, 훌륭한 인물을 낳고 부귀공명을 누리는 것으로 판단한다. 12운성에서 만나는 것과 겸하여 해석하며 합을 좋아하고 형충파해는 싫어한다.

③ **복성귀인**은 복스러운 별이 비춘다는 뜻이니, 장수와 복으로 판단한다. 연월일시 중에 어디에 있느냐에 따라 해석이 달라진다. 다만, 형충이나 공망을 만나면 작용력이 격감한다.

④ **천주귀인**은 하늘의 복이 주방에 있다는 뜻이니, 식신의 건록을 말한다. 곳간에 곡식이 가득하여 일생 재복이 많고 근심이 없다고 판단한다. 정관 또는 정인이 있어야 관복과 식복이 더욱 빛나며 형충이나 공망을 만나면 복이 현저히 줄어든다.

⑤ **천관귀인**은 하늘이 관직을 내린다는 뜻이니, 공직으로 출세한다는 뜻이다.

문창귀인과 같이 있으면 더욱 길하다.

⑥ **천복귀인**은 하늘이 내린 복을 누린다는 뜻이니, 인품이 후덕하여 명예와 부귀를 누리게 된다는 의미로 판단한다.

⑦ **문창귀인**은 글로서 창성하게 된다는 뜻이니, 머리가 총명하며 글재주가 뛰어나다. 학문과 관련된 높은 자리에 오를 수도 있고 다른 흉한 기운을 소멸시키는 힘도 있다.

⑧ **무성귀인**은 무예의 별이란 뜻이므로, 문창귀인과 대비되어 군인이나 경찰 등의 무관직으로 출세하게 된다고 본다.

⑨ **절도귀인**은 일을 처리함에 절도가 있다는 뜻이니, 의리가 있고 자신의 분수를 알며 타인과의 조화를 이루는 원만한 성격의 소유자로 판단한다.

⑩ **양인**은 일간이 양간일 경우에만 적용되는 것으로 양인陽刃이라고도 하는데, 지지에 제왕이 임하는 자리로서 양의 고집스런 성격과 같은 의미이다. 의지가 강하고 폭력적인 성향이 있으며 후안무치한 성격 등의 부정적인 측면이 있으나 자신을 지키고자 하는 능력과 생존력은 긍정적으로 볼 수도 있다.

⑪ **비인**은 비도飛刀와 같은 의미로, 품속에 비수를 숨기고 있다는 의미이다. 일간에서 보아 12운성의 태(양일간)와 묘(음일간)에 해당하는 곳으로 양인과 충하는 위치이다. 섬세하고 정밀한 기술로 남보다 빠르게 재능을 드러내고 사회적 성취가 빠르지만 승부에 집착하여 재액을 초래할 가능성이 높다.

⑫ **암록**은 숨겨진 녹봉이란 뜻이니, 비공식적인 수입이나 다른 사람의 도움을 말한다. 어려움에 처했을 때 뜻밖에 남의 도움을 받는 경우와 같다. 삼형이나 공망을 만나면 힘이 사라질 것이라는 정도는 상식에 속한다.

⑬ **금여**는 금으로 만든 수레라는 뜻이니, 왕족이나 고관대작이 타는 것이다.

일간에서 만나게 되는 건록으로부터 세 번째의 지지가 해당된다. 성정이 온후하고 여유로우며 용모가 아름답다. 타인의 신망과 재물이 따르고 좋은 배필을 만나 자손이 번창한다. 고신孤身을 만나면 집을 떠나거나 종교인이 되기 쉽다.

⑭ **홍염은** 붉고 곱다는 뜻이니, 사랑과 관련되어 스스로 무책임하게 끼를 부리는 도화살과 대비되어 상대방이 매력을 느끼는 살이다. 성격이 밝고 명랑하며 배려심과 동정심이 있어 풍류인이며, 여자의 경우에는 도화살이 공개적으로 바람을 피우는 것이라면 홍염살은 비밀리에 사통하는 격이라고 할 수 있다.

⑮ **협록은** 두 지지가 일간의 건록을 양쪽에서 끼고 있다는 의미로, 친척이나 타인의 재물과 비호를 받는다고 판단한다. 두 지지 중 하나라도 충을 만나면 세력을 발휘하지 못한다.

⑯ **문창은** 글로 창성한다는 뜻으로, 학문과 문장으로 명예를 얻는 길신으로 본다. 타고난 바탕이 총명하여 교육계로 진출할 가능성이 높다고 판단한다.

⑰ **학당은** 말 그대로 배우는 집이란 뜻으로, 학문을 좋아하여 학자가 될 가능성이 높다고 해석한다. 문곡귀인文曲貴人 또는 관귀학관官貴學館 등의 의미와 같이 본다.

⑱ **효신은** 올빼미 귀신이라는 뜻으로, 올빼미는 어느 정도 자라면 어미를 쪼아 죽인다는 짐승으로 어머니와의 관계가 원만하지 못한 경우로 본다.

⑲ **고란은** 말 그대로 외로운 난새라는 뜻으로, 부부 사이의 인연이 박하여 따로 살거나 이별하거나 사별하여 고독한 삶을 살게 된다는 의미로 해석한다.

〈표 30〉 년과 일의 지지에서 다른 지지와 대조하여 찾는 신살

신살\년·일	자	축	인	묘	진	사	오	미	신	유	술	해
함지咸池	유	오	묘	자	유	오	묘	자	유	오	묘	자
고진孤辰	인	인	사	사	사	신	신	신	해	해	해	인
과숙寡宿	술	술	축	축	축	진	진	진	미	미	미	술
격각隔角	묘	묘	오	오	오	유	유	유	자	자	자	묘
홍란紅鸞	묘	인	축	자	해	술	유	신	미	오	사	진
천공天空	축	인	묘	진	사	오	미	신	유	술	해	자
병부病符	해	자	축	인	묘	진	사	오	미	신	유	술
조객弔客	술	해	자	축	인	묘	진	사	오	미	신	유
구살勾殺	묘유	술진	해사	자오	축미	신인	묘유	인신	사해	오자	미축	인신

① **함지**는 해가 지는 서쪽의 큰 못이라는 뜻이니, 년살 도화살 욕지라고도 하며 색욕이 강하여 음란함을 뜻한다. 특히 일지에 있으면 부부가 불화하고 배우자가 부정하기 쉽다.

② **고진**은 외로운 별이라는 뜻으로, 고독한 홀아비를 가리키며 년지와 일지의 방국합 바로 뒤에 오는 지지가 해당된다. 남녀를 불문하고 결혼이 어렵거나 못할 가능성이 많다. 특히 재성에 고진이 들거나 일지에 고진이 들면 특히 그렇다고 본다.

③ **과숙**은 과부가 홀로 잔다는 뜻으로, 년지와 일지의 방국합 바로 앞의 지지가 해당된다. 연애하기 어렵고 결혼이 늦어지거나 시지에 들면 결혼 후에도 이별이나 사별로 외롭게 살 가능성이 높다고 본다.

④ **격각**은 짐승의 뿔이 서로 다른 방향으로 뻗어 있다는 뜻이니, 부묘형제와 떨어져서 객지에서 홀로 생활하게 되는 운명으로 판단한다. 특히 일지와 시지의 격각

을 중요하게 보며 부부 사이에도 해당될 수 있다. 대운과 세운에서도 살펴야 한다.

⑤ **홍란**은 천자가 타는 수레에 매단 방울이란 뜻이니, 귀인을 만나 발전과 화합 그리고 성취를 이루어 기쁨을 얻는 운세를 뜻한다. 대운이나 세운에서 살피는 것이 중요하다.

⑥ **천공**은 하늘이 비었다는 뜻이니, 부실과 공허를 주관하는 신살이다. 길운에서는 흉신으로 작용하고 악운에서는 길운으로 작용할 수도 있다. 공망과 같은 의미로 해석한다.

⑦ **병부**는 병의 신호라는 뜻이니, 병이나 관재 또는 다툼이 온다고 보는데 특히 세운에서 오는 것을 주의해서 살핀다.

⑧ **조객**은 상문살과 비슷한데, 상문살은 년지를 기준으로 한 지지 앞이고 조객은 한 지지 뒤이다. 실제로는 큰 의미가 없다고 할 수 있다.

⑨ **구살**은 갈고리와 같은 흉살이라는 뜻으로, 매우 불길한 살이다. 악살이나 삼형 등과 같이 들게 되면 비명횡사하거나 형벌에 저촉되어 죽는다고 해석한다.

〈표 31〉 생년의 지지와 다른 지지를 대조하여 찾는 신살

신살\생년	자	축	인	묘	진	사	오	미	신	유	술	해
음살陰殺	축	술	미	진	축	술	미	진	축	술	미	진
천형天刑	미	신	유	술	해	자	축	인	묘	진	사	오
수옥囚獄	오	묘	자	유	오	묘	자	유	오	묘	자	유
천곡天哭	오	사	진	묘	인	축	자	해	술	유	신	미
검봉劍鋒	자계	사무	사축	묘을	진사	사병	오정	미사	申경	유후	술무	해임
대화大禍	병정	갑을	임계	경신	병정	갑을	임계	경신	병정	갑을	임계	성신
탕화湯火	오	미	인	오	미	인	오	미	인	오	미	인

생년의 지지와 대조하여 찾는 신살은 매우 많다 그러나 그 중에는 12 신살도 포함되어 있고 또 별로 의미 없는 신살들도 허다하여 다소 중요하게 고려하는 몇몇 신살들만 골라서 뽑았다.

① **음살**은 드러나지 않는 흉살이라는 뜻으로, 생년 생월 생일에 들게 되면 알지 못하게 재산의 손실을 입는다는 의미로 판단한다.

② **천형**은 하늘이 내리는 형벌이라는 뜻으로, 형제나 가까운 친족 사이에 형벌이 닥친다는 의미로 해석한다. 사주에 이 살이 있고 다시 세운에 들게 되면 면하기 어렵다고 본다.

③ **수옥**은 감옥에 갇힌다는 뜻으로, 사주가 악운이 많은데 이 흉살을 가지게 되면 형옥의 근심이나 형사상 문제가 있다고 해석한다.

④ **천곡**은 하늘이 운다는 뜻으로, 친족의 상을 당한다는 의미인데 특히 세운에서 오게 되면 상복을 입을 일이 생기게 된다고 판단한다.

⑤ **검봉**은 날카로운 칼날이라는 뜻으로, 사주에서 양인과 같이 들게 되면 운이 나쁘다고 보며 특히 세운에서 오게 되면 재해를 면하기 어렵다고 본다.

⑥ **대화**는 큰 환란이라는 뜻으로, 싸움이나 전쟁에서 재난을 당한다고 해석한다.

⑦ **탕화**는 끓는 물과 불이라는 뜻으로, 뜨거운 물에 데든지 불에 화상을 입게 된다고 보며 항상 불을 조심해야 한다고 본다. 세운에서 들면 특히 그러한 기운이 강하다.

삼기귀인 三奇貴人	천상귀인		지하귀인		인중귀인	생년 생월 생일의 천간
	경 무 갑		정 병 을		신 계 임	
곡각살 曲脚煞	을해 을유 을미 을사 을묘 정사 기사 기묘 기축 기해 기유 기미 신사 계사					주로 일주로 봄
단교관살 斷橋關煞	월지 : 인 묘 진 사 오 미 신 유 술 해 자 축 일·시 : 인 묘 신 축 술 유 진 사 오 미 해 자					월지를 중심으로 일지 시지에서 찾음
천의성 天醫星	월지 : 인 묘 진 사 오 미 신 유 술 해 자 축 타지 : 축 인 묘 진 사 오 미 신 유 술 해 자					월지를 중심으로 다른 지지에서 찾음
천문성 天門星	술 해 묘 미 유(특히 술 해)					지지에 두 개 이상 있을 경우
현침살 懸針煞	갑신 갑오 신묘					생월 생일 생시의 간지
급각살 急脚煞	인묘진	사오미		신유술		해자축	월지 방국 중심으로 다른 지지에서 찾음
	해 자	묘 미		인 술		축 진	
진신 進神	갑자	신묘		무술		계축	생일 간지
퇴신 退神	임진	갑오		기묘		기유	
음욕살 淫慾煞	경신	신묘		무술		계축	생일 간지
	갑인	을묘		기미		정미	
괴강 魁罡	경진 경술 임진 무술					사주의 모든 간지
백호 白虎	무진 정축 병술 을미 갑진 계축 임술					
낙정관살 落井關煞	갑기	을경	병신	정임	무계	일간 중심으로 일지 시지로 찾음
	사	자	신	술	묘	

기타 신살에도 다양한 것들이 있지만 여기서는 사주의 감정에서 그나마 비중 있게 다루는 것들을 몇 가지 추려서 수록한다. 이러한 신살들은 길신을 만날 경우와 흉살을 만날 경우에 각각 다르게 해석하며 12운성과도 연관하여 해석해야 하므로 주의가 필요하다.

① **삼기귀인**은 사주에 재성 인성 관성을 모두 가진 것을 말하는데 천상삼기는 갑무경이고, 지하삼기는 을병정이며, 인중삼기는 임계신이다. 재복과 관록과 수명을 관장하는 신을 모두 갖춘 상태이다. 그러나 순운일 때는 길하게 작용하지만 역운에서는 그렇기 못하다. 천을귀인이나 천덕 월덕을 만나면 대길하다. 삼합국이 되면 나라의 기둥이 되고, 공망이 되면 산림은사가 된다. 천간에 있는 것을 외삼기라 하고 지지의 장간에 있는 것을 내삼기라고 하는데, 내삼기를 더욱 귀하게 본다

② **곡각살**은 다리가 굽는다는 뜻으로, 사지에 장애가 생기고 불구가 된다고 해석한다. 사주에 2개 이상이 들면 몸에 반드시 이상이 있게 되지만 길신이 함께 하면 면할 수 있다. 칠살 즉 충을 만나거나 흉살과 함께 하면 그 영향력은 커진다.

③ **단교관살**은 다리의 길목이 끊어진다는 뜻이니, 하는 일이 중간에 난관을 만나 실패하게 되거나 사지의 장애가 와서 정상적인 생활을 할 수 없게 된다고 해석한다.

④ **천의성**은 하늘이 내린 의사라는 뜻으로, 다른 사람의 생명이나 마음을 치유해주는 능력이 탁월한 길신이며, 또한 자신에게 병이 찾아왔을 때는 명의를 만나 치료를 받을 수 있는 운으로도 해석한다. 현침살과 비슷하지만 보다 폭이 넓어 종교인이나 상담가로의 성취도 가능하다고 본다.

⑤ **천문성**은 하늘의 문이라는 뜻으로, 하늘의 뜻 즉 운의 변화를 잘 읽어내는 능력을 말한다. 사람의 건강이나 적성을 잘 분석하므로 의사 종교인 역학자 등의 직업에 어울린다고 해석한다. 이와 비슷한 신살로 귀문관살이 있는데, 지지에 자유 인미 축오 묘신 진해 사술 등이 들어 있는 경우를 말한다. 이 살은 감수성이 예민하기는 하지만 천문이 아니라 귀신의 문이므로 문학과 예술 등의 방면에 능력을 발휘한다고 본다.

⑥ **현침살**은 침을 들었다는 뜻으로, 침을 놓는 한의사가 되거나 바느질에 능한 사람이 될 가능성이 높은 것으로 해석한다. 한편으로는 비판력이 뛰어나 언변에 능하며 냉정한 사고력을 가지고 있다고도 본다.

⑦ **급각살**은 다리에 급한 일이 생긴다는 뜻으로, 골절이나 치아가 부러지거나 신경통 그리고 다리에 이상이 있는 것으로 생일과 생시에 있게 되면 다리를 절거나 고질병을 가지게 된다고 해석한다.

⑧ **진신**은 스스로 나아간다는 뜻으로, 퇴신과는 상대되는 의미이며 교신 복신 등과 더불어 거론되는 것이지만 여기서는 편의상 진신과 퇴신만을 나열한다. 자신이 좋아하는 일을 스스로 만들어 즐기는 타입이다. 이것의 원리는 60갑자를 15개씩 4줄로 배열하여 각각 1번째에 오는 것을 진신이라 하고 13번째에 오는 것을 교신이라 하며 14번째에 오는 것을 퇴신이라 하며 15번째에 오는 것을 복신이라 한다는 원리에 따른 것이다.

⑨ **퇴신**은 물러난다는 뜻으로, 어떤 일이든지 한 가지를 오래하지 못하고 한 자리에 오래 머물지 못하며 늘 마음이 따로 노는 상황을 말한다. 교신은 바뀌다 교대한다는 뜻으로 다른 사람과 어울리지 못하고 혼자 일하기를 좋아하며 개인주의 성향이 강하여 그런 분야에서는 성과를 낼 수 있다고 본다. 복신은 엎드려 있다는 뜻으로 침체기에 빠져 있는 상태로 본다. 그러나 이러한 신살은 사주의 감

정에서 일차적인 대상이 아니라는 점에 유의해야 한다.

⑩ **음욕살**은 성적인 욕망이 강하다는 뜻으로, 욕심과 욕정이 많아 부모와 부부 그리고 자식 간에 인연이 박하다고 본다. 남자는 부인과 이별의 운이 강하며 여자는 부모와의 인연이 없는 것으로 해석한다. 생시에 있게 되면 자녀문제로 고민하게 된다. 비견이 든 경우를 말하는 것이므로 나와 똑 같은 상대를 만난 격이어서 운강(신강)과 체강(신약)에 따라 해석이 달라진다.

⑪ **괴강**은 으뜸가는 별이라는 뜻으로, 북두칠성을 지칭한다. 우두머리의 기질을 강하게 타고 났으므로 다른 사람의 간섭을 매우 싫어하며 자유로운 영혼을 가지고 있다. 그러므로 길운일 경우와 흉운일 경우가 극단적으로 갈리게 되며, 윗사람과의 불화가 늘 함께 하기 쉽다. 특히 운강(신강)의 경우에는 그러한 효과가 배가 된다. 이 신살은 진술의 2토에만 해당되는데, 앞에서 살펴본 것처럼 진과 술은 극양의 기운과 극음의 기운이고, 극음의 술토는 다시 양토로 변하기 때문에 그 작용력이 클 수밖에 없다. 괴강이 있으면 길신으로 작용할 때는 큰 부자나 큰 귀인 또는 큰 명예를 얻게 되지만 반대일 경우에는 횡포하여 폭력을 사용하기 쉽고 매우 가난하게 살거나 큰 재앙을 만나기 쉽다.

⑫ **백호**는 흰 호랑이라는 뜻으로, 숙살을 주관하는 서방의 신인 백호의 성질을 의미한다. 백호살이 든 사람은 갑작스럽게 불같이 화를 잘 내고 불의의 재난이나 비명횡사 등을 당하기 쉽다고 해석한다. 특히 일주에 있을 경우에는 부부간의 불화는 정해진 이치이다. 이때 배우자의 일주에 괴강이 들어 있다면 그 불화는 더욱 강할 수밖에 없지만 누구의 운세가 더 강한가에 따라 부부의 운명이 달라진다. 백호살은 후천역의 구궁괘의 변화원리에서 나온 것으로 60갑자를 아홉 개씩 나누어 구궁으로 배치하여 순환시키면 가운데의 중궁에 차례대로 들어오게 되는 진술축미에 해당하는 것이 바로 백호이다.

⑬ **낙정관살**은 우물에 떨어진다는 뜻으로, 추락하여 사고를 당해 다치거나 사망에 이르는 경우로 해석한다. 더욱 확대하여 죄를 지어 수감되는 경우까지도 포함한다. 사주에 있는 것도 좋지 않지만 세운에서 드는 것을 더욱 조심해야 한다. 이 살은 특히 일생에 물을 조심할 필요가 있다.

이상의 신살은 반드시 운강(신강)과 체강(신약) 그리고 12운성의 강중약 그리고 다른 길신과 흉살의 관계에서 면밀히 살펴야 하는 것이므로 어설픈 해석은 삼가는 것이 좋다.

일반적으로 알려진 신살의 종류는 대략 450여 개에 이른다고 한다. 그러나 그 중에는 이론적 당위성이 매우 부족한 것들이 많으므로 사주의 감정에서 시시콜콜한 것에 매여서는 안 될 것이다.

격국

    사주의 감정에서 많은 사람들이 격국설에 집착하는 것을 볼 수 있다. 그러나 격국설이란 결국 자기가 스스로 사주를 보면서 일정한 시각이 생기면 자연스럽게 터득되는 것이다. 오늘날 명리서에서는 그야말로 수백 가지에 이르는 격국설을 만들어 초보자들을 혼란에 빠트리고 있다. 격국을 찾는 것이 명리학의 대가가 되는 지름길인 것처럼 알고 있는 경우가 허다하다. 이 책에서는 격국에 대해서는 과감하기 언급을 하지 않고 지나가기로 하였으니 독자들의 양해를 바란다.

용신(『궁통보감』)

일반적으로 사람들이 사주를 보고자 하는 가장 큰 이유는 두 가지 정
도라고 할 수 있다. 첫째는 앞으로 닥쳐올 자신의 운과 명이 어떤 모습일
까 궁금한 경우이고, 둘째는 현재 처한 어려운 상황을 어떻게 하면 잘 극
복할 수 있거나 언제쯤 그 상황이 극복될 수 있을 것인가 하는 점이 궁금
하기 때문이다.

그런데 앞으로 닥쳐올 자신의 운과 명이 본인이 원하는 바람직한 방향
이 아니거나, 현재 처한 어려운 상황이 짧은 기간 내에 쉽게 해결될 문제
가 아니라는 답이 나올 경우는 어떻게 해야 하는가? 상식적으로 생각하
면 답도 간단하게 두 가지로 제시될 수 있다. 자신이 나아가고자 희망하
는 방향을 포기하거나 주어진 환경이 불만이더라도 '이 또한 언젠가는 지
나가리라'하는 마음으로 고난을 감수하는 방법이 하나이고, '나의 운명
은 내가 개척한다'는 신념으로 불굴의 의지를 앞세워 원하는 방향으로 나
아가도록 노력하거나 백방으로 해결책을 찾아 돌파구를 모색하는 것이
또 다른 하나이다.

속담에 "시골마을의 이장이라도 하려면 하다못해 논두렁 정기라도 타
고 나야 한다."는 말이 있다. 사람이 세상을 살면서 작은 감투라도 쓰려면

그에 맞는 자질을 타고 나야 한다는 뜻이다. 근래까지 지방대학의 신입생들에게 장래의 희망직업을 물어보면 절반 이상의 학생들 대답은 공무원과 교사라는 대답을 들을 수 있었다. 열람실의 풍경은 전공과목 공부는 뒷전이고 대부분이 공무원이나 교사 임용고시준비 서적이 즐비하게 펼쳐져 있었다. 최근에는 학령인구의 급격한 감소로 인하여 사범대학에 진학한 학생들조차도 교사의 꿈을 꾸는 경우는 현저하게 줄었지만 공무원을 희망하는 학생들은 여전히 줄지 않고 있다.

공무원을 희망하는 젊은 대학생이 압도적 다수를 차지하는 국가의 장래가 밝을 수는 없다. 우수한 인재는 창의적 분야에서 높은 부가가치를 창출할 수 있는 도전적 분야로 나가야 한다. 그것이 국가의 발전을 가져오는 원동력이고 개인의 성취를 이루는 자기완성의 길이다. 짧게는 3년에서 길게는 10년에 이르도록 공무원시험만을 위하여 세월을 보내는 것이 국가나 개인적으로 얼마나 큰 손실인가! 또 그렇게 하고서도 결국 공무원이 되는 사람의 수는 얼마 되지도 않는다. 오늘날 공무원시험의 경쟁률은 심한 경우는 200 : 1 정도이며 보통이라도 20 : 1 정도라고 한다.

사주에 관운이 없거나 관운이 있더라도 대운과 세운에서 관성이나 인성을 만나지 못하면 시험에 합격하기 어렵다고 명리학에서는 해석하고 있다. 그와 반대로 남들처럼 죽을 만큼의 노력을 하지는 않는 것처럼 보이던 사람이 한두 번에 어렵지 않게 시험에 합격하여 공무원의 길을 가게 되고 또한 승진도 남달리 빠른 경우도 볼 수 있다. 이런 경우는 그야말로 사주팔자에 따른 운명이라고 설명하는 것이 오히려 합리적일 수도 있다.

대학에서 학생들과 오랜 기간 함께 하다보면 졸업 후에 직장을 제대로 잡지 못해 고생하는 안타까운 경우를 너무나 많이 보게 된다. 빈익빈 부익부의 양극화시대의 자본주의 사회에서 살고 있으면서 무한경쟁의 마당에서 목숨을 건 검투사와 같은 삶을 살아내야 하는 우리 젊은이들의 운명이 안타깝다. 이렇게 글을 쓰고 있는 나 역시도 그러한 삶의 질곡에서 벗어나지는 않기는 마찬가지이지만!

> 그래서 사주의 감정에서 용신을 찾는 일이 중요하다. 타고난 사주의 틀로부터 보다 바람직한 삶의 길을 찾는 인생의 네비게이션이 바로 용신이다. 내 삶을 도와줄 길신을 찾아 좌표로 삼거나 직업으로 확보하는 방법인 것이다. 사실 사람들이 사주를 보고자 하는 결정적인 이유는 바로 용신 때문이다. 삶에 주어진 문제에 대한 답을 구하고자 하는 것이다.

오늘날 우리사회에서 명리와 역학 그리고 무속에 종사하는 사람들의 숫자는 일반적으로 생각할 수 있는 것보다 훨씬 많은 것으로 보고되고 있다. 그리고 이 분야에서 유통되는 자금은 세금과도 무관하면서도 그 규모가 1년에 대략 5조원을 넘는다고 알려져 있다.

용신은 참으로 많은 분야에서 사람들의 마음에 부합하는 작용을 하여 돈이라는 화폐가치와 교환되고 있다. 남녀의 결혼을 위한 궁합보기와 택일, 이사 가는 방위와 길일잡기, 신생아의 출생일 택일 및 이름 짓지나 개명하기, 전공이나 직업 선택하기, 심지어는 장거리 출장 가는 날 택일로부터 집짓는 장소와 건축하는 날 잡기, 죽은 후에 묘지 선택과 묘지의 방향 잡기, 회사에서 새로운 인재를 뽑을 때 사주보기, 가게의 판매상품 선정 및 오픈일과 가게 출입문의 방향잡기, 사업주가 어떤 상품을 생산해야 좋을 것인지 선택하기, 어떤 주식에 투자해야 돈을 벌 수 있을지 종목 선택하기 등등 살면서 만나게 되는 모든 의문들에 대한 해답이 바로 용신으로 제시되는 것이다. 개인은 물론 사업하는 사람들로서 하느님이나 부처님 또는 산신이나 용왕신 하다못해 부엌의 조왕신에 이르기까지 도움을 요청하지 않고 사는 사람들이 과연 얼마나 될까?

명리나 역학 또는 무속은 대부분의 경우 이 용신이란 것을 팔아서 돈을 벌지만 관연 그 중에서 어떤 방법으로 얻은 용신이 정답일까? 그리고 그 적중률은 얼마나 될까? 요즘은 통하지 않는 방법이지만 옛날에는 임신한 아이가 아들인지 딸인지를 묻는 일도 흔히 있었다는데, 맞출 확률은 50%이지만 실제로 맞추는 경우는 얼마나 되었을까? 우스운 이야기로 이렇게 찾아온 손님이 돌아가고 나면 따로 종이에 그 사람의 이름과 날짜를 기록해두고서 만약 아들이라고 답을 했다면 딸이라고 적어두고, 딸이라고 답을 했으면 아들이라고 적어두는 일까지도 있었다고 한다. 혹시나 틀려서 나중에 항의를 받게 되면 그 종이를 꺼내어 보이면서 사실을 그 반대였는데 만약 사실대로 답했다면 아까운 생명을 낙태할 수도 있었으므로 자신이 생명을 죽이는 일은 할 수 없었기 때문이라고 핑계거리를 미리 만들어두었다는 이야기도 전한다. 아직도 부부가 언제 합궁을 하면 아들이나 딸을 얻을 수 있다는 용신은 돈과 교환되는 것으로 알고 있다.

용신을 잡는 방법은 다양하다. 무속인은 몸신에게 물어서 답을 얻을 것이고, 역학인은 역술의 논리 즉 주역의 괘상을 계산하여 답을 얻을 것이며, 명리학에서는 사주의 원국에서 오행의 생극제화를 계산하여 답을 얻을 것이다.

특히 명리학에서는 경우에 따라 사주의 원국뿐만 아니라 대운과 세운 등과의 종합적 검토를 통하여 상황에 맞는 답을 용신으로 제시한다. 그러나 가장 일차적인 용신은 직업의 선택과 건강을 위한 의사나 약재의 선택 그리고 취미나 방위의 선택일 것이다. 명리학에서도 유파나 개인에 따라서

용신을 잡는 방법은 다양하다.

여기서는 그와 같은 다양한 방법들에 대해서 논하지는 않겠다. 전통적으로 용신법을 전문적으로 다룬 책으로 『협기변방서協紀辨方書』가 있어 다양한 내용들을 수록하고 있지만, 명리학의 전통적 용신법은 『궁통보감窮通寶鑑』이 가장 기준이 될 것이다. 아래에는 2015년에 국내에서 번역본으로 출판된 『궁통보감』(한국학술정보(주))의 부록으로 수록된 '천간십제요天干十提要' 즉 서락오의 '희용제요喜用提要'에서 제시한 내용을 도표화하여 용신법의 기준으로 제시한다.

〈표 33〉 '천간십제요' 용신법

월＼일간	갑	을	병	정	무	기	경	신	임	계
1(인)	병계	병계	임경	갑경	병갑계	병경갑	무갑임병정	기임경	경병무	신병
2(묘)	경병정무기	병계	임기	경갑	병갑계	갑계병	정갑경병	임갑	무신경	경신
3(진)	경정임	계병무	임갑	갑경	갑병계	병계갑	갑정임계	임갑	갑경	병신갑
4(사)	계정경	계	임경계	갑경	갑병계	계병	임무병정	임갑계	임신경계	신
5(오)	계정경	계병	임경	임경계	임갑병	계병	임계	임기계	계경신	경신임계
6(미)	계경정	계병	임경	갑임	계갑병	계병	정갑	임경갑	신갑	경신임계
7(신)	경정임	병계기	임무	갑경병무	병계갑	병계	정갑	임갑무	무정	정

8(유)	경정병	계병정	임계	갑경병무	병계	병계	정갑병	임갑	갑경	신병
9(술)	경갑정임계	계신	갑임	갑경무	갑병계	갑병계	갑임	임갑	갑병	신갑임계
10(해)	경정병무	병무	갑무경임	갑경	갑병	병갑무	정병	임병	무병경	경신무정
11(자)	정경병	병	임무기	갑경	병갑	병갑무	정갑병	병무임갑	무병	병신
12(축)	정경병	병	임갑	갑경	병갑	병갑무	병정갑	병임무기	병정갑	병정

* 윗줄에 있는 것이 기본 용신이고 아래에 있는 것은 변통 용신이다.

사주의 원국에서 용신을 잡는 일차적 방법은 일간을 기준으로 월지와 대조하는 것이다. 일간과 월지를 잇는 선을 연장하면 년주의 아래에서 원신을 찾을 수 있고, 시주의 위에서 용신을 찾을 수 있게 된다. 그래서 위의 표와 같이 각 천간에 따른 열두 달의 첫 줄에 표시한 하나의 천간이 바로 기본 용신이 된다.

그리고 난 후에 나머지 천간과 지지의 관계를 살펴서 보조적인 용신으로 쓰는 것이 두 번째 줄과 세 번째 줄에 표시한 천간이다. 더 나아가면 대운과 세운에 따라 변통이 필요한 용신을 찾는 방법도 같은 원리이다.

바로 이런 원리에 입각하여 필자는 일간을 운의 기본으로 보고, 월지를 명의 기본으로 보아야 한다고 주장한다. 용신을 찾고 난 후에는 이에 해당하는 물상과 의미를 대입해야 한다. 1부의 천간 항에서 살펴본 천간의 물상과 의미를 기본으로 하여 필요에 따라 보다 확대된 물상과 의미를 적용해야 할 경우가 있으므로 이에 대해서도 심사숙고하여 식견을 넓혀야 한다.

공부란 복잡하게 하는 것이 아니다. 그렇지만 용신을 잡는 공부는 하루아침에 되는 것도 아니다. 하나하나의 사례를 통하여 깊이 성찰하면서 조심스럽게 대조해보고 그 효험을 징험해가서 일정한 정도의 경험이 축적되어야 나름대로의 방법을 터득하게 되는 것이다. 앞에서 언급한 바와 같이, 용신은 그 적용범위가 너무나도 방대하므로 그 원리에 대한 자신의 깊은 이해가 선행되어야만 활용에서 묘용을 발휘할 수 있게 된다.

관계읽기(통변)

사주를 감정하기 위해서는 앞에서 도표로 보인 것처럼 사주의 원국을 나열하고, 이어서 보통 대운과 세운을 그 옆에 이어서 표시한다. 그리고 천간과 지지의 음양과 오행을 살피고, 육신을 표시하고, 12운성을 찾아서 나타내고, 공망을 표시하고, 운강(신강)과 체강(신약)을 계산하고, 이어 형충파해 등의 관계를 찾고, 각종 길신과 흉살을 표시한다. 그러면 기본적으로 사주의 명식이 완성된 것이다.

오늘날에는 컴퓨터나 스마트폰에 간단히 앱만 설치하고서 생년월일시를 입력하면 이 정도까지는 자동으로 나타내주므로 어려울 것이 전혀 없다.

사주를 감정해야 하는 사람이 해야 할 일은 그 다음부터이다. 즉 그러한 각종 정보들을 보면서 그들 상호간의 관계를 살펴서 그 사주의 운과 명 그리고 변화를 읽어내야 하는 것이다. 그리고 더 나아가서는 원신을 찾아서 그 사람의 근본을 파악하고, 용신을 찾아서 그 사람이 봉착하고 있는 현실적인 문제에 대한 해결책을 제시해야 한다. 이 과정에서 중요한 것은 사주를 통하여 한꺼번에 모든 정보를 다 알 수 있는 것은 아니므로 알고자 하는 내용들을 순차적으로 제시하여 가장 중요하고 시급한 문제에 대한 해답부터 차근차근 풀어가면서 전체적인 정보를 정리해야 한다. 이를테면, 어떤 직업을 선택할 것인가 아니면 건강상의 문제를 해결하고자 하는가 아니면 궁합을 볼 것인가 또 아니면 결혼의 시기나 상대자로서 어떤 사람이 잘 어울릴 것인가 하는 등등의 우선적인 의문부터 풀어가야 한다는 말이다.

나는 요즘 사람의 수명에 대한 물음에는 별로 구체적인 대답을 하지 않고 그저 웃기만 하는 경우가 많다. 몇 년 전에 잘 아는 어떤 사람이 새해가 되어 자신의 신수를 좀 보아달라고 해서 간단히 살펴보고서 '올해 가장 큰일은 시어머니가 세상을 떠날 것'이라고 했다. 그러니 다시 남편의 신수를 보아달라고 해서 또 '올해 어머니가 세상을 떠나겠다'고 했는데, 다시 아들과 딸의 신수를 보아달라고 하여 '올해 할머니가 세상을 떠나겠다'고 하였다. 그러니 언제쯤 그런 일이 있겠냐고 또 물어 '아마 4월에 그럴 것 같다'고 했었다. 그런데 결국 그 시어머니는 그해 12월에 세상을 떠났다. 내가 헛소리를 한 것이었다. 그런데 그 속에는 숨은 이야기가 더 있다. 원래 그 시어머니는 4월에 쓰러져서 의식을 완전히 잃은 상태가 되었지만 병원으로 옮겨 연명치료를 하게 되어 물리적인 생명만 연장하고 있었던 것이다. 운은 4월에 끝났는데 명은 12월까지 이어졌던 것이다. 그런 일이 있고부터는 요즘 세상에서는 의술이 명리학을 능가하는 분야가 있으므로 적어도 인간의 목숨에 관한 이야기는 특별한 경우가 아니면 언급하지 않는 것이 좋겠다는 생각을 가지게 되었다.

사주감정에서는 각종 정보들 사이의 관계를 읽어내는 일을 통변通變 즉 '변화에 통하는 일'이라고 말한다. 가장 중요한 원리는 육신을 정확히 살피고 년주 월주 일주 시주 등이 가지는 고유한 의미를 알고서 운강(신강)

과 체강(신약)에 따라 달리 해석하고, 또 12운성의 강중약에 따른 힘의 작용력과 공망과의 관계에서 길이 흉으로 변하는지 흉이 길로 변하는지를 살피고, 형충파해 또한 길과 흉 중에서 어떻게 작용하는지를 읽어내야 한다. 통변은 사주감정의 꽃이다.

사주를 간지에 따라서 각각의 판단을 대입하면 518,400 가지의 유형이 된다. 그러나 지금 지구상에는 약 77억 명의 사람이 살고 있고, 지금까지 이 세상에 살다가 떠난 사람들의 숫자를 모두 헤아리면 과연 그 숫자는 얼마나 되겠는가? 그러므로 아무리 통변에 달통했다고 하여도 한 인간의 운명을 온전하게 이해한다는 것은 사실상 불가능하다고 보아야 한다. 이제 육신을 기준으로 통변의 기본원리에 따른 가장 일반적인 사주감정의 공식들과 인간이 세상을 살면서 어느 순간순간 궁금해 하는 운명의 주제들에 대한 관계읽기에 대해서 얼마쯤 아래에 열거해본다. 그 중에서 육신을 중심으로 하는 통변은 대체로 변만리의 『만리천명』과 『육신활용대전』에 수록된 내용을 토대로 하였고, 운명의 주제들에 대한 통변은 이석영의 『사주첩경』을 바탕으로 하고 더하여 오랜 기간 동안 명리학의 교과서로 인정받은 백령관의 『비전 사주정설』에 수록된 내용들을 요약하고 평이하게 서술한 것임을 밝힌다. 그 이후로 수많은 저술들이 나왔지만 이 책들이 우리나라 현대 명리학의 근간이라고 할 수 있으며, 시대가 변하여도 근본은 바뀌지 않는 것이기 때문이다. 통변의 원리는 한 가지 길이므로 일정한 공부가 있으면 그 길에 스스로 도달할 수 있다.

* 이하 사주의 원국에서 나타나는 육신의 상호 대조는 월지가 기준이 되는 경우를 기본으로 하고 그 외의 경우는 부차적으로 보는 것을 원칙으로 한다.

〈표 34〉 비견의 통변

비견의 의미와 역할	의미 : 나와 같은 특성을 가진 다른 사람, 형제 동지 동기 동업자 등 역할 : 주인이 둘인 경우와 같지만 12운성으로 각각의 힘을 계산하여 어느 쪽이 강한지 판단한다. 운강(신강)과 체강(신약)에 따라서도 그 역할이 반대로 나타난다.	
비견	비견	• 비견이 많고 재성이 강하면 부자이지만 재성이 약하면 가난하다. (주인과 손님이 힘을 모아 돈을 버는가 있는 돈을 나누어 쓰는가의 차이이다.)
	겁재	• 이 경우는 겁재가 약탈자로 나타난다. 단 매우 체강(신약)한 사주에 서는 주인을 보호하는 역할로도 작용할 수 있다. • 돈만 되면 무슨 일이든지 하는 성격이라 재성이 강하면 일확천금도 가능하나 재성이 약하면 배신을 잘하고 흉포하며 모든 일이 헛수고 가 된다.
	식신	• 비견과 식신은 동지와 식록이니 화목하고 다정하며 협동이 잘 된다. • 체강(신약)의 경우는 중간에 불화하고 도박이나 유흥으로 파산한다.
	상관	• 상관은 결실 못하는 꽃과 같아 사람으로 인해 일이 망하게 된다. • 운강(신강)한 경우에는 사람으로 인해 일을 이루게 되지만 체강(신 약)이나 흉신과 함께 하면 주색과 잡기에 빠져 패가한다.
	정재	• 정재는 나의 재산인데 비견이 있으면 그 재산에 주인이 둘이 되는 경우 • 단, 체강(신약)이면 재산과 주인을 지키는 굳센 경호원이 된다.
	편재	• 편재는 주인 없는 재산이나 여자를 뜻한다. • 체강(신약)에 편재가 왕지이면서 비견이면 재벌 고관 투기업에 유리 • 운강(신강)에 편재가 약하면 적은 돈을 만지지만 주색과 도박에 탕진
	정관	• 나의 경쟁자와 나를 지키는 공무원이 만난 격이다. • 정관을 위한 노력으로 선거와 같은 일에 도움이 된다.

	• 운강(신강)인데 관성의 12운성이 약하면 모든 일이 헛수고가 된다.
편관	• 편관은 칠살이니 보호자와 약탈자의 역할로 나뉜다. • 선거에 유리하고 지략과 용기로 고관대작의 운명이다. • 단, 체강(신약)이면 경쟁자에게 밀리고, 여자는 남편을 빼앗기는 운이다.
인수	• 경쟁자와 인자한 어머니를 나누는 형상으로 부모 형제고 고통 받는다. • 합심이 중요하며 인수가 약하면 시기와 질투로 불화한다. • 재성과 관성이 강하면 부귀영화를 누리지만 약하면 시기질투의 운이다.
편인	• 경쟁자와 계모를 만난 격이니 덕도 인정도 없이 시기 질투한다. • 재성과 관성이 왕성하면 부자가 되거나 관직에 나간다.

• 비견이 많으면 편재를 극하여 공돈이 없고,

• 아내 자식과 이별이나 사별하고 남편과 아내와의 인연이 없다.

• 비견이 공망되면 남자는 아버지와 아내를 극하고, 여자는 남편과 자식을 극한다.

• 비견이 비견과 같이 있으면 두 살림을 하거나 부모와 이별하고 결혼도 두 번 한다.

• 비견이 겁재와 있으면 구설수가 생기고 사람으로 인해서 금전상의 손해를 본다.

• 월간에 비견이면 형제자매가 있고, 시간에 있으면 재산을 다른 사람이 상속한다.

• 월주의 비견이 공망이면 형제가 도움이 안 되고, 사 묘 목욕이면 형제와 인연이 없다.

• 여자가 비견이 많으면 색욕이 강하여 가정과 부부가 불화한다.

• 여자가 비견 겁재가 같이 있으면 부부간에 원한이 지고 강하면 독신으

로 산다.

- 여자가 천간에 비견 겁재면 다른 여자와 남편으로 다툰다.
- 비견과 양인이 있고 형 파가 있으면 편안하게 죽기 어렵다.
- 체강(신약)에 비견 겁재가 왕성하면 아내가 남의 아내 노릇하기 쉽다.

<표 35> 겁재의 통변

겁재의 의미와 역할		의미 : 정재의 재산을 욕심내는 무법의 약탈자 역할 : 자기 자신의 재산이나 아내를 겁탈 당하는 운세이다. 대담하며 용기가 있어 낭비가 심하고 불법적인 일을 즐긴다. 체강(신약)하고 재성이 왕성한 사람이면 벼락부자가 될 수 있다. 좋은 운성과 함께 하고 재성이 강하면 무관직으로 출세한다.
겁재	비견	• 겁재가 많으면 가난하다. • 체강(신약)하고 재성이 강하면 횡재운이고, 재성이 약하면 가난하다.
	겁재	• 강도가 둘인 경우로 집단행동을 하게 되고 도박 투기 등에 빠진다. • 재성이 강하면 일확천금의 운이 있으나 쉽게 탕진한다. • 재성이 강하고 체강(신약)이면 세무의 요직이나 투기업에 종사한다.
	식신	• 용감한 사람이 하늘이 내린 밥그릇을 만났으니 투기 등으로 일확천금 • 체강(신약)한 경우는 재산을 지키지 못하고 고집으로 파산하기 쉽다.
	상관	• 도둑이 아름다운 여인을 만난 격으로 낭비와 사치로 망한다. • 운강(신강)이면 예술이나 기술로 돈을 벌게 된다.
	정재	• 건달이 집에 들어와 아내나 재산을 노리는 격이다. • 체강(신약)이고 재성이 강하면 일확천금하거나 기업의 관리자가 된다.
	편재	• 강도가 주인 없는 돈을 만났으니 낭비가 심하여 가난하다. • 재성이 왕성하고 겁재가 강하면 부귀한다. • 재성이 약하거나 겁재가 힘이 없으면 흉하다. • 사법계나 보안기관에 적합하다.
	정관	• 겁재와 정관은 칠살의 충이지만 정관을 만난 겁재는 호위무사로 출세 • 관성이 왕성하면 길하고 약하면 흉하다.

	• 분수를 지키지 않고 주색잡기로 재산을 탕진하기 쉽다.
편관	• 겁재와 편관이 겸전하면 천하의 대권을 잡는다. • 편관이 왕이면 병권을 잡게 된다. • 운강(신강)이면 무관직에 어울리고, 체강이면 건달생활을 한다.
인수	• 인수가 왕하면 언론 교육 종교계에서 역할을 하게 된다. • 관성이 있으면 길하지만 재성이 있으면 탕진하게 된다.
편인	• 도둑과 계모가 집에 있는 격이니 편안하지 못하다. • 재성과 관성이 왕하면 출세하고 부자가 된다. • 세운에서 희신과 기신을 만나게 되는 경우에 따라 굴곡이 심하다.

- 겁재가 많으면 남자는 처를 극하고, 여자는 남편을 극하며 구설수가 많다.
- 겁재와 겁재가 동주하면 일찍 아버지를 여의고, 부부는 이별의 괴로움이 있다.
- 겁재가 제왕과 같이 있으면 겉으로는 화려하나 실속은 빈곤하다.
- 겁재와 상관이 동주하면 교만하고 버릇이 없다.
- 겁재가 상관이나 제왕(양인)과 같이 있으면 형벌을 당하거나 칼에 상하기 쉽다.
- 년월에 겁재면 장자가 아니고, 월지에 겁재면 재물이 없다.
- 일시에 겁재이고 상관이면 자식을 잃기 쉽다.
- 겁재가 재성을 보면 천신만고의 고생이고, 특히 시주에서 겁재나 양인은 매우 흉하다.

<표 36> 식신의 통변

식신의 의미와 역할	의미 : 하늘이 내린 밥그릇, 행운의 열쇠나 도깨비 방망이와 같은 의미 부모나 스승 내지는 좋은 직장과 능력 있는 남편 역할 : 의식주와 부모 잘 만난 복 또는 스승이나 상관을 잘 만난 격 호의호식하고 소화기능이 좋으며 살이 찌는 체질에 인정이 많다.	
식신	비견	• 비견은 형제와 같으니 비견이 많으면 나의 몫이 적다.
	겁재	• 운강(신강)한 사주는 방해자가 되지만 체강(신약) 사주에는 지원자
	식신	• 식신이 둘 이상이면 오히려 상관으로 변한다. • 단, 운강(신강)이면 두 가지의 수입원을 소유한 격이고, 체강(신약)이면 일은 많이 하지만 소득은 적다. • 여자에게 식신이 둘 이상이면 남편 덕이 없고 체강이면 이혼하기 쉽다.
	상관	• 하늘의 복과 인위적인 방해물이 만난 격으로 일에 성공이 없다. • 유산이 있지만 나의 것이 되기 어렵다.
	정재	• 식신과 가장 잘 어울리는 벗이다. • 운강(신강)한 경우는 행운이지만 체강이나 사 절 태를 보면 불행하다.
	편재	• 운강하고 식신이 왕한데 편재를 만나면 거부가 된다.
	정관	• 넉넉한 의식주에 관운까지 있으니 벼슬로 출세한다. • 식신이 약하고 관성이 왕성하면 의식주가 부족하다.
	편관	• 여자 사주에 식신이 편관을 보면 첩 노릇으로 총애 받는다. • 식신이 약하고 체강이면 편견과 고집이 강하고 화를 잘 낸다.
	인수	• 넉넉한 살림에 자비로운 마음을 만난 격으로 도량이 넓다.
	편인	• 식신이 편인을 보면 애첩을 둔 것과 같아 향락과 외도를 즐긴다. • 칠살로 도식이 되니 식중독이나 약물중독 또는 소화기의 장애가 있다.

• 식신은 나의 분신이니 자녀가 많다.

• 아름다움을 즐기고 가무를 좋아하며 색정에 관심이 많다.

- 식신이 많으면 죽 쑤어 개주는 격으로 가난하고 허약하며 부모덕이 없다.
- 년간에 식신이고 재성이 있으면 부모와 조상의 덕이 크다.
- 일지에 식신이면 처가 비대하고 재물이 풍족하며, 월지에 식신이면 자신이 비대하다.
- 월주의 식신을 하늘 곳간(天廚)이라 하고, 여기에 건록과 함께이고 운강이면 대복이다.
- 식신이 앞에 있고 칠살이 뒤에 있으면 이름과 이익을 겸전한다.
- 식신과 편인이 동주면 평생 가난하고 천박하다.
- 여자가 식신이 많으면 호색하고, 첩이나 기생이 아니면 스님이나 과부 팔자다.
- 여자가 식신과 건록이 동주면 자식이 출세하고, 편인과 동주면 독수공방 빈곤하다.
- 여자가 식신과 편인이 동주면 산고 겪고 자식 운이 없다.
- 식신이 재성이 왕성하면 여자 복이 있고, 여자는 자식 복이 있다.
- 식신이 도식되면 노상비명횡사의 운이다.

〈표 37〉 상관의 통변

상관의 의미와 역할		의미 : 인위적인 노력, 멋을 부리고 총명하지만 사치스럽다. 　　　　저항적이고 안하무인으로 예의가 없다. 역할 : 늘 바쁘고 불안하며 초조하다. 불평과 불만이 많고 냉정하다. 　　　　기존 질서를 부정하고 개혁적이다. 말재주가 뛰어나 연애에 능하다. 　　　　흉신이면 하극상하고 미움을 많이 받는다. 　　　　길신이면 천재의 특징을 보여 문학이나 종교인으로 명성을 떨친다.
상관	비견	• 상관이 희신이면 성공에 가속하고 흉신이면 실패에 가속한다.
	겁재	• 겁재를 만나면 재물 때문에 결혼하는 운이고 마음이 삐뚤어져 있다.

식신	• 식신이 상관으로 변하여 흉이 가속된다.
상관	• 싸움꾼들이 만난 격으로 평지풍파를 일으키고 불의의 사고를 당한다.
정재	• 인위적 재주로 돈을 벌지만 오래가지 못한다.
편재	• 일확천금의 수입을 얻을 수 있는 운세다.
정관	• 물과 불의 관계와 같아 조화되지 못하고 좌천되거나 파직된다. • 늘 시비를 걸지만 편협한 소견이라 득을 보지 못한다.
편관	• 서로 힘을 더할 수 있는 상대가 되어 출세한다. • 감찰이나 감사의 업무에 잘 맞다. 재성을 만나면 비명횡사의 운이 된다.
인수	• 건달이 어머니를 만난 격으로 신임을 얻게 된다. • 운강(신강)하고 상관이 약한데 인수를 만나면 만사휴의다. • 상관이 왕성하고 체강인 경우는 인수가 구세주가 된다.
편인	• 재능의 상관과 눈치의 편인이 만난 격이다. • 예술 종교 언론 등에 재능을 발휘한다. • 용기와 노력으로 출세하여 소원을 성취하는 운이다.

• 정관이 없고 상관이 많으면 광대뼈가 발달하고 눈썹이 거칠고 재예가 비범하다.

• 정관을 보면 재난이 많다.

• 상관이 둘이면 단명하고 셋이면 큰 재난을 당하기 쉽다.

• 운강(신강)한데 상관이 많으면 종교 예술 음악으로 출세하고, 신약은 반대가 된다.

• 형 충 운을 만나면 만사휴의에 생명이 위험하다.

• 운강에 재성이 왕성하고 인수가 강하면 귀하게 된다.

• 월지 상관이 상관 운 만나면 망하고, 천간 상관이 상관 만나면 발신한다.

• 년월에 상관이고 겁재면 가난하고 천박하며 고난을 겪는다.

- 일지 상관에 시지가 재성이면 소년으로 출세하고, 시지가 상관이면 자식운이 없다.
- 상관이 관성을 만나면 호색하고 술을 즐긴다.
- 여자 상관이 관성을 보면 남편을 극하거나 정부를 둔다.

〈표 38〉 정재의 통변

정재의 의미와 역할	의미 : 의식주 안정, 부동산, 안정된 직장, 어진 아내 역할 : 의식주가 풍족하며 절약하고 검소하며 근면하다. 　　　실리적이고 타산적이며 현실적이다. 　　　독립심이 있고 자기 본위의 행동을 한다. 　　　삶은 풍족하지만 재벌은 어렵다.	
정재	비견	• 나의 재산에 또 다른 주인을 만난 격으로 재성이 왕하면 길하지만 약하면 시비가 일어나게 된다. • 정관이 있으면 비견을 다스려 길하다. • 비견이 둘 이상이면 재물의 분쟁이 일어난다.
	겁재	• 나의 재산에 강도를 만난 격으로 투기와 모험으로 일확천금을 노린다.
	식신	• 재물과 밥그릇을 함께 가진 격으로 운강(신강)은 길하고 반대는 흉하다.
	상관	• 운강이면 재물을 모으고 체강이면 사치와 향락으로 낭비한다.
	정재	• 사업이 번창하여 지점을 두는 격으로 두 명의 아내를 둔 것과 같다. • 식신이 없거나 체강인 경우는 노동이나 소매로 행상하기 쉽다. • 체강인 경우는 여난이 있고, 운강의 경우는 처복이 있어 부유하다.
	편재	• 본처와 첩이 함께 한 격으로 운강이면 길하고, 체강이면 흉하다.
	정관	• 재성과 관성이 함께 하니 재생관으로 부귀를 겸전한다. • 체강인데 재성이 약하면 흉하고, 체강에 재성이 강하면 재산몰수 운이다.
	편관	• 나의 재산이 군인이나 사법관이 붙은 격이니 궁지에 몰리거나 목숨이 위험할 수 있다.

인수	• 운강인데 인수를 만나면 어머니로 인한 고통(고부갈등) • 체강은 인수를 택하고 운강은 정재를 택하여 살아야 한다.
편인	• 재성은 편인에게 관살이 되므로 편인을 인수로 변화시켜 길하다.

- 자산이 있고 신용과 명예도 있으며 사람 복이 있지만 주색을 즐긴다.
- 월지가 정재면 독실하고 절약하며, 정재와 묘가 동주하면 수전노이다.
- 정재가 많으면 인정과 색정으로 재산을 탕진하며 탁하고 어리석다.
- 시간이 정재면 부귀하나 성미가 급하고, 형과 충이 없으면 미모의 처를 얻는다.
- 월지가 정재면 부잣집 딸과 결혼한다.
- 정재는 지장간에 있어야 풍부하고 노출되면 뜬구름과 같다.
- 정재에 식신이면 처덕을 보고, 정재가 동주하면 처의 심지가 강하다.
- 정재 편재 혼잡이면 처첩이 다정하여 정조가 없다.
- 비견이 건록과 동주면 처가 부정(갑일주가 갑인을 보면 일처이부)하다.
- 세운에서 재성이 삼합되면 발복하고, 사주에 재성 없으면 세운 만나도 외화내곤이다.
- 정재가 공망이면 만년에 실패하고 아내의 인연이 없다.
- 정재가 도화와 동주면 아내가 호색하고 정재가 많으면 가난하다.
- 월주 재성이 겁재 보면 일생 동안 가난하다.
- 재성과 장생이 동주면 자수성가한다.

〈표 39〉 편재의 통변

편재의 의미와 역할		의미 : 인위적인 의식주, 투기, 금융, 임대, 상술 역할 : 빈손으로 태어나 남의 재산으로 이익을 창출한다. 　　　총명하며 사교적이고 상술이 뛰어나다. 　　　일확천금을 노리고 수단과 방법을 가리지 않는 경향이 강하다. 　　　관록과 합하면 거부가 되지만, 외화내빈으로 술과 여자로 낭비한다.
편재	비견	• 재산의 편취자와 또 다른 주인이 만난 격이니 평생 재물의 문제 있다.
	겁재	• 남의 재산에 강도가 붙은 격이니 사기 협잡 모략 폭력의 기질을 보인다. • 재성이 겁재를 만나면 나의 재산을 강탈당한다.
	식신	• 운강자에게는 희신이지만 체강자에게는 흉신으로 작용한다.
	상관	• 운강의 경우에는 상관이 재성을 생하여 공돈을 잘 번다. • 색정으로 정력을 낭비하여 수명을 단축한다.
	정재	• 나의 재물과 남의 재물을 같이 가졌으니 운강이 아니면 고생한다. • 처와 첩을 가졌으니 항상 쫓기듯이 산다. • 결혼이 늦거나 독신으로 살 수도 있다.
	편재	• 본처는 없고 첩만 둘이 있는 격으로 바쁘고 낭비하는 삶이다. • 겁재를 만나면 수입원이 많아지는 길신으로 작용한다.
	정관	• 재성이 강하면 길하지만 약하면 흉하다. 체강이면 더욱 흉하다.
	편관	• 남의 돈에 관살이 붙었으니 되는 일이 없다. • 사고로 부상이나 형벌을 받거나 심하면 죽음에 이르는 수도 있다.
	인수	• 운강이면 재물을 모으지만 체강이면 그 반대이다. • 운강과 체강에 따라 변동이 심한 운수이다. • 색정으로 인해서 재난을 겪거나 사랑 없이 돈으로 여자를 만난다.
	편인	• 편재는 편인의 관살이니 재성이 왕성하면 길하다.

• 돈과 여자의 인연 많으나 절제가 필요하다.

• 남자는 풍류와 여색으로 여난과 거짓말 버릇이 있고, 여자는 부친과 시어머니로 고생한다.

- 고향이 아니라 타향에서 성공하기 쉽다.
- 본처보다 첩을 사랑하여 주색잡기에 골몰한다.
- 월주의 편재가 가장 좋으나 시주에 겁재면 오래가지 못한다.
- 년월에 재성이 없고 일시에 재성이고 12운성이 왕하면 만년에 대성한다.
- 천간에 편재면 재물을 경시하고 의로움 중시하며 술보다 여색을 좋아한다.
- 편재가 동주하면 재물과 여자 운이 있어 경제에 비범하고 장사와 경영에 수완이 있다.
- 시간에 편재면 가난하게 나서 출세한다.
- 편재가 왕성하고 관을 생하면 부귀를 겸전한다.
- 편재와 비견 겁재면 반드시 망한다.
- 식신이 편재를 생하면 첩이 본처를 이긴다. 정재 왕이면 처가 첩을 용서하지 않는다.
- 편재가 간합하면 첩이 음란하고, 편재가 비견 겁재와 동주면 색정과 재난이 있다.
- 편재가 장생과 같이 있으면 부자간에 화목하고, 묘와 같이 있으면 조실부모한다.
- 편재가 형충이면 아버지 불길하고, 첩을 두면 재난이 있으나 3합되면 길하다.
- 편재가 목욕이면 부자가 풍류객이고 재성이 간합이면 처첩이 음란하다.

〈표 40〉 정관의 통변

정관의 의미와 역할	의미 : 충직한 관료, 공무원, 식견, 품위, 충성, 희생 역할 : 현명하고 성실한 만인의 사표, 군자, 스승, 아버지 　　　부친이 훌륭하지만 상관이 있으면 부친과의 인연이 적어진다. 　　　체강이면 관재 손재 가난 질병, 인수를 만나면 대길 　　　재성이 구비되면 재생관이 되므로 좋다.	
정관	비견	• 비견을 만나면 길운이 반으로 분할된다. • 여자는 남편을 두 여자가 나누는 격이 된다.
	겁재	• 재산을 강탈당하고 승진의 기회에 경쟁자로 인하여 패한다. • 여자는 남편을 뺏기는 운이다(겁재의 희신 기신에 따라)
	식신	• 칠살을 제거하는 식신이 가장 길하다. • 식신이 왕성한데 관성이 약하면 무기력하고 부실하다.
	상관	• 정관이 가장 싫어하는 육신이 상관이다. • 상관을 보면 비리의 폭로로 파직이나 좌천의 운이 있다. • 여자에게 정관과 상관이면 남편의 덕이 없다.
	정재	• 관과 재의 힘에 따라 공직과 사업을 결정해야 한다. • 운강이면 아랫사람과 재물을 잘 관리하는 길운이다. • 신약이면 재물관리가 위험하고, 인수와 함께하면 길하다.
	편재	• 돈을 버는 방법이 정재와 구분되지만 편재가 더 큰돈이 된다. • 편재가 많거나 약하면 흉하다.
	정관	• 정관이 둘 이상이면 무용하다. • 아버지나 남편이 부실하여 둘 이상이 되는 격이다. • 일주가 태과하면 정관이 많을수록 길하다.
	편관	• 관살혼잡격이라고 한다. • 재주가 많고 능력이 많지만 가난하고 단명한 운으로 본다. • 남편과 정부가 함께 있는 운이다. 일주과 태과하면 길하다.
	인수	• 엄격한 아버지와 자상한 어머니가 함께 있는 격이다. • 위기가 닥쳐도 반드시 솟아날 구멍이 생기는 운이다. • 인수나 관성이 둘 이상이면 무기력하다.
	편인	• 아버지가 계모를 들인 격이다. • 눈치가 빨라 출세가 빠르지만 오래가지 못한다.

- 정관이 합이 되면 본분을 잃고 주색으로 출세의 기회 상실한다.
- 체강자가 재성을 보면 물욕으로 출세 길이 막힌다.
- 체강(신약)에 재성과 관성이 모두 있으면 호흡기병이 있다.
- 칠살이 왕성하고 묘에 있으면 목숨이 위험하다.
- 관성이 일시에 있고 건록이면 시험운이 있고 현명하다.
- 관성이 있고 인수가 없으면 깨끗한 이름을 얻고, 인성이 있고 관성이 없으면 출세가 늦다.
- 관성이 양인을 보면 만사휴의이다.
- 관성이 시지에서 장생 건록 제왕이면 발복이고 쇠 병 사이면 고심과 재난이 있다.
- 관성이 세운에서 간합되면 실직하고, 충이 되면 소송이나 분쟁이 있다.
- 일주의 관성이 간지 합이면 대길하고, 관성 일주가 동순이면 더욱 길하다.
- 년간에 정관이면 조상음덕에 아버지의 사업을 계승한다.
- 월지 정관에 상관없으면 일생 부유하고 행복하며, 월주 정관에 인수면 직업 운이 좋다.
- 일지 정관이면 자수성가하고 총명하여 임기응변이 능하고, 여자는 좋은 배필 만난다.
- 시주 관성이면 자녀가 현명하고 출세하여 효도로 말년에 발복한다.
- 정관이 비견 위에 있으면 남의 재산 상속, 정관이 겁재 위에 있으면 형제가 불화한다.
- 관성과 상관이 동주면 상속권 잃고 괴로움, 여자는 남편이 질병을 앓는다.
- 관성이 재성 위에 있으면 물질이 풍족하고 상공업에 뛰어나다.

- 관성이 칠살 위에 있으면 배척당하고 수모 받는다. 여자는 색정문제가 있다.
- 관성 위에 관성이면 출세하지만, 여자는 남편이 바뀐다.
- 여자가 관성이 많으면 부부불화하고 요식업으로 진출한다.
- 여자의 관성이 충이 되고 도식이면 자식 두고 개가한다.
- 관인이 많으면 독수공방하고 관살이 합이면 첩이 될 운이 있다.
- 관성에 칠살이고 정재와 편재가 동주면 내연남을 둔다.
- 관성이 장생이면 훌륭한 남편, 목욕이면 호색한 남편, 공망이면 무력한 남편을 둔다.
- 관성이 역마를 타고 있으면 아름다운 기녀로 이동이 많다.
- 정관 편관이 공망이면 의사 변호사 점술가 예술인에 종사하고 벼슬 운이 없다

〈표 41〉 편관의 통변

편관의 의미와 역할	의미 : 무관, 사법관, 군인, 경찰 역할 : 강한 정의감, 박력, 판단력, 영웅의식, 안하무인, 언론인, 투지, 특수임무 칠살로서 공격과 무법자를 다스리는 역할에 반골기질이 강하다. 식신으로 칠살을 제어하면 부귀를 겸전한다. 조직의 두목감이다.		
편관	비견	• 형제나 동기의 힘으로 출세한다. • 사람으로 일을 이루고 후견인을 두게 된다. • 칠살이 약하면 쟁탈전이 일어난다. • 재성과 칠살을 만나야 만년에 발복한다.	
	겁재	• 체강에 칠살을 보면 겁재는 구세주가 된다. • 운강에 칠살이 희신이면 겁재에게 권위와 명예를 강탈당한다.	
	식신	• 식신은 칠살의 칠살이 되니 부귀를 누리게 되는 운이다. • 칠살이 둘 이상이면 힘이 부족하여 인수가 있어야 한다.	

상관	• 상관은 칠살의 정관으로 부부의 인연이 된다. • 상관이 편관을 가장 잘 제어한다. • 상관과 편관 두 흉신이 만나 개과천선한 경우이다.
정재	• 칠살은 재성을 보면 공격하여 재난이 이어지고 목숨이 위험해진다. • 재물을 베풀고 명의나 귀인을 만나는 운이어야 된다. • 운강에 칠살이 약하면 재운이 발복한다.
편재	• 운강이냐 체강이냐 그리고 칠살의 강약에 따라 길흉이 바뀐다.
정관	• 관살혼잡격이 된다. • 문관과 무관이 싸우는 격인데 무관이 이기니 흉운이다. • 인수가 필요하다.
편관	• 칠살의 싸움판으로 생사가 위급해진다. • 기진맥진하여 잔병치레가 많고 악이 올라 관용을 모른다. • 사고무친의 운이고 가난과 질병과 허무에 시달린다. • 운강하고 비견과 겁재를 만나면 명성이 천하에 진동한다.
인수	• 칠살이 자비를 만나 힘을 상실하고 문무겸전의 재상과 장수가 된다. • 칠살이 약하거나 인수가 둘 이상이면 흉하다. • 칠살이 둘 이상이면 인수와 식신이 많을수록 좋다.
편인	• 편인은 출세가 빠르지만 끝이 좋지 않다. • 무관 언론 교육계 종교 철학 문학 의술 학술 역학 등에 뛰어나다. • 칠살과 인수가 상생하여 용기와 재능으로 가난과 천박함은 면한다.

• 칠살이 극제가 없고 왕성하면 부자형제 이별하고 고독하다.

• 칠살이 제화되면 총명하고 영준하여 젊어서 출세한다.

• 칠살이 약하고 식신 인수가 강하면 무기력 고독 만사곤란 가난하다.

• 칠살이 인수가 없으면 출세가 어렵고, 인수가 있으면 재물 운이 없다.

• 칠살이 제어되면 무관으로 출세하고 칠살이 제화되면 문관이 된다.

• 운강에 칠살이 강하면 비범한 인물이 되고, 재성과 인성이면 재물과 녹이 겹쳐 동량이 된다.

- 체강(신약)에 칠살이 약하면 남자는 뜬구름과 같고 여자는 배우의 운이 다.
- 칠살이 왕하고 비견 겁재면 권세잡고 인수운에 부귀하지만 재성 보면 재난이 있다.
- 칠살이 천간에서 식신으로 제살되고 지지가 합이면 자손이 만당하고 높은 벼슬한다.
- 월주 칠살에 신강이면 천하명장의 운이다.
- 칠살은 일시에 있음을 꺼린다. 시주에 있으면 패륜아 하극상이나 제살되면 길하다.
- 여자가 칠살이 정관과 동주면 자매간 한 남자로 경쟁한다.
- 여자가 칠살과 재성이면 정부가 있다. 관살혼잡이라도 색정난이 있다.
- 여자 편관이 득령하고 극제되면 남편 덕이 크다.
- 칠살이 장생 위에 있으면 귀한 남편 둔다.
- 여자 칠살이 목욕과 동주면 양귀비 운으로 음란으로 사망한다.

〈표 42〉 인수의 통변

인수의 의미와 역할	의미 : 자상한 어머니, 교육자, 스승, 명예, 원동력, 성현과 덕성의 별 역할 : 인수가 왕성하면 부모덕 스승덕 상사덕 명예 지혜가 있다. 의식이 풍부하고 주위와의 친화력이 있으며 삶이 풍요롭다. 정관이 있어야 하고 재물과 여색을 멀리해야 한다. 보증과 뇌물 미인에 약하다.	
인수	비견	• 운강자는 자립에 방해가 되어 인수를 싫어한다. • 체강자는 재성을 좋아하고 비견 겁재로 왕성해진다.
	겁재	• 비견보다 작용력이 강하게 나타난다. • 인수와 비견 겁재에 재성과 관성을 겸하면 부귀하고 처자가 번성한다.

식신	• 체력이 약한 자와 미성년자는 식신과 상관을 싫어한다.
상관	• 인수는 상관의 칠살로서 상관을 식신으로 제어한다. • 운강한 사람은 식신 상관을 좋아하고 인수를 멀리한다.
정재	• 어머니와 아내가 같이 있는 격으로 고부갈등이 있다. • 일주가 왕성하면 재성을 취하고 약하면 인수를 취해야 한다. • 운강한 사주는 직장보다는 사업을 택하면 성공한다.
편재	• 어머니와 첩이 함께 하는 격으로 여자로 인하여 풍파가 있다. • 편재를 쓰면 아내와 이별하고 직장을 버리게 된다.
정관	• 관살은 인수를 낳으므로 길하다. • 관성 없는 인수는 힘없이 스러진다.
편관	• 인수에 관살이 혼잡하면 어머니에게 정부가 있는 격이다.
인수	• 두 어머니가 있는 격으로 생모의 힘이 약해 제대로 먹지 못한다. • 인수가 양립하면 반드시 재성이 있어야 길하다. • 부모의 정을 누리기 힘들다.
편인	• 어머니와 서모가 함께 있는 격이다. • 인수와 편인의 왕과 약으로 영향력이 결정된다. • 인수가 많으면 다재다능하지만 한 가지로 성공하지 못한다.

- 인성 왕에 운강자는 술을 좋아하나 고독하고 가난하지만 관성과 재성을 보면 길하다.
- 인성을 극하거나 파하면 어머니를 일찍 여읜다.
- 체강(신약)에 인성도 약한데 재운을 보면 실직한다.
- 인성이 많으면 아내를 극하고 자식도 어리석고 여자는 어머니를 극한다.
- 운강(신왕)하면서 인수가 왕하면 시장통에 살기 좋아하고 재운에서 발복한다.
- 인수가 형충파해되면 마음에 갈피가 없다. 인수가 관성 없으면 청렴하

나 출세가 어렵다.

• 월간의 인수가 가장 길운으로 슬기와 자비심이 있지만 년이나 시에서 재성을 보면 흉하다.

• 월지 인성은 비견을 좋아하고 식상을 미워한다,

• 월주 인성에 재성이 없으면 성품이 순수하고 문장으로 이름을 이룬다.

• 시상 인수에 왕상이면 아들이 효도하고, 시지가 인수면 모사가 비범하고 식록이 풍부하다.

• 월상 인수가 관성을 보면 관성 인성 운에 발복한다.

• 인수와 비견이 동주면 만사가 원만하고 행운이 많고 화목하다.

• 인수와 겁재가 동주면 업무가 번창하나 형제로 손해 본다.

• 인수와 상관이 동주면 명리가 허무하고,

• 인수와 편재가 동주면 가정이 원만하고 사업이 번창한다.

• 인수와 칠살이 동주면 성실하고 신용 있고 가정이 화목하며 여자는 훌륭한 남편을 둔다.

• 인수와 정관이 같이 있으면 출세하고 사교성이 좋고 취미로 성공한다.

• 인수와 목욕이 같이 있으면 직업상 과실이 있고, 어머니가 일찍 남편을 잃는다.

• 인수와 관대가 동주면 명문가 출신으로 크게 영달한다.

• 인수가 병사묘절과 같이 있으면 만사가 뜻같이 안 되고 수명이 짧다.

〈표 43〉 편인의 통변

편인의 의미와 역할	의미 : 인덕이 없고 기구함, 식록을 공격하는 무기, 자급자족 역할 : 식복이 없어 악의악식하여 소화기와 체력이 나쁘다. 가난 질병 눈치 재치 일엽편주 구걸, 편견으로 종교에 몰입 젊어서 고생하고 늙어서 운이 풀린다.	
편인	비견	• 형제가 있는데 계모이니 힘이 없다.
	겁재	• 비견보다 더 강하게 작용한다.
	식신	• 식신을 보면 도식이 되어 만신창이가 된다.
	상관	• 편인은 상관을 극하는 정관이 되어 통제하니 전화위복의 운이다.
	정재	• 재성은 관살로 작용하여 편인이 굴복하여 부지런히 노력하게 된다.
	편재	• 계모와 첩의 관계로 어떤 힘도 발휘하지 못한다.
	정관	• 편인의 인수가 되니 편인을 도운다.
	편관	• 편관을 만나면 분발하여 노력한다.
	인수	• 인수와 편인의 관계와 같다.
	편인	• 첩이 첩을 만난 격이니 불화한다.

• 편인은 겉으로 친절하나 속은 헤아릴 수 없고, 재치와 임기응변 뛰어나다.

• 편인이 재성을 보면 편인이고, 식신을 보면 도식된다.

• 재성과 식신이 없으면 효신梟神이 되어 부모를 극한다.

• 반드시 몸에 흉터가 있거나 살결이 거칠지만 신약을 생하는 희신인 경우는 인수보다 아름답다.

• 지지에 희신의 편인 있으면 장생으로 더욱 멋지다.

• 효신이면 만사휴의지만 학자 예술가 의사 승려로 성공할 수 있다.

• 관살을 만나면 재난이 겹친다. 유시무종하고 강자 앞에서 비굴하다.

- 편인이 많으면 조실부모하고 배우자를 극하고 질병에 자식복도 없다.
- 인수와 편인이 혼잡이면 본업과 부업, 편재를 보면 능소능대로 재난을 극복한다.
- 체강(신약)에 편인이 관살을 보면 성공도 실패도 많고 많이 모으지만 많이 낭비한다.
- 도식자는 신체가 부자유, 운강에 재성을 보면 행복하고, 재성 관성 겸 전이면 귀격이다.
- 편인자는 식신운에 반드시 재난이 있다.
- 년상에 효신이면 조상의 업을 파하거나 가문의 맥을 끊는다.
- 일지가 편인이면 남자는 아내 복이 없고, 여자는 남편 복이 없다.
- 시지가 편인이고 식신이 있으면 어려서 젖이 부족하여 식탐이 있고 몸을 돌보지 않는다.
- 편인이 관대와 동주면 음일생은 행복하나 양일생은 아버지와 생이별한다.
- 편인이 건록과 같이 있으면 부귀한 집안 출생이라도 가난해지고 부친과 생리사별한다.

결혼 - 남자의 경우

결혼시기

- 남자는 재성이 드는 해, 여자는 관성이 드는 해 및 남녀 각각 일지와 간합이나 지합의 해에 가능성이 높다.
- 간합은 정신적 결합으로, 육합은 육체적 결합으로 보기도 한다.
- 식신이 일지와 삼합되는 시기도 좋다고 본다.

어떤 여자와 결혼할까?

- 일지가 식신이면 신체가 비대하고 도량이 큰 여자
- 편인이 왕이면 신체가 왜소하고 수척한 여자, 편인이 식신을 파극하면 병이 많은 여자
- 정관이 길신이고 일지에 있으면 용모가 고상하고 성질이 부드럽고 어진 여자
- 일지에 재성과 천덕이 있으면 자비심 많은 여자
- 일지에 인수면 처가 현숙하고, 체강(신약)이면 편인도 좋다
- 일지에 재성과 장성이면 부귀명문가의 여자
- 체강(신약)이면 일지에 비견이라도 처가 능력 있어 내조한다.
- 일주가 왕하고 재성이 건록을 만나면 여자 신체가 단정하고 건강하며 현숙하다.
- 재성과 천을귀인이 있으면 용모가 빼어나고 총명하며 부귀가문의 여자

- 일지에 고신 과숙 화개이면 처가 고독하다.
- 일지에 편관이면 처의 성질이 사납다.
- 재성이 왕하고 체강(신약)이면 엄처시하의 공처가 사주이다.
- 비견 겁재가 많으면 비천한 여자와 결혼하여 부모형제와 소원해진다.

궁합
- 상호간의 월지가 육합 삼합이면 길하고, 형충파해면 흉하며, 무관하면 평운이다.
- 인사신 형이면 융화가 안 되고, 축술미 형이면 애정이 결핍하다.
- 진오유해 자형이면 서로 혐오하고, 충이면 각자 자기 마음대로 하며,
- 파이면 영속하나 원만하지 못하고 이별도 못하고, 해이면 신뢰나 경애심이 없다.
- 년 월지와 삼합되는 경우(네 살 차이는 궁합도 안 본다)
- 자기 사주에서 가장 부족한 오행을 잘 보충해 주는 상대가 가장 좋은 배우자!

육신으로 보는 궁합 : 남자의 생년을 기준으로 여자의 년간 대조
- 비견 : 악연은 아니나 부창부수는 불가능, 맞벌이로는 좋다
- 겁재 : 대적 불화 실패 이별
- 식신 : 처의 내조 의식주 풍부, 애교가 넘친다.
- 상관 : 처로 인하여 패가망신
- 편재 : 숨은 내조로 재산증식 지위상승
- 정재 : 전형적 현모양처

- 편관 : 영리한 여성이나 화합은 불리, 첩으로는 좋다
- 정관 : 가정 주도권이 처에게, 신약한 남자는 좋다
- 편인 : 불명예 초래, 한쪽의 건강 문제
- 인수 : 정신적으로 인망을 얻는 운

육신으로 보는 궁합 : 여자의 생년을 기준으로 남자의 년간 대조
- 비견 : 평운
- 겁재 : 불운
- 식신 : 의식주 넉넉하나 남자에게 첩이 있을 가능성
- 상관 : 불운
- 편재 : 물질은 좋으나 정신은 고통, 남자로 고생
- 정재 : 박력 없는 남자
- 편관 : 마찰이 다소 있지만, 순종하는 여자라면 좋다.
- 정관 : 대길운
- 편인 : 불길,   인수 : 인망 얻는 운

아내의 덕이 있는 사주
- 재성이 용신이거나 희신인 경우, 일지에 길신이면 금상첨화
- 관살이 약하고 재성이 있거나, 관살 약하고 식신 상관이 왕한 경우
- 인수와 편인이 중첩하고 재성이 있으면 어진 아내로 부자가 된다.
- 일지에 재성이고 재성이 길신이면 처의 재물을 얻는다.

아내의 덕이 없는 사주

- 재성이 기신이고 비견과 겁재에 파나 극이 되고, 일지에 기신이고 형충 파극의 경우
- 재성 약하고 관살 없고 비견 겁재면 처를 극한다.
- 재성 왕하고 신약이면 비견 겁재가 없어도 처를 극한다.
- 재성이 왕하여 인성이 파극이면 처로 인하여 구설수 또는 상처한다.

처가 미모인 경우

- 운강(신강)에 관성이 약한데 재성이 관을 생하거나, 관성이 약한데 식 신 상관이 왕한 경우
- 재성이 식신 상관을 생하거나 인성이 중첩인데 재성이 있는 경우
- 병자일생은 미모의 처를 둔다.
- 일지가 정관 또는 상관이면 미모의 처를 둔다.
- 재성과 천을귀인이 만나면 처가 빼어나다.

처가 부정한 경우

- 재성이 간합하고 목욕 도화와 동주한 경우
- 비견 정재 편재에 재성이 도화 목욕과 동주면 처가 정절이 없다.
- 정재가 있고 겁재가 왕성한 경우
- 일주의 희신이 재성인 경우 재성이 간합 육합 삼합하면 처에게 외간남 자가 있다.
- 재성 강하고 겁재가 왕이거나, 일지가 화개이고 충이면 처가 부정하다. 일지에 화개와 양인이 동주하면 처녀와 결혼운이 없다.

첩이 있거나 음란한 사주

- 정재와 편재가 같이 있는 경우

- 정재가 약하고 편재가 강하면 첩이 득세한다.

- 편재만 있거나 편재 중첩이면 이혼하고 첩을 편애한다.

- 식신이 많으면 음탕하고 인성이 많아도 음탕하며, 인성과 재성이 혼잡
  이면 방탕하다.

- 지지에 자오묘유가 있으면 주색으로 패가망신한다.

- 일지와 시지에 도화면 호색한다.

- 지지에 육합이 많으면 음란하다.

- 정임 간합이 있으면 음란하고 사주에 수기가 많아도 음란하다.

부모 및 조상

- 조부모 등 조상은 년주로 판단하나 년월주에 있는 관살로도 판단한다.

- 인수가 어머니이므로 인수를 생하는 관살이 조부모가 된다.

- 년주와 월주는 자기보다 연장자를 나타낸다.

- 년주에 재성 관성 인수 천을귀인 장생 등이 있으면 조상이 부귀하다.

- 년주에 제왕이면 명문가 출생이다.

- 년간에 천을귀인 장생이면 조상에게 영화가 있다.

- 년주에 편관 겁재 편인 양인 등이 있으면 조상이 미미하다.

- 년주에 사 묘 절 또는 형 충이 있으면 조상덕이 없다.

- 년월주의 정관이 희신이면 조부모가 부귀하다.

부모덕 있는 경우

- 정관 인수 및 재성이 년월주에 있고 길신이면 부모덕이 있다.
- 반드시 초년 대운과 세운이 길해야 한다.
- 년주에 관살, 월주에 인수, 시주에 재성이며 관살이 길신이면 부모가 부귀하다.
- 년주에 재성, 월주에 인수, 시주에 관살일 때 인수가 길신이면 아버지가 자수성가한다.
- 년월주에 관살과 인수가 상생하고 일시에 재성과 상관이 없으면 부모덕이 있다.
- 인수가 희신이고 형 충되지 않고 재성에 의해 파극되지 않으면 부모덕이 크다.

부모덕 없는 경우

- 관살이 길신이고 월주가 식신 상관인 경우
- 재성이 길신이고 월주가 겁재인 경우
- 인수가 길신이고 월주에 재성이 있는 경우
- 비견 겁재가 길신이고 월주에 관살인 경우
- 식신 상관이 길신이고 월주에 인수인 경우
- 인수가 용신과 상극, 인수가 약하고 재성이 강한 경우
- 월주에 기신, 사주에 인수가 없고, 초년 대운이 기신이면 유년에 부모 사별하고 고생한다.
- 월주에 재성 식신인데 기신인 경우, 재성이 길신이라도 비견 겁재를 보면 부모 유산 없다.

- 년월에 기신이거나 사주가 편고된 경우 초년 운이 좋지 않으면 부모덕이 없다.

부모에 대한 종합
- 월지에 정관이면 부모 돈후하고 장성과 동주하면 귀하고 어질다.
- 월지에 귀인이나 인수면 부모의 용모가 청수하고 식신이면 부모의 신체가 비대하다.
- 월주에 장생이면 부모가 장수한다.
- 월지에 편인 양인이면 부모의 성질이 난폭하다.
- 월주에 인수가 고신 과숙과 동주면 부모가 고독하다.
- 편재가 천덕 월덕을 보면 부친이 사회적 성취하고, 식신을 보면 장수한다.
- 편재가 사 절 공망과 동주하면 부친이 빈곤 또는 병약하다.
- 월주에 편관과 양인이 동주면 부모와 이별하고, 충하여도 동거가 어렵다.
- 인수와 장생이 동주면 어머니가 정숙하고 장수한다.
- 인수가 간합되고 도화 목욕과 동주면 어머니가 정숙하지 못하다,
- 편재가 둘 이상이고 인수와 간합이면 어머니의 남편이 둘 이상이다.

형제
- 비견 겁재와 월주의 관계를 중심으로 살핀다.

형제덕이 있는 경우
- 비견 겁재가 용신 또는 희신인 경우

- 비견 겁재가 관살의 힘을 억제하는 경우
- 비견 겁재가 식신을 생하는 경우
- 재성이 관살을 생하고 신약이고 비견 겁재가 일주를 생하면 형제 모두 안락하다.
- 월지에 인수면 형제가 많다.
- 비견 겁재가 길신이고 건록과 동주하면 형제가 출세한다.
- 비견과 천덕 월덕이 동주면 형제가 충실하고 자비심이 있다.
- 비견과 장성이 동주면 부귀하고, 장생과 동주면 건강하고 장수한다.

형제덕이 없는 경우

- 비견 겁재가 기신일 경우
- 관살이 미약하고 식신 상관이 왕성에 비견 겁재가 식신 상관을 생하면 형제로 큰 피해본다.
- 재성이 약인데 비겁이 왕한 경우
- 관살이 왕인데 인성이 없는 경우
- 비견 겁재와 일주가 충되면 형제 사이가 나쁘다.
- 비견 겁재가 사 묘 절 목욕과 동주면 형제운이 없다.
- 비견 겁재와 화개 동주면 형제간에 도움이 안 된다.
- 신왕에 겁재가 많으면 불화하고 형제로 구설수가 있다.

자식운

- 남자의 자식은 관살, 여자의 자식은 식신과 상관이다.

자식덕 있는 경우

- 일주가 왕하고 관살도 왕하며 식신 상관에 극되지 않고 형 충되지 않으면 자식복이 있다.
- 일주가 왕하고 인성이 없고 관살이 있거나 식신 상관이면 자식이 많다.
- 시주에 재성이면 자녀가 효순하고 정관이면 용모가 단정하고 성질이 화평하다.
- 시주에 식신이며 편인이 없으면 자녀의 신체가 비대하고 성질이 온순하다.
- 시주에 관살이고 월주에 재성이고 운강(신왕)이면 효자를 둔다.
- 일주가 약하고 시주에 비견 겁재면 자식복이 있다.

자식덕 없는 경우

- 관살과 식신이 기신이거나 식신 상관이 인성에 파극되는 경우
- 인수가 약하고 재성 관성이 태과하면 자식이 없다.
- 일주가 약하고 관살이 중첩하고 재성을 만나면 자식이 없거나 불효한다.
- 일주가 약하고 관살이 중첩하고 재성이 약한데 인성이면 딸이 많다.
- 일주가 약하고 식신 상관에 관살인데 비겁이 없으면 아들이 없다.
- 일주가 약하고 인성이 재성에 파극되면 자식이 없다.
- 식신 상관이 많으면 자식이 없다.
- 일주 태왕에 관살이 공망되고 상관 겁재면 고독하고 자식이 없다.
- 시지가 형 충 파 되면 자식과 이별한다.
- 편인이 시주에 있으면 자녀의 성질이 나쁘거나 자식을 극한다.
- 편관이 시주에 있으면 자녀의 성질이 강폭 불순하다.

- 시주에 도화 식신 상관과 동주면 자녀가 풍류와 주색을 좋아한다.
- 시지의 관살이 합이 되면 딸의 품행이 불량하다.
- 시주에 양인이고 기신이면 자식의 신체가 비대하고 성질이 불량하다.
- 기신의 겁재가 시주에 있으면 자식으로 파산한다.
- 시주에 병 묘 절이거나 식신과 동주면 자식이 병약하다.

관록

시간으로 보는 직업운을 기준으로 하고 다시 다음과 같은 사주일 때
- 신왕하고 관살이 약한데 재성이 관성을 생할 때
- 신약하고 관살 왕성에 관살이 인성을 생하고 재성이 없을 때
- 비견과 겁재가 중첩되고 재성이 약한데 관살이 비겁을 억제할 때
- 재성이 인성을 억제하는 사주에 관살이 나타날 때
- 관살과 재성이 모두 지장간에 있는 경우
- 인수가 노출되고 관살도 천간에 나타난 경우

사법관 사주
- 사주에 삼형이 있고, 격국이 순수한 청기의 사주
- 재성 관성이 왕성하고 월지에 왕인이 있는 경우
  (갑일 묘, 을일 인, 병무일 오, 정기일 사, 경일 유, 신일 신, 임일 자, 계
  일 해)
- 편관이 재성에 의해 생조되는 경우

행정관 사주

- 재성과 관살이 서로 생조하는 사주
- 관살이 왕성하고 인수가 있는 사주
- 인수가 왕성하고 재성이 있는 사주
- 관살과 일주가 왕성한 사주
- 재성과 관성이 약하고 인성이 왕성하고 식신 상관이 있는 사주는 문무 겸전

군인의 사주

- 상관이 왕성한 사주
- 편관이 왕성하고 양인이나 인성은 무관의 사주
- 편관과 인성이 왕성하면 문관인데 인성이 약하면 무관
- 형 충 파 해가 많으면 군인
- 사주에 금이 많으면 군인
- 사주에 금과 화가 많으면 군인, 화 또는 금 대운을 만나는 시기가 맞을 때
- 금과 화가 많고 귀인격이면 군인 출세
- 정기가 강하나 신이 약하여 탁기가 있는 경우

직업

육신으로 보는 직업

- 비견 : 독립적 사업, 변호사, 의사, 기자, 기술사
- 겁재 : 비견과 비슷하나, 동업은 반드시 실패

- 식신 : 식신재생은 실업가, 그 외는 교육 학문
- 상관 : 교사, 학자, 변호사, 흥행가, 재성 있으면 사업가
- 편재 : 상업, 청부업, 중개업, 금융업, 무역업
- 정재 : 상공업, 투기성은 금물, 재성 왕한데 일주 약이면 은행원
- 편관 : 청부업, 조선업, 건축, 복잡한 대인관계업
- 정관 : 성실 정직으로 모든 업에 적합, 많으면 기술 학문
- 편인 : 의사, 평론, 기술, 명리
- 인수 : 지식업, 생산업

종교가 사주
- 토기가 왕성하며 사주가 순수하고 용신 희신이 약이면 속세를 떠난다.
- 갑 병 정 무일생으로 지지에 술해인데 극 해 공망이면 종교인이다.
- 상관이 왕하고 일주가 왕이면 고명한 종교가이다.
- 목일생에 인묘진 월생이며 수기가 많으면 종교가이다.
- 을묘일생에 신유가 있고, 신유일생으로 을묘가 있으면 종교인에서 환속한다.

예술가 사주
- 화개가 많거나 인수 또는 편인과 동주할 경우
- 관살이 왕하고 인수와 편인이 있는 사주
- 식신 상관이 왕성하고 문창성이 있는 경우
- 일간이 갑을이고 여름에 태어나거나, 일간이 병정으로 봄에 출생하면 목화통명으로 예술적 재능이 비상하다.

- 일간이 경신이고 겨울 출생이면 금백수청으로 문학적 재능이 뛰어나다.
- 식신과 상관이 왕하고 도화가 있는 경우는 음악 무용 배우의 재능이 있다.
- 관살이 왕하고 일주가 약한 경우에도 비슷하다.
- 화개가 여럿인 경우에도 음악이나 춤 방면에 재주가 있다.
- 임자 계해 계축일생으로 수기가 왕하면 기교가 뛰어나다.

직업(학업의 정도)

학업운이 없는 경우

- 관살이 혼잡하고 탁한 사주
- 체강(신약)에 인수와 편인이 재성과 식신 상관에 파극되는 경우
- 관살이 미약하고 식신 상관에 파극되는 경우
- 운강(신왕)에 식식 상관이 미약하거나 인수와 편인에 파극되는 경우
- 인수가 약하고 관살과 식신 상관이 왕성한 경우

시험운이 있는 사주

- 청기가 있는 사주(기신을 생조하는 육신이 없을 것)
- 희신이나 용신이 기신에 의해 파극되지 않는 경우
- 희신 용신이 지장간으로 감추어져 있는 경우
- 사주가 상생의 운으로 되어 있을 경우
- 대운과 세운이 양호한 경우가 시험운의 성패를 좌우한다.

만년수험생

- 관살이 매우 왕한데 일주가 매우 약한 경우
- 관살이 매우 약한데 일주를 억제하지 못할 경우
- 관살이 왕성하고 인수나 재성에 파극될 경우
- 관살이 미약하고 재성이나 비겁에 파극될 경우
- 관살이나 인성이 많아서 기를 설기할 경우
- 관살이 식신 상관에 파극될 경우
- 운강(신왕)에 관살이 경미하고 재성이나 비겁을 본 경우
- 재성과 관성이 왕성하지만 인수가 미약한 경우
- 식상이 많아 인수가 용신인 사주에 관살이 없고 재성만 있으면 교육계
  에서 명성

수명과 질병(의역학 및 사상체질 참조)

장수할 사주

- 오행을 구비하고 충과 극이 없는 사주
- 합이 되면서 희신으로 변하는 사주
- 충이 되는 것이 모두 기신이 경우
- 일주가 왕이나 태과하지 않은 경우
- 운강(신왕)하고 관살이 약하며 재성이 있는 사주
- 운강(신왕)이고 재성이 약하지만 식신 상관이 있는 경우
- 일주가 약하고 인수가 있는 경우
- 대운이 용신 및 희신과 상극되지 않아야 한다.

단명할 사주

- 일주가 매우 약한 경우
- 용신과 희신이 미약하고 기신이 왕성한 경우
- 월지와 시지, 년지와 일지가 형충되는 경우
- 용신과 희신이 합하여 약하면서 기신이 충이 되지 않은 경우
- 체강(신약)에 인수와 편인이 매우 왕한 경우
- 체강에 인수인데 재성이 인수를 파극하는 경우
- 체강에 식신 상관이 중첩한 경우
- 사주가 금기와 수기로 차가운데(金寒水冷)에 습토가 있어 수기가 지나치게 많은 경우
- 목화 사주에 마른 토기(燥土 : 진술)가 있어 너무 건조할 경우
- 초 중년 대운이 용신과 매우 상극될 경우

흉사할 사주

- 양인이 여러 개인 경우
- 편관이 태왕하나 식신 상관에 극되지 않을 경우
- 역마와 양인이면 객사한다.
- 도화 목욕 양인 편관이 모인 경우는 색정으로 횡사한다.
- 월지가 관살인데 충극된 경우
- 양인과 상관이 동주하거나, 괴강이 많은 경우 또는 형충이 많은 경우
- 왕성한 오행이 충이 되고 극을 당할 때
- 체강(신약)에 인성이 약한데 재성이 너무 왕성할 경우

사망 시기

- 세운을 중심으로 판단
- 천간이 한 가지 오행인 경우 식상이 왕성하지 않은데 재성을 만나면 십중구사十中九死한다.(군비쟁재群比爭財 : 많은 비견이 재성과 다툰다)
- 체강(신약) 사주는 재성 관살 식상을 만나면 위험하다.
- 운강(신강)하고 재성이 약한 경우 정재가 있으면 겁재운에, 편재가 있으면 비견운에 조심해야 한다.
- 일주가 매우 왕한 사주는 인성을 만나면 위험하다.
- 흉신 기신 그리고 기신을 돕는 구신이 있는데 그 흉신을 생왕하는 세운이 들면 위험하다.
  (# 요즘은 의술이 발달하여 이 부분은 쉽게 판단하지 않아야 한다.)

성격(사상의학 참조)

오행으로 판단

- 목일생으로 목기가 왕하면 인자하고 측은지심이 있으나 너무 과하면 어질지 못하고 질투심과 변덕이 심하다.
- 목기가 모자라면 마음속이 부정하고 절도가 없으며 인색하다.
- 목일생으로 식신 상관이 많은 경우에 금수 또는 습토가 있으면 겸손하고 예의가 있으나 이것이 없으면 자만하고 변덕스럽다.

- 화일생으로 화기 왕성이면 예의 있고 민첩하며 언변이 명랑하고 꾸미기를 좋아한다.

- 화가 과하면 다소 혹독하면서 잘 울고 잘 웃는다.
- 화가 모자라면 잔재주가 많고 예의가 있으며 언변이 좋으나 결단심이 부족하다.
- 화일생에 화기가 매우 왕하고 금이나 수기가 있으면 화를 충격하여 성격이 황포하고 조급하며 무례하다. 습토가 있으면 겸손하다.

- 토일생에 토기가 왕하면 신의와 충성심과 효심이 있고 중후하며 고요함을 좋아한다.
- 토가 너무 과하면 고집불통에 사리판단이 흐리고 단순하다.
- 토가 모자라면 처사가 부당하며 다투기를 좋아하고 인색하다.

- 금일생에 금기가 왕하면 명예심과 의로움이 있고 용감하고 위엄과 결단성이 있다.
- 금이 너무 과하면 욕심이 많고 잔인하며 용감하여 무모하다.
- 금이 모자라면 생각만 많고 결단성이 부족하며 시비를 좋아한다.
- 금일생으로 금수가 왕하면 지용을 겸비하고 능소능대하다.
- 금기가 약하고 수기가 왕하면 일처리가 기발하지만 협잡심이 있다.

- 수일생이 수기가 왕하면 총명하고 계교에 능하다.
- 너무 과하면 의지가 약하면서 움직이기를 좋아하고 다능하나 호색한다.
- 모자라면 반복이 무상하고 용기가 없으며 멍청하다.
- 수일생에 수기가 왕하고 목기 있으면 덕과 지를 겸한 인격자이다.
- 토기와 화기가 섞이면 고집스럽고 변덕이 심하다.

육신의 성격(용신인 경우)

- 비견이면 온건하고 화평하다. 비견이 많으면 자존심이 세고 비사교적이다.
- 월주가 비견이고 운강이면 난폭하고, 비견이 충이면 대인관계가 불완전하다.
- 겁재는 솔직하고 꾸밈이 없다. 많으면 인격이 천박하고 표리부동(사악)하다,
- 양인이 있으면 더욱 왕성해지고, 상관이 있으면 흉악하다.
- 식신은 온후하고 명랑하다. 많으면 분별심이 없고 발전성이 없는 성격이다.
- 식신이 왕이면 너그럽고 풍류가 있으며, 식신제살격은 평생 명랑한 낙천가이다.
- 상관은 다재다능하고 민첩하며 자존심이 강하다. 많으면 교만하나 숨김없고 말이 많다.
- 관살이 없으면 사기술이 능하고 거만하며, 재성이 없으면 잔재주가 많다.
- 편재는 민첩하고 기교가 많으며 빈틈이 없다. 많으면 안일하고 욕심 많고 낭비가 심하다.
- 천간에 나타나면 재물을 가볍게 여기고 의를 중히 여기며 말이 많다. 주색을 좋아한다.
- 운강(신왕)이면 재산 시비가 많고, 체강(신약)이면 재산과 여자로 손해를 본다.
- 정재는 정직 성실 세밀하고 부지런하다. 많으면 게으르고 결단심이 없고 수전노이다.

- 재성의 간합이 많고 일주가 약하면 내심 간사하고, 일주가 강하고 정재가 왕이면 인내심이 많고 가정을 중시한다.
- 정재와 편관이 많으면 경솔하다. 재다체강형은 처에 의지하고 재약겁재면 유랑벽 있다.
- 정재와 묘가 동주하면 검소하다.
- 편관은 총명하고 과단성 있고 의협심에 모험을 좋아하며 교제에 능하다.
- 일주가 약하고 중첩이면 타인에 의존하고, 일주가 강하고 식상이 없으면 급하다.
- 일주가 강하고 체강이면 매사에 부실하고 나태하며 자만심이 많다.
- 관살과 인수가 상생하는 격이면 이지적이고 재간을 겸비하며 정직하다.
- 정관은 온후독실하며 정직하고 성실하다. 많으면 의지가 견고하지 못하다.
- 형충되면 떠돌아다니는 운명이고, 정관 하나에 형충이 없으면 군자로 청렴강직하다.
- 편인은 활발하고 종횡무진으로 재능을 발휘한다. 많으면 처음은 근면하나 나중은 나태하다. 재능에 민첩하나 용두사미로 학문과 예술에 성과가 부족하다.
- 인수는 총명하고 단정하며 인자하다. 많으면 나태하고 자기본위가 되어 인색하다.
- 지혜가 많고 너그러우며, 인수에 양인이면 백 가지 계교가 있고, 충이 되면 바쁘다.
- 겁재를 보면 인격자가 되고, 상관과 동주하면 허영심이 많다.

종합

- 운강(신강)이지만 억제 중화된 사주는 원만하고 명랑하며 다정하다.
- 운강에 억제되지 않으면 흉포하고 변덕스럽고 사리선악을 구별하지 못하고 힘만 믿고 약자를 괴롭힌다.
- 체강(신약)이나 일주를 생조하는 육신이 있으면 타인을 존중하고 예의와 은혜를 알고 심사숙고하는 성격이다.
- 체강에 일주를 생조하는 육신이 없으면 거짓말과 음사 등 기이한 것을 좋아하고, 게으르고 아첨하며 고집이 세다.
- 양인에 일주가 강하면 고만하고, 반대면 의심이 많다.
- 사주에 용신이 많으면 변덕스럽고, 용신이 약하면 의심하고 결단성이 부족하다.

빈부

부자의 사주(재기통문財氣通門 5가지)

- 운강하고 재성이 왕하고 식상 또는 관살이 있는 경우
- 일주와 인성이 왕하고 식상이 경미하나 재성이 있는 경우
- 운강에 관살이 약하고 인성이 중첩이나 재성이 월지에 있거나 왕한 경우
- 운강에 비견 겁재가 많으나 재성과 인수 편인이 없고 식상만 있는 경우
- 체강에 재성이 중첩하고 관살과 인성이 없고 비견 겁재만 있는 경우

재성이 용신이나 희신일 때

- 재성이 왕하고 관살을 생조하는 경우

- 관살이 비겁으로부터 재성의 파극을 막는 경우
- 재성이 인수와 편인을 파극하는 경우
- 인수가 길신일 때 재성이 관살을 생조하는 경우
- 중첩된 식상을 재성이 유통시키는 경우
- 재성이 왕하고 식상이 적은 경우
- 재성이 없어도 삼합이 되는 경우
- 재성과 식상이 천간에 노출된 경우

처복과 재복(처복과 재복은 모두 재성으로 판단하므로 구별해야 한다)
- 운강에 관살 있으나 옆에 인수 편인이 있어 기운을 누출하면 재성이 관살을 생하여도 식상이 없으면 처복은 있으나 재복은 없다.
- 운강에 관살이 약하고 식상이 강한데 재성이 식상을 재성으로 만들고 재성이 관살을 생조하면 처복과 재복을 겸한다.
- 운강에 비겁이 많고 식상이나 관살이 없고 재성이 비겁에 파극되지 않고 인성이 없으면 재복과 처복이 있으나, 인성이 있으면 재복은 있으나 처복은 없다.

가난한 사주(재성부진財星不眞 : 재성이 참되지 않은 경우)
- 체강에 식상이 약하고 재성이 중첩된 경우
- 체강(신약)에 재성이 약하고 관살만 중첩된 경우
- 체강에 인수와 편인이 약하고 식상이 중첩된 경우
- 체강에 비겁이 약한데 재성이 왕한 경우
- 식상이 길신인 때에 재성이 약하고 인수와 편인이 왕한 경우

- 재성이 약한데 비겁이 왕하고 식상이 없는 경우
- 체강에 재성이 왕하고 비겁이 길신일 때 관살이 비겁을 억제할 경우
- 희신인 인수 및 편인을 재성이 파극할 경우
- 운강에 인성이 기신일 때 재성이 누출되어 관살을 생할 경우
- 재성이 합이 되어 변할 경우
- 체강에 관살이 왕하여 인성이 희신일 때 재성이 왕한 경우

청빈한 사주
- 재성과 관살이 약한데 식상이나 인수와 편인에 파극된 경우
- 희신인 인성이 재성에 파극되고 관살이 이를 통관시키는 경우
- 체강(신약)에 관살이 왕하고 재성이 관살을 생조하나 사주에 인성이 있을 경우
- 재성이 파극되거나 재성이 기신이라도 오행의 조화가 맑게 된 경우

돈 버는 시기
- 용신 및 희신에 해당하는 대운이나 세운에 해당될 때

평생부자
- 중화된 사주로서 정기신이 모두 왕성한 경우
- 정이 강한 사주이거나 식상생재격 사주의 경우

부록

1. 삼재 찾는 법

삼재는 세 가지 재난이란 뜻으로, 나쁜 것으로만 알고 있는 경우가 있지만 언제나 그런 것은 아니다. 길운과 흉운에 따라서 그 작용력이 다르다는 사실을 알아야 한다. 삼재는 지지의 삼합으로 찾는다. 12년을 주기로 순환하는 중에 해묘미는 목국, 인오술은 화국, 사유축은 금국, 신자진은 수국으로 삼합한다. 각각 3가지의 지지 중에서 가운데에 있는 것이 각 국의 중심이 되고, 끝에는 진술축미의 4토가 각 국의 묘지를 이루고 있다. 이 진술축미는 3년마다 바뀌어 들게 되는데 당해 연도로부터 가장 가깝게 다가오는 토에 해당되는 삼합의 세 띠가 삼재가 된다.

2021년의 경우는 축 즉 소띠이므로 사유축의 금국이 되면서 뱀띠 닭띠 소띠가 삼재에 들어 있는데, 2019년부터 3년간이 해당된다. 2022년의 경우는 다음에 오는 토의 해가 2024년의 진 즉 용띠이므로 신자진 삼합이 되어 원숭이띠 쥐띠 용띠가 2022년부터 2024년까지 삼재에 해당된다. 그 다음의 해에도 같은 원리를 적용하면 된다.

띠별 삼합	돼지 토끼 양	범 말 개	뱀 닭 소	원숭이 쥐 용
삼재년	사 오 미	신 유 술	해 자 축	인 묘 진

2. 대장군 방위 찾는 법

이사를 가거나 멀리 출타를 하거나 대문이나 각종 문의 방향을 정할 때 흔히 대장군이 어느 방위에 있는지를 알고자 한다. 대장군 방위는 지지의 방국으로 찾는다. 방국은 해자축 북방 수국, 인묘진 동방 목국, 사오미 남방 화국, 신유술 서방금국이다. 당해 연도가 어는 방국에 해당되는지를 살펴서 그 이전의 방위가 대장군 방위가 된다.

2021년의 경우는 신축년의 축이 북방 수국에 해당되므로 대장군 방위는 한 방위 이전인 서방 금국이 된다. 2022년의 경우는 임인년의 인이 동방 목국이므로 대장군 방위는 그 이전의 방위인 북방 수국이 된다. 이 대장군 방위는 당연히 3년간 지속된다. 그 이외의 해도 같은 원리를 적용하면 된다.

방국 해당년	인 묘 진	사 오 미	신 유 술	해 자 축
대장군 방위	북쪽	동쪽	남쪽	서쪽

3. 각종 길흉일 찾는 법

우리나라에서 전통적으로 길흉일로 여겨온 것 중에서 지금도 사람에 따라 사용하는 내용들만 간추려서 수록한다.

4길일

각 계절별로 가장 길한 날, 모든 일에 길하다. 음력으로 본다.

봄(1, 2, 3월)	여름(4, 5, 6월)	가을(7, 8, 9월)	겨울(10, 11, 12월)
무인일	갑오일	무신일	갑자일

천은상길일

하늘이 은혜를 베푸는 날로서 모든 일에 길하다.

> 갑자 을축 병인 정묘 무진
> 기묘 경진 신사 임오 계미
> 기유 경술 신해 임자 계축

10악 대패일

해당 연도의 해와 해당 연도의 달 그리고 해당 연도의 날짜에 드는 다음과 같은 날은 어떤 일을 해도 좋지 않은 날로 본다. 천간의 화오행을 기준으로 보는 것이다.

갑기년	을경년	병신년	정임년	무계년
3월 무술일 7월 계해일 10월 병신일 11월 정해일	4월 임신일 9월 을사일	3월 신사일 9월 경진일	해당 없음	6월 축일

8대 흉일 및 8전일專日

8대 흉일은 천간과 지지가 서로 상극이 되어 흉한 날이라고 하고, 8전일은 같은 오행으로 된 간지로서 하늘과 땅이 길흉을 정하지 못하여 함부로 행동할 수 없다고 한다. 그러나 길흉일은 판단을 신중히 해야 한다.

8대 흉일	갑신 을유 정해 무자 경인 신묘 임진 계사
8전일	임자 갑인 을묘 정사 기미 경신 신유 계해

대공망일

백 가지 일에 모두 길한 날이다. 여기에서 '무신'을 빼고 '계미'를 더하면 '천지대공망일'이 되고, '무신'을 빼고 '계사'를 더하면 '천상천하육공망일'이 된다.

갑신 무신 갑술 갑오 임자 임인 임진 계묘 을축 을해 을유

천지개공일

하늘과 땅이 모두 쉬는 날이다. 백 가지 일에 모두 길한 날이다.

무술 기해 경자 경신

멸망일

모든 일에 흉한 날이다.

1, 5, 9월	2, 6, 10월	3, 6, 11월	4, 8, 12월
축일	진일	미일	술일

기복일

복을 비는 날이다. 제사를 지내는 날로도 쓴다.

임신 을해 병자 정축 임오 계미 정해 기축 신묘 임진 갑오 을미 정유 임자 갑진 무신 을묘 병진 무오 임술 계해

신사기도일

각종 신사에서 기도하기 좋은 날이다.

갑자 을축 무진 기사 을해 병자 정축 임오 갑신 을유 정해 신묘 임진 갑오 을미 정유 임인 을사 병오 정미 무신 경술 정사 임술

불공대통일

절에서 불공을 드리면 가장 효험이 좋은 날이다.

갑자 갑술 갑오 갑인 을축 을유
병인 병신 병진 정미 무인 무자
기축 경오 신묘 신유 계묘 계축

불공기일

불공을 드리면 좋지 않은 날이다.

병오 임진 을해 정묘 을묘

조왕하강일

부엌신인 조왕이 하강하는 날이니 집안의 복을 빌기 좋은 날이다.

갑자 갑오 갑진 을축 을해 을유
을묘 갑신 병술 정묘 무자 경진
임인 임진 계유 계묘

칠성하강일

북두칠성의 신이 하강하는 날이니 모든 기도와 제사에 좋은 날이다.
특히 건강과 장수를 비는 날로 좋다.

갑술 갑진 을해 을사 병자 정미 무술
무신 무오 기축 기해 기유 기미 경인
경신 신묘 신유 임신 임인 계유 계묘

산제길일

산신에게 제사지내는데 좋은 날이다.

갑자 을해 을유 을묘 병자
병술 경술 신묘 임신 갑신

제수신일

수신 즉 물의 신에게 제사를 드리기 좋은 날이다.

경오 신미 임신 계유 갑술 경자 신유

이사 또는 입주하는 날

갑자 갑술 을미 계축 을축 을해 경자 갑인 병인
정축 임인 을묘 정묘 계미 계묘 기미 기사 갑신
병오 경신 경오 경진 정미 신미 임진 경술 신유

월별 이사길일

정월	임진 병진 정미 신미
2월	갑자 갑오 을축 을미
3월	병인 경오 기사 임인
4월	계묘 갑오 병오 경오
5월	경신 갑신
6월	갑인 정유
7월	경술 갑술

8월	을해 신해 계축
9월	갑오 갑신 병오
10월	갑자 경진 갑오 무자 임오 계축
11월	을축 계축 을미 정축 정미 신미
12월	갑인 경인 정묘 을해 기해 신해

새집에 들어가기 좋은 날

갑자 을축 경자 계축 경인 무진 계사 경오 계유

오래된 집에 들어가기 좋은 날

봄(1, 2, 3월)	여름(4, 5, 6월)	가을(7, 8, 9월)	겨울(10, 11, 12월)
갑인일	병인일	경인일	임인일

술 담그기 좋은 날

정묘 계미 경오 갑오 기미

개업이나 확장일에 좋은 날

갑자 을축 병인 기사 경오 신미 갑술 을해 병자 기묘 임오 계미 갑신 경인 신묘 을미 기해 경자 계묘 병오 임자 갑인 을묘 기미 경신 신유

손 있는 날과 손 있는 방향

손 있는 날	손 있는 방향
1, 11, 21일	정동쪽
2, 12, 22일	동남쪽
3, 13, 23일	정남쪽
4, 14, 24일	서남쪽
5, 15, 25일	정서쪽
6, 16, 26일	서북쪽
7, 17, 27일	정북쪽
8, 18, 28일	북동쪽
9, 10, 19, 20, 30일	상천일(손 없는 날)

좋은 날과 좋은 시간 보는 법

결혼일과 시간, 이사일과 시간, 장례시간 등을 잡을 때 본다.

황도명\시간\일진	인신일	묘유일	진술일	사해일	자오일	축미일
청룡황도	자	인	진	오	신	술
금귀황도	진	오	신	술	자	인
명당황도	축	묘	사	미	유	해
천덕황도	사	미	유	해	축	묘
옥당황도	미	유	해	축	묘	사
사명황도	술	자	인	진	오	신

4. 주역점 보는 법

주역점은 산가지의 보관법부터 실제로 점을 치기까지 원래 복잡한 절차가 있지만 여기서는 그러한 내용은 생략하고 간단히 그 요령만 설명하고자 한다.

먼저, 점을 치고자 하는 내용을 마음에 오롯이 하고서 다음과 같이 주문을 외운다. 주문은 "(음력으로 자신의 생년월일시를 육갑으로) ○○년 ○○월 ○○일 ○○시에 태어난 건명(남자) 또는 곤명(여자) (성명) ○○○가 (무슨 일)○○○○의 가부(또는 득실)를 묻고자 합니다." 라고 하고서 산가지를 헤아린다.

설시법

설시법揲蓍法은 원래 신령이 가장 잘 강림한다는 시초蓍草로 하였지만 요즘은 시초가 없으므로 서죽筮竹 즉 대나무를 잘라서 사용한다. 원래『사기史記』의『구책열전龜策列傳』에는 시초에 대해서 '시초가 자라나서 그 가지가 백 개를 다 채우면 그 아래에는 반드시 신령한 거북이가 있어 그것을 지키고, 그 위에는 항상 푸른 구름이 덮고 있다.'고 하여 그 신령함을 말하고 있다. 시조 다음으로 신령한 것이 대나무로 인정하여 시초가 멸종한 다음에는 대나무를 사용하게 된 것이다.

산가지 놓는 순서

1. 산가지를 50개 준비한다. 이것은 역에서 말하는 우주만물인 대연수大
   衍數를 상징한다.
   그 중에서 하나를 별도로 두는데, 이는 태극을 상징한다.

2. 나머지 49개를 두 손으로 임의적으로 양분하여 왼쪽 손의 것을 천책天
   策이라 하고 오른쪽 손의 것을 지책地策이라 하는데, 이것은 양의兩儀를
   상징한다.

3. 오른쪽 손의 것을 따로 두고서, 그 중의 하나를 새끼손가락에 거는데,
   이것을 인책人策이라 한다.

4. 왼쪽 손의 것을 4개씩 떼어내고서 나누고 나머지를 약손에 거는데, 이
   는 사상四象(사계四季)을 뜻한다.

5. 따로 둔 오른 손의 것을 왼손에 잡고서 4개씩 떼어내고 나머지를 중지
   에 건다.

6. 새끼손과 약지 그리고 중지에 건 것을 모아서 따로 둔다. 이것이 제1
   변인데 그 숫자는 반드시 5개가 아니면 9개이다.

7. 떼어서 모아둔 나머지 40개 또는 44개를 양분하여 오른손의 것을 따
   로 두고, 그 중의 하나를 새끼손가락에 건다.

8. 그 이후는 4-6까지 반복한다. 이것이 제2변인데 손가락에 걸고 있는
   숫자는 4개 아니면 8개가 된다.

9. 따로 떼어둔 32개 또는 36개 아니면 40개의 남은 것으로 다시 4-6을
   반복한다. 이것이 제3변인데 손가락에 걸고 있는 숫자는 4개 아니면

8개이다.

10. 이렇게 3변하고 남은 수는 24개 또는 28개 아니면 32개나 36개가 된다.

11. 이것을 4로 나누면 6, 7, 8, 9 중의 어느 한 숫자를 얻게 되는데, 이것이 초효의 숫자가 된다.

12. 1괘는 6효이므로 모두 18변하여 여섯 효의 숫자를 얻는다.
(작괘 시 손가락에 건 수가 5, 4, 4면 9가 되고, 9, 4, 4, 또는 5, 8, 4, 또는 5, 4, 8이면 8이 되고, 9, 8, 4 또는 9, 4, 8, 또는 5, 8, 8이 되면 7, 9, 8, 8이면 6이 된다.)

13. 이 숫자를 아래에서부터 위로 나열하여 6은 노음, 7은 소양, 8은 소음, 9는 노양으로 환원하여 6과 8은 음효로 표시하고, 7과 9는 양효로 표시하여 기본괘를 얻는다. 이 기본괘를 64괘 중에서 찾아 그 내용으로 의미를 해석한다.

14. 그런데 만약 6 또는 9를 얻게 된 경우에 이것들은 노음 노양으로서 바로 6은 양효로, 9는 음효로 바뀌게 된다. 그러면 처음 얻은 기본괘에서 변화가 생기게 되는데, 이것을 '지괘之卦'라 한다. 기본괘에서 지괘로 바뀐 괘를 다시 64괘에서 찾아 의미를 해석하고 변화의 내용을 읽어낸다.

15. 이렇게 하여 자신이 알고자 했던 문제의 시비 또는 가부 그리고 득실 및 변화되어갈 내용을 읽어내는 것이다.

후 기

운명보다 자유를!

　무속 명리 역학에 종사해서 직업으로 돈을 버는 사람들 중 가정적으로 행복한 경우는 거의 없다. 귀신의 힘을 빌려 돈을 버는 일이나 하늘의 뜻을 거슬러 사람의 운명에 변화를 주는 일이 결코 자연스러운 것이 아니기 때문이다. 귀신의 말이나 명리학은 100% 믿는 것이 아니다. 그에 대한 대가로 지불하는 돈은 법원에서도 '마음의 위안을 얻기 위한 것'이라고 하여, 효험이 없었던 굿에 대한 환불소송에 대해 원고 패소로 판결한 사례가 있는 것으로 알고 있다.

　사람들은 답답해서 무속인과 역술인을 찾는다. 그러나 그곳에 정답이 있는 것은 아니고 오히려 자기 자신 속에 정답이 있다. 세상의 모든 일은 내 마음의 반성에서부터 바로 잡히는 것이다. 불교가 수행을 강조하고, 유학이 수양을 강조하며, 도교가 수련을 강조하는 것은 내용상으로 보면 조금씩 차이가 있지만 실상은 모두 '나의 마음으로 나의 마음을 다스리는 방법'에 대한 이야기이다. 불교에서 말하는 마음이란 '도깨비방망이'와 같은 것으로, 자아라고 인식하는 마음인 도깨비도 없는 것이거늘 하물며 내 마음의 조작으로 만들어지는 세상사인 '도깨비방망이'가 어디에 있을 수 있는가? 그러면 아무 것도 없는 것인가? 가시에 찔린 손가락이 쓰리고, 사랑에 배신당한 마음이 아린 것은 무엇으로 설명할 것인가? 실상이 허상이고 허상이 또한 실상이라! 양자요동현상에서 나타나는 무와 유의 오고감은 존재인가 비존재인가? 세상은 주어진 것이니 그 속에서 살아가는 인간은 단지 그 질서에 맞도록 자신의 마음을 도덕적으로 완성해가야 한다는 수양론은 도덕의 기준을 하늘의 이치에서 찾는다. 하늘의 이치에 착하고 악한 것이 있을 수 있는가? 하늘은 오직 '낳고 낳으며 쉬지 않는' 것인가? 세상은 필연적으로 약육강식의 아비규환이 아닌가? 태초의 청정한 상태로의 회귀를 주장하는 수련론은 어떤가? 내 마음 속의 때를 벗겨내고 씻어내고 닦아내면 청정해지는가? 그러면 그 때들은 어디로 가는가? 내 마음만 청정하면 세상은 더러워도 괜찮은 것인가?

명리학도 세상의 많은 학문분야 중 하나이다. 실제로 학계에서는 학문으로 인정받지 못하는 분위기이지만 요즘은 대학에서도 이 분야에 대한 강의가 개설되고 이 분야에 대한 연구로 박사학위까지 주며 오죽하면 퇴계와 남명의 묘소에 대한 풍수적인 연구에까지 박사학위를 수여하기도 하였다. 세상의 분위기가 달라졌다는 이야기다. 인터넷을 검색하면 명리학 사이트가 헤아릴 수 없이 많이 검색된다. 다른 사람의 운명으로 자신의 생계를 유지하는 사람들이 부지기수이다. 그들은 행복하게 사는가? 그렇게 뛰어나다면 자신의 삶은 풍요롭고 행복해야 할 것이 아닌가? 그런 역술가가 얼마나 되는가? 그들은 '자신의 운명이 그런 수준'이라고 말할 것이다. 그러면서 다른 사람의 운명을 보고 용신을 잡아주며 악운을 행운으로 바꾸어줄 수 있다고 말하고 돈을 받는다.

이제 명리학을 만인의 장난감으로 만들어야 할 시기가 왔다. 명리학이 학문이 아니라 장난감이 되어야 한다는 말이다. '심심풀이 땅콩'이나 '실없는 농담' 정도가 되어야 한다. 인터넷의 발달은 곧 그러한 시대를 만들

것이다. 누구나 자신의 사주를 보고 판단하고 방향을 결정할 수 있는 개방된 명리학의 시대가 올 것이다. 그래서 자신의 인생은 자신이 선택하고 결정하고 책임지는 삶을 살게 되는 것이다. 그러한 삶이 바로 '운명보다 자유'를 지향하는 가장 인간다운 자세인 것이다.

　실마리에서 하다가 그만 둔 내 인생의 여정에 대해서 좀 더 회고해본다. 중학교를 마칠 무렵, 나에게 백사 세 마리를 구워주었던 바로 그 넷째 형이 중학교만 마치고 돈 벌러 나가 일찍 사업을 시작하다가 실패하여, 그렇지 않아도 가난한 시골의 우리 집은 끼니조차 잇기 어려운 지경이 되어 나는 고등학교에도 진학할 수 없는 처지가 되었다. 그래서 부득이 학비가 거의 들지 않고도 다닐 수 있는 특수목적으로 설립한 기계공고에 진학하게 되었고, 대신 군대보다 더 엄격한 학교와 기숙사 생활을 감당해야 했다. 나로서는 거의 죽음과 맞바꾸는 각오로 학교는 다녀야겠다는 심정으로 버텼고, 2학년 때부터는 딱 한 번 목숨을 거는 반항(?)의 대가로 나름대로 편하게 살 수 있는 길을 확보하였다. 2학년 2학기 때부터는 억지를 부려 독방을 쓰는 자유를 누리면서 기숙사에 거주하는 교사들과 함께 밤이면 술을 즐기는 호사를 누렸다. 3학년이 되어서는 몇몇 친구들과 몇 차례의 대형 사고를 쳐서 늘 퇴학의 경계선에 있었는데, 마침 교지편집부 일을 맡고 있었기에 특혜(?)로 졸업을 할 수 있었다. 시간이 많았기에 당시 나는 늘 닥치는 대로 아무 책이나 엄청나게 읽었다. 그 와중에 유명무실한 학교의 도서관에 많은 도서를 구입하여 정상화시키는 일에 앞장섰던 일은 하나의 보람이었다. 그러나 졸업식에 맞추어 이 교지로 또 장난을 쳐서 졸업 후에 징계위원회가 열려 제적될 위기에 처하기도 했었다. 이때 교지편집 지도교사였던 국어선생님의 은혜를 많이 입었는데, 특히 그분으로부터 한문공부의 필요성과 붓글씨의 기초를 배운 것은 큰 행운이었다.

　고등학교 재학 당시에 1순위로 취업의 기회가 늘 있었지만 나는 취업을 포기하였고, 졸업을 하고서도 대학에 진학할 수 없었던 형편이었기에 가족들에게 앞으로의 내 인생은 내가 알아서 살겠다고 하고 우선 1년간은 약간의 도움을 받으면서 여기저기 떠돌이처럼 살겠다고 하였다. 9월이 될 때까지 몇 군데 도시를 떠돌면서 형들과 친인척의 도움을 받으면서 시립도서관 등에서 종일 독서만 하면서 소일하였다. 9월에 큰형님에게 찾아가 제발 대학에 가고 싶으니 입학만 시켜주면 나머지는 알아서 공부하겠다고 부탁하니 의외로 쉽게 그렇게 하라고 승낙해주었다. 두 달 동안 인문계 공부를 하여 예비고사를 보고 그 성적으로 돈이 적게 드는 국립대학을 고르다가, 마침 내가 입학하면 1기가 되는 철학과가 있기에 무조건 원서를 넣어 입학하였다.

　대학에 입학해서 1년 동안은 술과 친구 그리고 독서로 시간을 보냈다. 도서관의 장서가 20만 권이었는데 10월쯤에는 그 장서들의 제목만이라도 거의 섭렵하였고, 학교가 생긴 이래 개교기념일을 맞아 처음 제정한 도서관장상을 받기도 했는데 그 이후 그 상은 없어진 것으로 알고 있다. 2학년 때에는 여행을 많이 다녀서 자전거로 팔도유람도 했고 열차여행도 종종 했었다. 3학년 때에는 어쩌다보니 불가피하게 학교의 각종 동아리 7개의 대표를 맡게 되어 바빴다. 대학원 진학을 생각하고 있던 나는 당시의 규정에 4년 평균평점이 3.0을 넘지 않으면 대학원 진학이 원천적으로 불가능하다는 사실을 알고서 부족한 학점을 만회하기 위해서 성적 관리도 신경을 써야만 했다. 4학년 때에는 공부에만 전념하고자 했으나 바람이 나무를 그냥 두지 않는 것과 같이, 소크라테스 역을 맡아『향연』을 연극으로 공연하기도 했으며 수시로 친구들과 어울려 술을 마셔야 했다.

　형편 때문에 돈이 들지 않는 한국정신문화연구원 대학원에 진학하고자 했는데, 졸업하는 해와 그 다음 해에 걸쳐 두 번 응시하였으나 떨어졌다. 나는 그 시험을 볼 당시 우리 사회의 부패한 상황을 처절히 목격하였다. 정신문화연구원의 시험문제는 서울에 있는 몇몇 대학 출신의 선배들에 의해서 자신들의 후배들에게 이미 유출되어 있는 사실을 목격하게 되었던 것이다. 그리고 그것은 하나의 전통이 되어 있기도 했다. 지방대학에서의 합격은 애초에 가당치도 않는 일이 되어 있었던 것이다. 비록 늦었지만 나는 당시 이러한 일들이 내가 직접 목도한 명백한 사실이었음을 확인하는 바이다.

　출신 대학에서 전공에 대학원이 개설되지 않고 교육대학원에 철학교육전공이 개설되어 진학하여 당시 우리나라에서 처음으로 시도되던 고등학교의 철학교육에 진출하고자 하는 마음을 가졌으나 뜻대로 되지 않았고, 세월이 흐르면서는 고등학교 교사에 대한 미련이 없어졌다. 그 과정에서 카투사로 군복무도 마치고 석사학위를 받은 후에 대학강사 생활을 시작하였다가 얼마 안 되어 사단법인의 연구원에서 일하게 되었다. 다소의 세월 동안 일을 하는 중에 중매로 아내와 결혼을 하였고 아들과 딸 각각 하나씩을 두었다. 연구원을 그만두고 새로 개설된 박사과정에 진학하여 수료 후에는 본격적으로 강사생활이 직업처럼 되었다. 박사학위를 받고서도 몇 곳의 강사생활과 프로젝트연구 및 한국연구재단 지원사업 등으로 겨우 나의 생활비, 실제로 그 대부분은 술값으로 충당하는 세월을 보냈다. 자녀의 양육과 집안의 살림은 고스란히 아내의 몫이었지만 나는 지금까지 한 번도 고맙다는 말도 하지 않고 살고 있다.

　지도교수의 후임으로 전임교수가 될 수 있는 기회가 오기도 하였으나,

나의 사주가 말하고 있듯이 목숨을 걸고 반대하는 내부의 적이 있어 수포로 돌아갔다. 이후 지금의 연구원에 초빙되어 책임연구원을 맡아 일하면서 국립대학 두 곳의 겸임교수로 강의도 하면서 연구와 집필로 시간을 보내고 있다. 한편으로는 다양한 주제로 외부강연의 기회도 더러 가지고 있는데, 코로가19시대가 온 이후로는 그저 있는 것이라고는 시간뿐이다. 그 덕분에 비로소 이 책을 완성할 수 있게 되었으니, 이것은 또 시운인가 명운인가!

나는 지금도 운명에 얽매이기보다는 영혼의 자유를 꿈꾼다.

참고문헌

『協紀辨方書』, 사고전서본

中華易學大辭典編纂委員會, 『中華易學大辭典』(상, 하), 中國 : 上海고적
　　　　출판사

廖明春 외, 심경호 역, 『주역철학사』, 예문서원

楊力, 김충렬 외 역, 『역학과 중국의학』, (상, 중, 하), 법인출판사

班固, 富谷春 외, 『한서오행지』, 일본 : 평범사

김상연, 『컴퓨터만세력』, 갑을당

신육천, 『사주명리학대사전』 및 『천고비전 사주명리학감정비결집』, 갑
　　　　을당

이석영, 『사주첩경』,

변만리, 『만리천명』, 『만리의학』, 『육신활용대전』 외, 자문각

백령관, 『비전 사주정설』, 명문당

윤창렬, 『의역학』, 주민출판사

蕭吉, 김수길 외 역, 『오행대의』(상, 하), 대유학당

한동석, 『우주변화의 원리』, 대원출판

김석진, 『대산 주역강의』, (1, 2, 3), 한길사

永田久(나가다 히사시), 심우성 역, 『역과 점의 과학』, 동문선

이순지, 김수길 외 역, 『천문류초』, 대유학당

유소홍, 송인창 외 역, 『오행, 그 신비를 벗긴다』, 국학진흥원(절판)

　　　　『오행이란 무엇인가』, 심산(같은 책 재출판)

전창선 외, 『음양오행으로 가는 길』(종합편), 와이겔리

박용규, 『입체 음양오행』, 태웅출판

고진석, 『나는 왜 이렇게 사는가』, 웅진서가

이병삼, 『내 체질 사용설명서』, 청홍

김기승·나혁진, 『명리학사』, 다산글방

김경수, 『용의 등에 내려앉은 봉』, 글모아출판